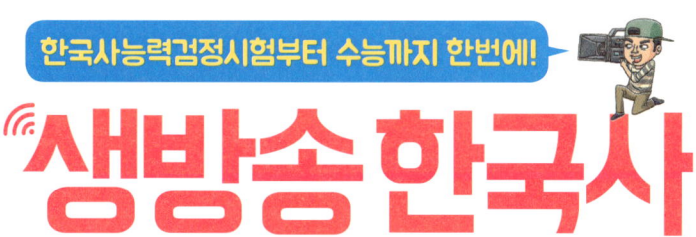

 핵심 용어

글 최인수 그림 박종호
감수 고종훈

1판 1쇄 발행 2017년 4월 3일
1판 3쇄 발행 2021년 1월 5일

펴낸이 김영곤
키즈융합부문대표 이유남   **키즈융합부문이사** 신정숙
키즈사업본부장 김수경   **에듀1팀** 김지혜 윤수지
기획개발 탁수진 유하은
영업본부장 김창훈   **영업1팀** 임우섭 송지은   **영업2팀** 이경학 오다은
마케팅본부장 변유경   **마케팅1팀** 김정은 문윤정 구세희
표지·본문디자인 씨디자인_조정은 이수빈
본문편집디자인 02정보디자인연구소

펴낸곳 (주)북이십일 아울북
주소 (우 10881)경기도 파주시 회동길 201
연락처 031-955-2100 (대표) 031-955-2445 (내용문의) 031-955-2177 (팩스)
홈페이지 www.book21.com

〈생방송 한국사〉 오류 및 수정 내용은 네이버 '웃찾공'카페 도서 관련 공지사항을 통해 확인하실 수 있습니다.

등록번호 2000년 5월 6일 제 406-2003-061호
이 책 내용의 일부 또는 전부를 재사용하시려면 반드시 (주)북이십일의 동의를 얻어야 합니다.
잘못 만들어진 책은 구입하신 서점에서 교환해 드립니다.

- 제조자명 : (주)북이십일
- 주소 및 전화번호 : 경기도 파주시 회동길 201(문발동) / 031-955-2100
- 제조연월 : 2021년 01월 05일
- 제조국명 : 대한민국
- 사용연령 : 8세 이상 어린이 제품

한국사능력검정시험부터 수능까지 한번에!

생방송 한국사

감수 고종훈 **글** 최인수 **그림** 박종호

09 핵심 용어

아울북

 **소개와 특징**

<생방송 한국사_핵심 용어>

교과서 목차를 기준으로 주요 용어 571개를 선정했습니다. 용어를 시대적 흐름에 따라 이해하도록 마인드맵으로 정리하고, 용어의 상위 개념부터 하위 개념까지 흐름에 맞춰 차근차근 설명했어요. 한국사는 암기가 아니라 폭넓은 이해가 무엇보다 중요하답니다. <생방송 한국사-핵심 용어>으로 배운 용어는 시간이 지나도 머릿속에 재미있는 이야기로 오래 남아 여러분의 한국사 공부에 두고두고 도움이 될 거에요.

 **START! 한국사 마인드맵**

교과서 주요 개념을 정리한 마인드맵으로 생각의 힘을 길러요.

마인드맵으로 나만의 개념 정리

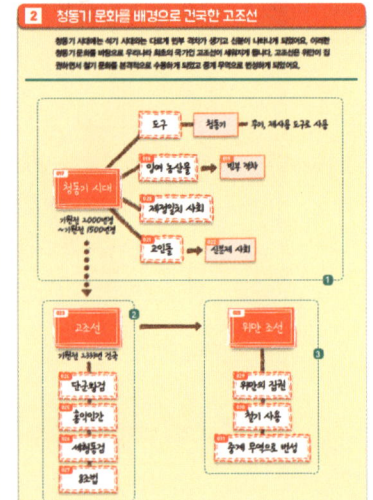

"마인드맵이라 한 눈에 알아보기 쉬워!"

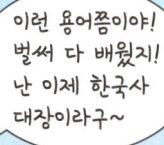

이런 용어쯤이야!
벌써 다 배웠지!
난 이제 한국사
대장이라구~

용어 풀이

찾아보기

571개의 용어 정리

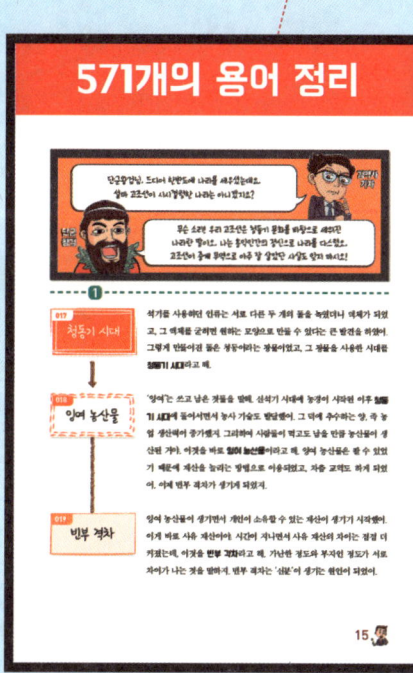

역사적 배경부터 차근차근
설명해주는 용어 풀이를 통해
용어를 이해하기 쉬워요.

앞에서 배운 용어의
간단한 풀이와 찾아보기로,
다시 한 번 정리해요.

전체 용어의 요약과 찾아보기

정말 이해가
쏙쏙 되는걸~!

좋아~
좋아!

차례

생방송 한국사 소개와 특징 · 4

01 선사 시대와 고조선 · 8
1. 우리나라 선사 문화의 발전
2. 청동기 문화를 배경으로 건국한 고조선
3. 철기 문화를 바탕으로 성장한 여러 나라

02 삼국 시대 · 26
1. 동북아시아의 강자 고구려
2. 해상왕국을 건설한 백제
3. 삼국을 통일한 신라
4. 삼국의 사회와 문화

03 통일 신라와 발해 · 48
1. 신라의 삼국 통일
2. 통일 신라의 체제 정비
3. 발해의 건국과 발전
4. 신라의 동요와 후삼국의 성립

04 고려 · 68
1. 고려의 건국과 통치 체제의 정비
2. 고려의 대외 관계
3. 흔들리는 문벌 귀족 사회와 무신 정권의 성립
4. 반원 자주화와 고려 후기의 문화
5. 새로운 정치 세력의 성장과 고려의 멸망

05 조선 전기 · 96
1. 조선의 건국과 발전
2. 사림의 성장과 조선 전기의 사회 모습
3. 왜란과 호란의 발발

06 조선 후기 · 118
1. 붕당 정치의 전개와 탕평책의 실시
2. 조선 후기 사회·경제적 변화와 문화
3. 새로운 종교의 유행과 농민 봉기

07 근대 · 136
1. 외세의 침략적 접근과 개항
2. 근대적 개혁 운동
3. 국권 수호 운동

08 근대·현대 · 156
1. 일제의 지배 및 3·1 운동과 대한민국 임시 정부
2. 다양한 민족 운동
3. 대한민국의 발전9

01 선사 시대와 고조선

1 우리나라 선사 문화의 발전

2 청동기 문화를 배경으로 건국한 고조선

3 철기 문화를 바탕으로 성장한 여러 나라

1 우리나라 선사 문화의 발전

구석기 시대와 신석기 시대는 돌을 다루는 방법에 따라 그 시기가 나뉘었어요. 구석기 시대에는 돌을 떼어내어 만든 뗀석기를 사용하고 수렵과 채집으로 인해 이동 생활을 하였어요. 신석기 시대에는 돌을 갈아서 만든 간석기를 사용하고, 농경이 시작되면서 정착 생활을 하게 되었지요.

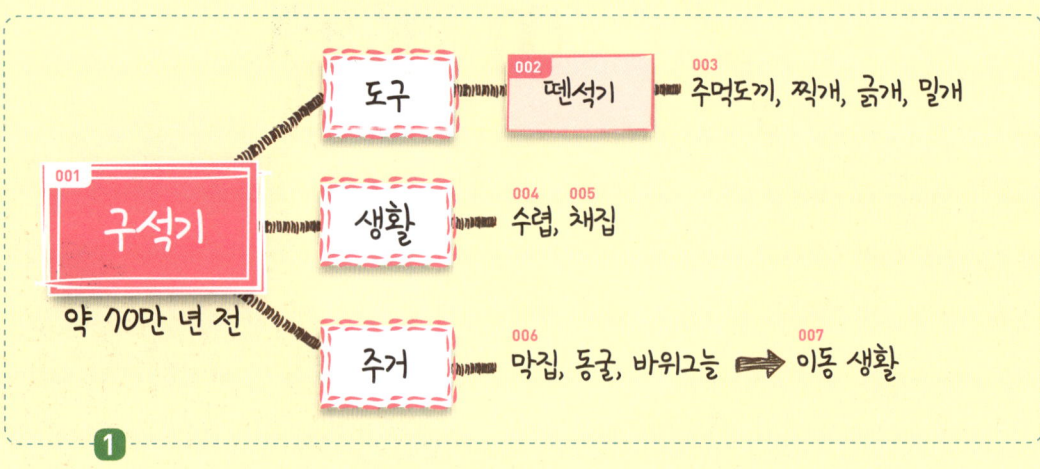

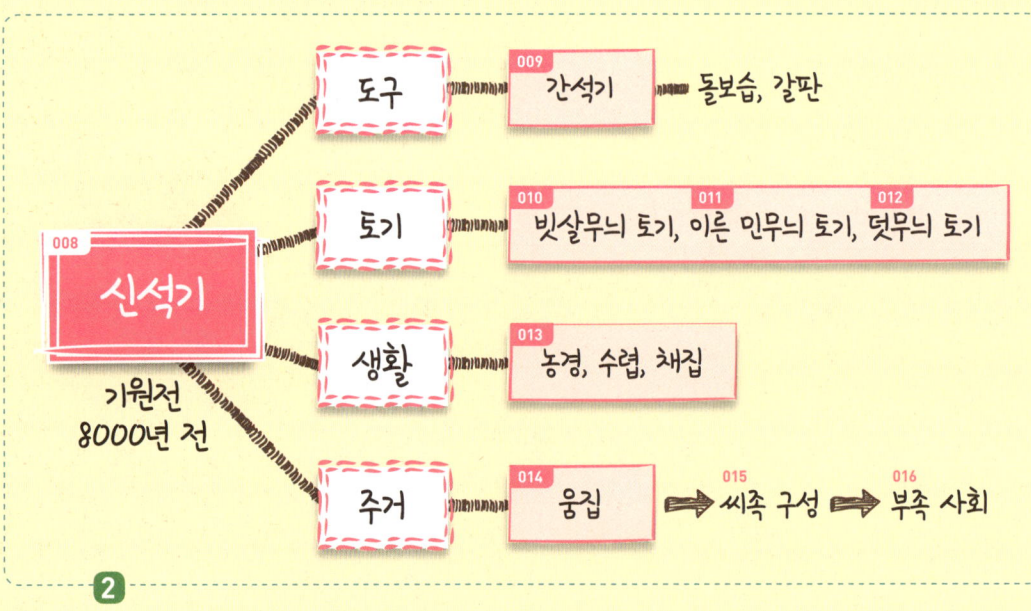

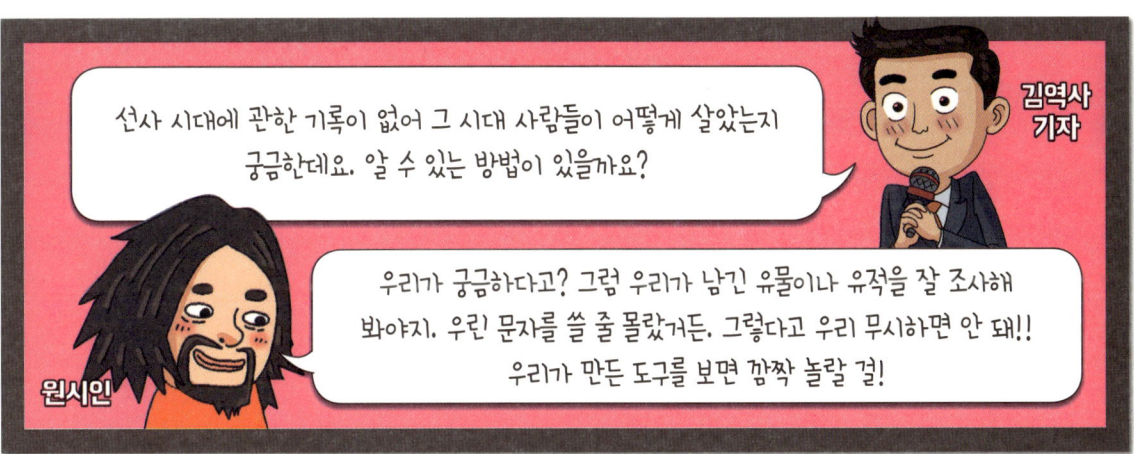

1

001 구석기

역사 이전의 시대를 선사 시대라 하지. 여기서 역사는 기록을 뜻해. 선사 시대는 도구에 따라 구분하는데 처음 사용한 도구는 돌이었어. 그래서 석기 시대라고 하지. 석기 시대는 다시 **구석기** 시대와 신석기 시대로 나눠.

002 뗀석기

처음 인류가 사용한 도구는 돌이었어. 그러다 돌과 돌끼리 부딪혔을 때 날카로운 선을 남기며 깨진다는 것을 알게 되었지. 그 날카로운 면은 사냥할 때 훨씬 편했고, 사냥한 동물을 먹기 위해 가죽을 벗길 때도 편리했어. 이렇게 돌을 떼어내서 만든 석기가 바로 **뗀석기**야. 대표적인 도구로는 **주먹도끼**가 있어.

003 주먹도끼

주먹도끼는 한쪽 끝은 둥글고 평평한 반면 다른 쪽은 날카로운 선들이 여러 개 있는 것이 특징이야. 날카로운 쪽은 짐승을 사냥하고 가죽을 벗기거나 나무뿌리를 캐는 등 여러 용도로 사용했어.

004 수렵

수렵(狩獵)을 나타내는 두 한자 모두 사냥을 뜻해. **구석기** 시대 초기에는 사냥한 동물의 살을 찍개 등을 이용해 떼어내서 먹었어. 그러다 후기가 되면서 불에 익혀 먹기 시작했지.

여러 가지 필요한 것들을 찾아서 모으는 게 **채집**이야. 선사 시대 사람들은 살기 위해 먹을 수 있는 것들은 모조리 **채집**해야 했지. 식물의 뿌리는 캐야 했고, 먹을 수 있는 식물의 줄기나 잎, 열매는 찾아서 모아야 했어.

구석기 시대 때 사람들이 거주하던 집을 **막집**이라고 해. 집 짓는 기술이 발달하지 않았던 당시에는 나뭇가지와 풀, 동물의 가죽 등을 이용해 가장 원시적인 형태의 집을 지었을 거라고 생각하고 있어.

구석기인들은 사냥감이나 채집거리가 떨어지면 이동을 해야 했지. 또 날씨가 추워지면 좀 더 따뜻한 곳을 찾아 움직여야 했는데, 이런 모습을 **이동 생활**이라고 표현해. 이때 경험이 많은 사람이 무리를 이끌었지.

2

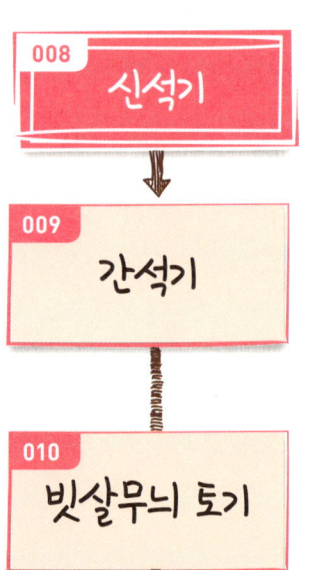

신석기 시대는 구석기 시대와 마찬가지로 돌을 도구로 이용하던 시기야. 하지만 구석기에 비해 조금 더 발달된 모양의 간석기를 사용했지.

간석기는 돌을 갈아서 만든 석기야. 뗀석기는 우리 같은 사람이 보면 이게 뗀석기인지 돌조각인지 구별할 수 없지만, **간석기**는 한눈에 봐도 무슨 용도인지 알 수 있을 만큼 정교해.

토기는 흙으로 만든 그릇이야. 구석기 시대에는 이동 생활을 했기 때문에 토기가 필요 없었어. 하지만 신석기 시대에 농사를 시작하면서 추수한 곡식을 보관하거나 음식을 조리할 그릇이 필요해졌지. 이때 등장한 것이 **빗살무늬 토기**야. 토기의 뾰족한 부분은 땅에 박아서 사용했어. 동물의 잔뼈, 생선의 큰 가시를 이용해 빗살 모양의 무늬를 넣었기 때문에 빗살무늬 토기라고 불렀어.

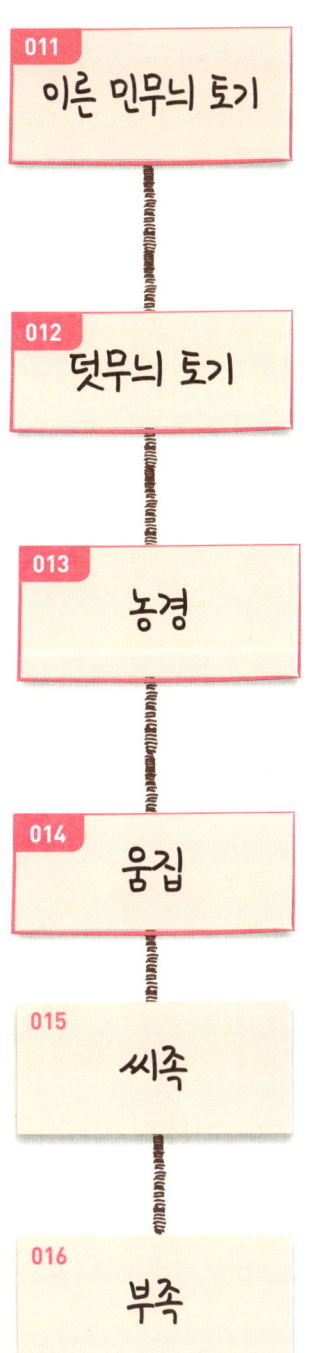

011 이른 민무늬 토기

'이른'은 시기상으로 빠르다는 의미야. '민무늬'는 무늬가 없다는 뜻이지. 민소매 옷이 소매 없는 옷인 것처럼 말야. 사실 무늬 없는 토기는 제일 만들기 편한 토기라 어느 시대에나 제작되었어. 그래서 신석기 시대의 민무늬 토기를 이후의 시대와 구별하기 위해 '이른'이란 말을 붙인 거야.

012 덧무늬 토기

신석기 시대에 그릇의 표면에 띠처럼 둘러 모양을 낸 토기가 있어. 그래서 **덧무늬 토기**라고 해. 빗살무늬 토기보다 더 오래 전에 만들어졌을 것이라고 생각하고 있지.

013 농경

농경은 한마디로 농사를 말해. 농경이 시작되면서 곡식들을 돌보아야 하기 때문에 정착 생활을 하며 **움집**에 살게 되었고, 겨울에도 덜 굶주리게 됐어. 토기도 만들어야 했지. 봄에 한 알의 곡식을 심으면 가을에 수십 알의 곡식이 열리지? 그래서 농경이 시작되면서 인구가 크게 증가했어.

014 움집

신석기 시대 사람들이 만든 집이야. 땅을 50cm 이상 파고, 가운데 기둥을 세운 후 다른 기둥들을 부챗살 펼치듯 둥글게 펼쳐 만들었어.

015 씨족

씨족이란 어머니가 되었든 아버지가 되었든 한 조상을 가진 사람들이 모여서 만든 사회를 말해. 선사 시대에 흔하게 볼 수 있었던 것으로, 가장 원시적인 사회 단위야. 씨족이 발전하면 부족이 돼.

016 부족

시간이 흐르면서 사람들은 씨족 사회보다는 좀더 규모가 커졌을 때 노동력도 쉽게 얻을 수 있고, 맹수에 대항하기도 쉽다는 걸 알게 됐지. 그래서 씨족과 씨족을 합쳐 더 큰 사회를 만들기로 했어. 이렇게 만들어진 사회가 **부족**이야. 농사를 지을 때는 많은 노동력이 필요하기 때문에 신석기 시대에 들어서면서 부족 단위로 생활하는 사람들이 늘어났어.

2 청동기 문화를 배경으로 건국한 고조선

청동기 시대에는 석기 시대와는 다르게 빈부 격차가 생기고 신분이 나타나게 되었어요. 이러한 청동기 문화를 바탕으로 우리나라 최초의 국가인 고조선이 세워지게 됩니다. 고조선은 위만이 집권하면서 철기 문화를 본격적으로 수용하게 되었고 중계 무역으로 번성하게 되었어요.

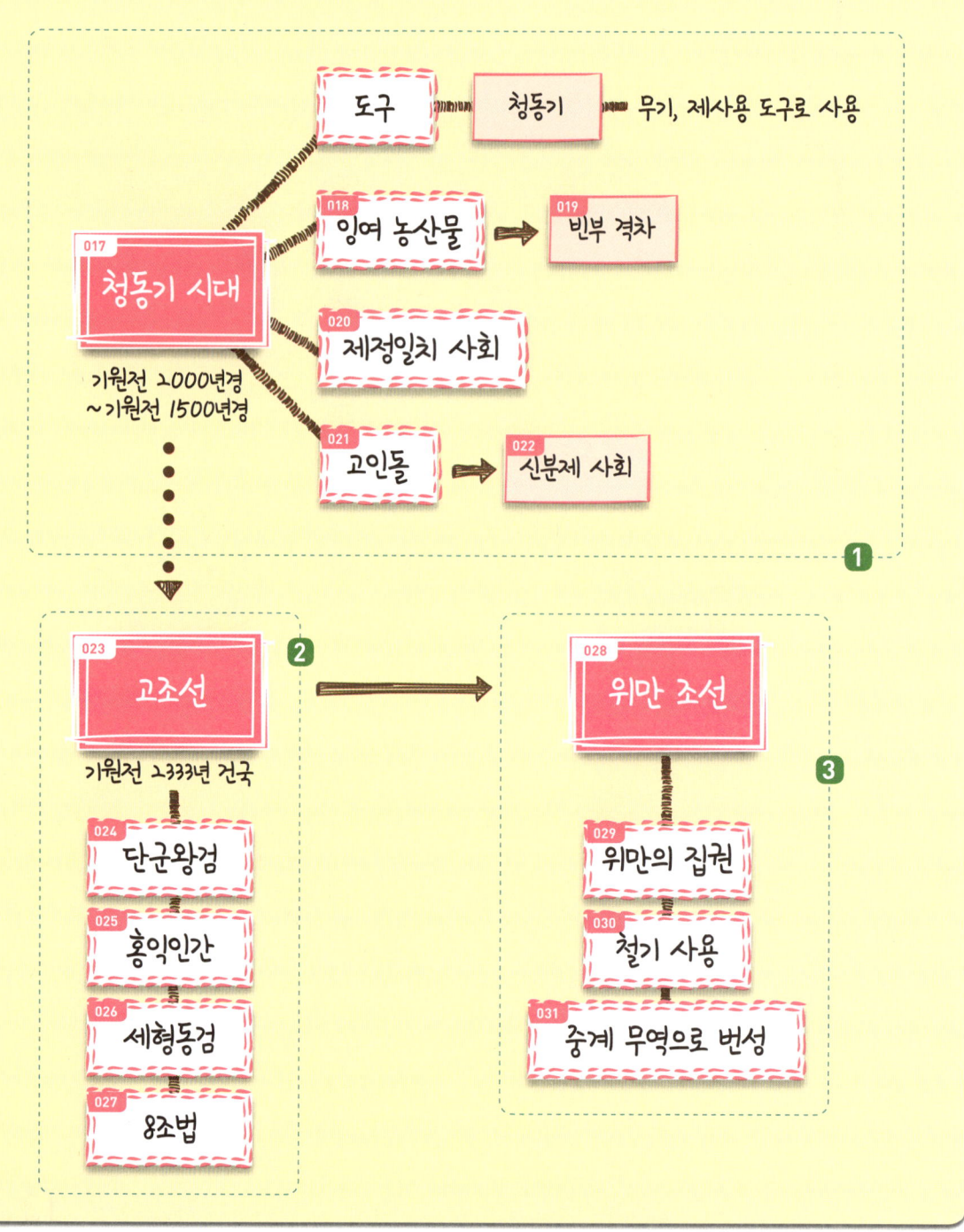

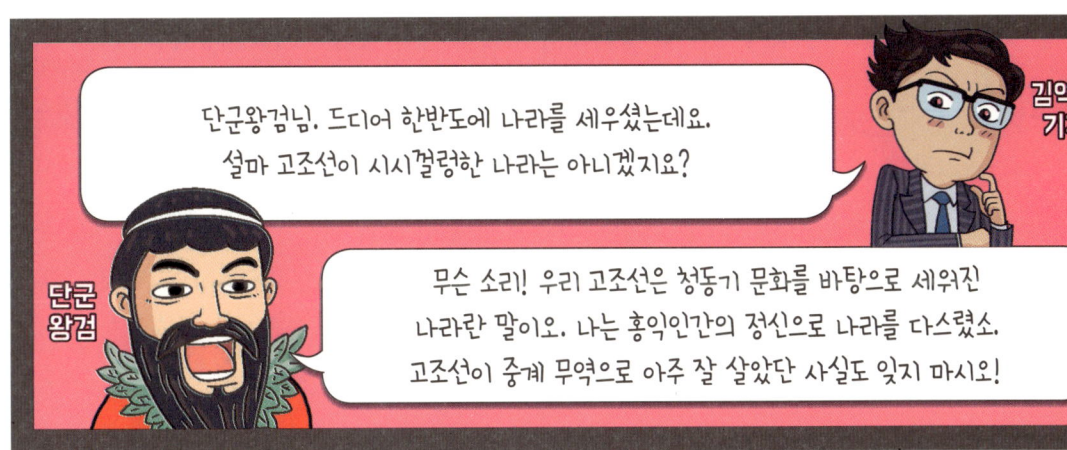

---

017 청동기 시대

석기를 사용하던 인류는 서로 다른 두 개의 돌을 녹였더니 액체가 되었고, 그 액체를 굳히면 원하는 모양으로 만들 수 있다는 큰 발견을 하였어. 그렇게 만들어진 돌은 청동이라는 광물이었고, 그 광물을 사용한 시대를 **청동기 시대**라고 해.

018 잉여 농산물

'잉여'는 쓰고 남은 것들을 말해. 신석기 시대에 농경이 시작된 이후 청동기 시대에 들어서면서 농사 기술도 발달했어. 그 덕에 추수하는 양, 즉 농업 생산력이 증가했지. 사람들이 먹고도 남을 만큼 농산물이 생산된 거야. 이것을 바로 **잉여 농산물**이라고 해. 잉여 농산물은 팔 수 있었기 때문에 재산을 늘리는 방법으로 이용되었고, 차츰 교역도 하게 되었어. 이제 빈부 격차가 생기게 되었지.

019 빈부 격차

잉여 농산물이 생기면서 개인이 소유할 수 있는 재산이 점점 생기기 시작했어. 이것을 사유 재산이라고 해. 시간이 지나면서 사유 재산의 차이는 점점 더 커졌는데, 이것을 **빈부 격차**라고 해. 가난한 정도와 부자인 정도가 서로 차이가 나는 것을 말하지. 빈부 격차는 '신분'이 생기는 원인이 되었어.

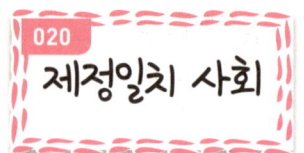
020 제정일치 사회

청동기 시대에 우두머리 역할을 하던 사람을 군장(君長)이라고 해. '군주 군(君)' 자를 통해 신석기 시대의 부족장보다 더 강력한 역할을 하였음을 알 수 있어. 그런데 군장의 역할이 또 있어. 바로 신에게 제사를 지내는 거야. 당시의 제사는 부족 사람들이 모두 다같이 믿는 신께 제사를 드리는 거였지. 결국 제사는 종교를 의미해. 이처럼 군장이 정치와 종교를 같이 지배했던 사회를 **제정일치 사회**라고 해.

021 고인돌

청동기 시대의 가장 대표적인 유적은 족장의 무덤으로 보이는 **고인돌**이야. 고인돌은 두 개의 고임돌이 넓은 돌을 받치고 있어서 생겨난 이름이지. 이렇게 큰 돌들로 무덤을 만든 주인은 누구일까? 이 돌들을 옮기고 세우기 위해서는 많은 노동력이 필요했을 테니 특별한 신분이었을 거야.

022 신분제 사회

구석기 시대와 신석기 시대는 평등한 사회였어. 그렇지만 경험이 많은 사람의 의견을 존중했을 거야. 하지만 청동기 시대에는 많은 사람을 다스리는 신분이 생겼어. 이 사실은 고인돌의 발견으로 알 수 있었어.

---

❷

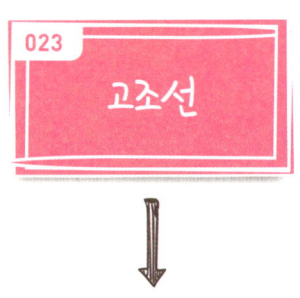
023 고조선

한반도와 만주 일대에 청동기 문화를 바탕으로 처음 세워진 나라는 **고조선**이야. 중국의 기록에는 그냥 조선이라고 나오지. 이성계가 세운 조선과 이름이 같다고? 그래서 이성계의 조선과 구별하기 위해 앞에 '옛 고(古)' 자를 붙여 고조선이라고 해.

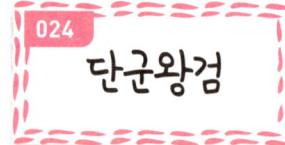
024 단군왕검

고조선을 세운 사람이 바로 **단군왕검**이야. 단군은 제사장을 뜻하고, 왕검은 정치적인 역할을 하는 사람을 말하지. 이름에 제정일치 사회의 특징이 고스란히 녹아 있어. 단군왕검은 지금의 한반도 북쪽 지방을 중심으로 삼아 나라를 건국했어.

단군왕검이 세운 고조선은 나라를 다스리는 근본정신을 '**홍익인간**'이라고 표현했어. 홍익인간은 '널리 인간을 이롭게 한다.'라는 뜻이지. 고조선의 건국이념은 지금까지도 우리 민족이 정신적으로 단결할 수 있는 힘을 주고 있어.

고조선은 구리를 이용해 칼을 만들었어. 처음 고조선에서 썼던 칼은 중국의 악기인 비파의 모양을 닮았다 해서 비파형 동검이라 불러. 비파형 동검이 출토되는 지역은 고조선의 영역이었을 거라 짐작하고 있지. 그런데 시간이 지나면서 동검은 불룩하던 비파 모양에서 가느다란 모양의 **세형동검**으로 바뀌었어. 세형동검은 한국식의 독자적인 문화야.

한반도에서 처음으로 세워진 고조선은 법 체계까지 갖춘 발달된 나라였어. 중국에 남아 있는 기록에서는 고조선에 8개의 조항으로 이루어진 법, 즉 **8조법**이 있었다고 하지. 8조법 중 지금 전해지고 있는 것은 3개의 조항밖에 없는데 그 내용은 다음과 같아.

- 사람을 죽인 자는 즉시 죽인다. → 생명 중시
- 남에게 상처를 입힌 자는 곡물로써 갚는다. → 농경 사회
- 도둑질한 자는 그 집의 노비로 삼는다. 단, 노비를 면하고자 할 때에는 50만 전의 돈을 내야 한다. → 계급 사회, 화폐 사용

3

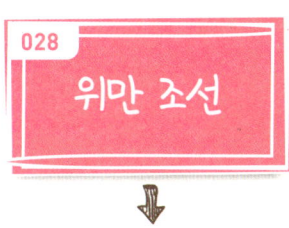

위만은 중국에서 온 사람이라고 기록에 전하고 있어. 고조선에 정착한 위만은 준왕을 내쫓고 왕이 되었지. 위만이 집권한 이후부터의 고조선을 **위만 조선**이라고 불러. 고조선은 위만이 집권하면서 힘을 크게 키울 수 있었어.

029 위만

위만은 중국에서 건너왔기 때문에 중국 사람이 아닐까 생각할 수도 있지만 역사책에 묘사된 위만의 모습이나 위만을 거부감 없이 받아들인 고조선 사회를 보면 고조선과 같은 민족이면서 중국에 거주하고 있던 사람이었을 거야.

030 철기

위만이 준왕을 내쫓을 수 있었던 가장 강력한 무기는 바로 **철기**야! 철기는 인류 사회를 크게 바꿔 놓았어. 돌이나 청동보다 훨씬 단단한 철은 어마어마한 무기 역할을 했어. 농사를 지을 때도 돌보습이나 돌낫 등은 부러질 때도 있었지만 철로 된 농기구는 튼튼해서 더 쉽게 농사를 지을 수 있게 도와줬지. 철이 농업도 바꿔 놓은 거야. 바로 이걸 위만이 고조선에 들여온 거지.

031 중계 무역

무역이란 돈이나 물건을 주고 내가 필요한 것을 얻는 것을 말해. 그럼 **중계 무역**이란 뭘까? 무역을 하려는 두 나라 사이에서 물건을 주고받도록 해 주고 이익을 챙기는 것을 말하지. 위만 조선은 중국과 한반도 남쪽의 나라들이 직접 교역하지 못하게 하고 중간에서 많은 이익을 챙겼어. 하지만 이를 달갑지 않게 여긴 중국이 쳐들어와 멸망하고 말아.

▲ 비파형 동검(왼쪽)과 세형 동검(오른쪽)

▲ 고인돌

3 철기 문화를 바탕으로 성장한 여러 나라

철기 문화를 바탕으로 여러 나라가 등장하게 되었어요. 부여와 고구려는 5부족 연맹체였고, 옥저와 동예는 왕이 없고 군장이 다스렸습니다. 삼한은 천군이라는 제사장이 소도를 다스리는 제정 분리 사회였어요. 이들 나라에서는 모두 제천 행사를 열었답니다.

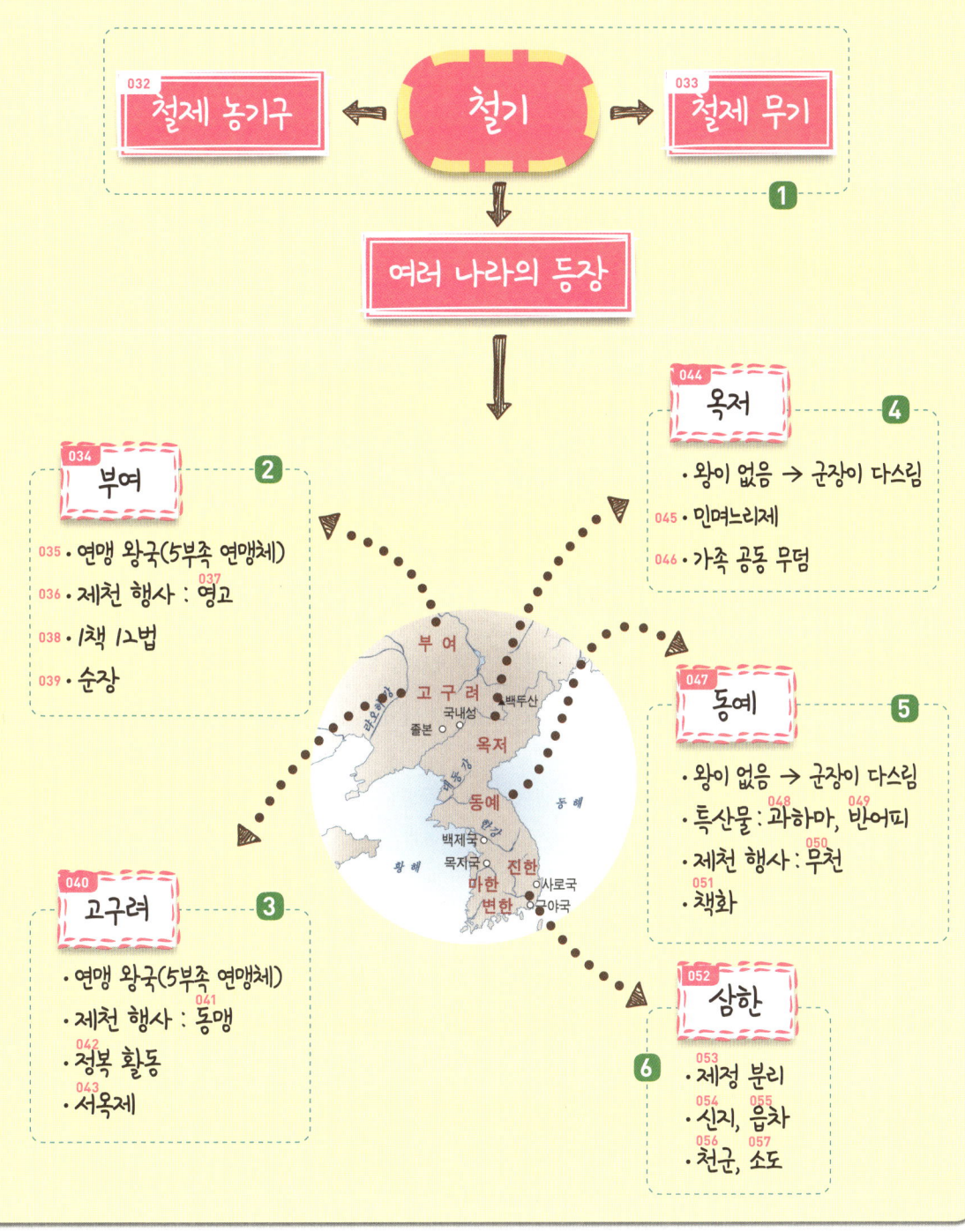

- 철기
  - 032 철제 농기구
  - 033 철제 무기
- 여러 나라의 등장

034 부여
- 035 연맹 왕국(5부족 연맹체)
- 036 제천 행사 : 037 영고
- 038 1책 12법
- 039 순장

040 고구려
- 연맹 왕국(5부족 연맹체)
- 제천 행사 : 041 동맹
- 042 정복 활동
- 043 서옥제

044 옥저
- 왕이 없음 → 군장이 다스림
- 045 민며느리제
- 046 가족 공동 무덤

047 동예
- 왕이 없음 → 군장이 다스림
- 특산물 : 048 과하마, 049 반어피
- 제천 행사 : 050 무천
- 051 책화

052 삼한
- 053 제정 분리
- 054 신지, 055 읍차
- 056 천군, 057 소도

> 우리는 고조선이 사라진 후 한반도 북쪽에 세워진 나라랍니다.
> 부여에서 고구려, 백제가 나왔으니 우리 잊으면 안 돼요~.
> — 부여 사람

> 부여 외에도 고구려와 옥저, 동예, 삼한 등이 철기를 바탕으로 번성했다오.
> 우리 고구려 사람은 전쟁의 신이었지.
> 주변 나라들을 정복하고 큰 나라로 성장했다니까!
> — 고구려 사람

1

032 철제 농기구

철제 농기구는 단단할 뿐 아니라 날카롭게 만들 수 있어서 땅을 깊이 팔 수 있었어. 철제 농기구를 쓰면서 농업 생산력은 크게 늘어났어.

033 철제 무기

철기가 가장 돋보인 분야는 군사 분야야. 청동검은 단단하지 못해 휘는 것이 문제였지만 철로 만든 무기는 달랐어. 무척 단단할 뿐 아니라 더 날카롭게도 제작할 수 있었어. 이로 인해 전쟁은 전보다 더 자주 일어났어.

2

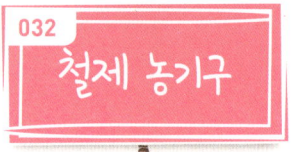

부여는 고구려보다 북쪽에 자리 잡았던 나라야. 넓은 평야가 있어 농업이 발달했지만 추운 곳이라 농사를 지을 기간이 짧은 탓에, 가축을 기르는 유목도 활발했어. 부여는 다섯 부족이 모여 만든 나라였는데 차츰 **연맹 왕국**으로 발전했지.

철기를 바탕으로 힘을 기르기 시작하면서 강한 부족이 생겨났어. 이때 강한 부족을 두고 여러 부족이 뭉쳐 왕을 정하고 나라를 만든 형태가 **연맹 왕국**이야. 그렇다고 왕이 나온 부족의 힘이 월등히 센 것은 아니었어. 왕이 아닌 부족장들은 자신의 부족에서 왕과 다름없는 권력을 누렸거든.

036 제천 행사

옛날 사람들은 하늘의 뜻을 중요하게 여겼어. 농사에 유리한 날씨가 하늘에 의해 결정되었기 때문이지. 그래서 나라마다 방법은 달랐지만 시기를 정해 놓고 큰 제사를 지냈어. 이게 바로 **제천 행사**야.

037 영고

부여에는 **영고**라는 이름의 제천 행사가 있었어. 목축업이 발달했던 부여에서는 추수 시기보다 조금 늦은 12월에 제천 행사를 열었어. 영고가 있는 동안에는 먹고 마시며 온 나라가 축제를 즐겼거든. 지배층도 같이 즐겼지. 백성들은 일 년 동안의 고단함을 풀었고, 지배층도 축제를 통해 단결심과 협동심을 얻을 수 있었으니 서로에게 득이 되는 행사였을 거야.

038 1책 12법

1책 12법이란 한 가지 잘못을 저지르면 그에 해당하는 것을 12배로 되갚아주어야 한다는 규칙이야. 예를 들어 쌀을 한 섬 훔쳤으면 12섬으로 원래 주인에게 되돌려 주어야 한다는 것이지.

039 순장

부여에서는 죽은 사람을 묻을 때 **순장**이란 방법을 썼어. 순장(殉葬)에서 '순(殉)'은 '따라 죽다'라는 뜻이야. 옛날에는 죽으면 사후 세계에서 현재와 비슷한 생활을 한다고 믿었어. 귀족이면 사후 세계에서 시중을 들어줄 아내나 노비, 부하가 필요하니까 그런 일을 할 사람을 강제로 같이 묻었던 거야.

3

040 고구려

고구려는 **부여**에서 갈라져 나온 세력이 세운 나라야. 부여에서 도망쳐 나온 주몽이 소서노의 도움을 받아 건국했지. 주로 산지가 많은 지역에 자리를 잡았기 때문에 농사보다는 수렵이나 사냥을 주로 했어. 부여와 마찬가지로 5부족이 모여서 **연맹 왕국**을 이루었어. 그럼 고구려에도 부여처럼 제천 행사가 있었을까?

041 동맹

고구려에서는 추수가 끝나는 10월경에 온 나라 사람들이 함께 즐기는 축제인 동맹이 있었어. 추수를 감사하기 위한 목적이었지. 더불어 고구려를 세운 동명왕을 숭배하는 의식도 치렀다고 해. 그런데 각 나라별 제천 행사를 외우기 어렵지? 부여의 영고는 '부엉이', 고구려의 동맹은 '고동'으로 앞 글자만 따서 외우면 잊어버리지 않을 거야.

042 정복 활동

고구려는 농경지가 부족해 적극적으로 주변 국가와 전쟁을 벌였어. 전쟁에서 이기면 영토뿐 아니라 곡식도 생기니까. 고구려는 동해안의 옥저와 동예뿐 아니라 중국의 한이 고조선 정복 후 세운 행정 구역까지 공격했어.

043 서옥제

고구려의 혼인 제도 중 독특한 것이 **서옥제**야. 서옥(壻屋)이란 말은 '사위가 머무르는 집'이라는 뜻인데, 신부가 결혼을 하기 전에 지은 작은 별채를 가리키는 말이야. 서옥제는 신부의 집의 뒤꼍에 조그마한 집(서옥)에서 신랑과 일정 기간 살다가 아이가 성장하면 부부가 함께 신랑 집으로 가는 거야. 남자 집안에서 여성 노동력을 데려가기 위해 미리 노동력을 제공하는 의미가 있어.

4

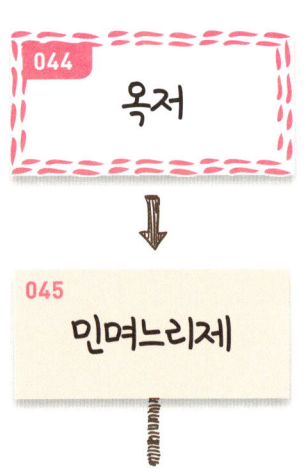

044 옥저

동해안에 자리 잡은 **옥저**는 왕이 없고 군장들이 자기 지역을 다스렸지. 부여와 고구려가 연맹 왕국으로 성장한 반면 옥저는 그렇지 못했던 거야. 강력한 권력이 없으니 국력도 약해 결국 고구려에게 정복당하고 말았지.

045 민며느리제

민며느리제는 옥저 특유의 결혼 풍습으로, 여자가 10세 가량 되었을 때 약혼을 하고 신랑 집에서 머물지. 그러다 성인이 되면 여자는 자신의 집으로 갔다가 남자가 예물을 치르고 다시 신부로 맞아들여. 이를 통해 여성 노동력이 중요했음을 알 수 있어.

046 가족 공동 무덤

옥저는 한 가족이 한 무덤에 묻혔어. 그럼 가족이 같은 날 같은 시각에 죽었냐고? 그건 아니야. 가족 중 먼저 죽은 사람은 임시로 땅에 묻은 다음 살이 다 썩으면 그 뼈를 골라 커다란 나무 상자에 옮겨 넣었다가 이것을 모아 공동 무덤을 만들었던 거야. 그래서 커다란 나무 상자에는 여러 사람의 뼈가 함께 들어 있어. 옥저에서는 같은 핏줄을 매우 중시했던 것 같아.

5

047 동예

동예는 옥저 아래쪽에 자리 잡은 나라로, 옥저처럼 왕이 없었어. 각 지역을 군장들이 다스렸지. 바닷가에 있어서 해산물이 풍부하고 토지가 비옥해 생활이 넉넉한 편이었어. 1~2세기부터 고구려의 간섭을 받아 소금이나 어물 등을 바치기도 했어.

048 과하마

키가 3척(1척이 약 30cm) 정도밖에 되지 않아 말을 타고서도 과(果)실 나무 밑(下)을 지나갈 수 있다는 데서 유래된 이름의 말이 **과하마**(果下馬)야. 고구려와 동예의 특산물이었어. 고구려 시조인 주몽(朱蒙)이 탔다는 전설이 전해지고 있고, 동예에서도 중국과의 주요 교역품 중 하나였어.

049 반어피

반어는 지금의 바다표범을 말하는데, 바다표범의 가죽이 바로 **반어피**야. 동예의 주요 수출품 중 하나였어. 반어피를 수입했던 나라는 중국인데, 가구를 장식할 때 바다표범 무늬를 이용했대.

050 무천

동예에서도 부여나 고구려와 마찬가지로 해마다 제천 행사를 열었어. 동예의 제천 행사는 추수가 끝나는 10월에 있었고, 그 이름은 **무천**이야. 밤낮으로 술을 마시고 춤추며 놀았다고 해. 부여의 영고, 고구려의 동맹과 성격이 비슷하지.

051 책화

동예는 각 씨족마다 그 씨족들이 활동하는 영역이 분명하게 정해져 있었어. 그래서 함부로 다른 씨족의 지역에 들어가 경제활동 등을 할 수 없었지. 당시 씨족은 대체로 산과 강을 경계로 활동 영역을 구분했어. 만약 한 씨족이 다른 씨족의 경계를 침범하였을 때에는 소나 말 또는 노비로 보상해야 하는 규칙이 있었는데 이를 **책화**라고 해.

6

052 삼한

철기 문화가 널리 퍼지면서 한반도 남쪽에서는 수십 개의 작은 나라들이 생겨났어. 이들은 차츰 마한, 진한, 변한으로 뭉치기 시작했지. 이를 **삼한**이라고 불러. 결국 마한, 진한, 변한은 각각 한 나라를 형성한 것이 아니라 그 아래 많은 나라가 있었던 거야. 삼한 중 마한의 힘이 가장 셌고, 마한 중에서도 목지국의 힘이 세서 목지국의 지배자가 삼한을 대표했지. 그런데 삼한은 다른 나라들과는 달리 정치와 종교가 분리되어 있었대. 삼한에서도 제천 행사를 지냈는데 5월제와 10월제가 있었어.

053 제정 분리

고조선이 제정일치 사회였다는 걸 기억하니? 초기 고대 국가도 아마 그랬을 거야. 왕이 하늘에 제사를 지냈을 테니까. 하지만 삼한은 달랐어. 제사를 드리는 사람과 정치를 하는 사람이 완벽하게 분리되어 있었거든. 이런 모습을 **제정 분리**라고 해.

054 신지

삼한에서는 마한, 진한, 변한을 중심으로 그 밑에 많은 작은 부족들이 있었어. 이 중 가장 강력한 힘을 가진 부족의 군장을 **신지**라고 불렀지. '지'는 당시 토속어인 '치'와 음이 같은데, '치'는 우두머리를 뜻한다고 해.

055 읍차

읍차는 신지보다 낮은 계급의 군장이야. 이를 통해 다양한 크기의 정치 세력들이 있었다는 걸 알 수 있어.

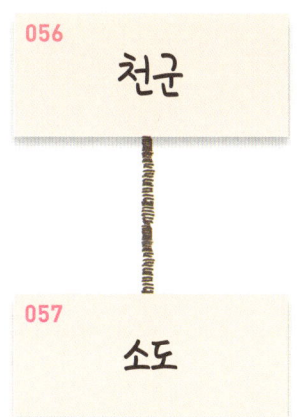

056 천군

삼한 사회에서 제사를 지내는 사람을 **천군**(天君)이라고 했어. 하늘[天]의 임금[君]이니 제사를 지내는 사람이라는 걸 금방 짐작할 수 있겠지? 천군은 매년 한두 차례에 걸쳐 각 부족별로 선발했어. 그리고 일정한 장소에서 제사를 지내며 질병과 재앙이 오지 않기를 빌었지.

057 소도

삼한 사회는 제사를 무척 중요하게 여겨서 제사를 지내는 지역을 따로 두었는데 이 지역을 **소도**라고 해. 소도는 신성한 지역이라 여겨 정치적 권력을 지닌 군장조차도 영향력을 발휘할 수 없는 곳이었지. 죄인이라 해도 일단 소도로 도망가면 잡아갈 수 없을 정도였어. 소도에는 솟대를 세워 이곳이 신성한 지역임을 나타냈어. 지금도 솟대는 시골 마을에 가면 종종 볼 수 있고, 예술 작품으로도 만들어지고 있어.

02 삼국 시대

1. 동북아시아의 강자 고구려
2. 해상 왕국을 건설한 백제
3. 삼국을 통일한 신라
4. 삼국의 사회와 문화

1 동북아시아의 강자 고구려

고구려는 연맹 왕국에서 점차 중앙 집권 국가로 성장하였어요. 하지만 백제 근초고왕의 공격으로 국가적 위기를 맞기도 하였으나 소수림왕 때 다시 기반을 다지게 되지요. 그후 광개토 대왕과 장수왕 때 전성기를 맞이하였지만 나당 연합군에 의해 멸망하게 된답니다.

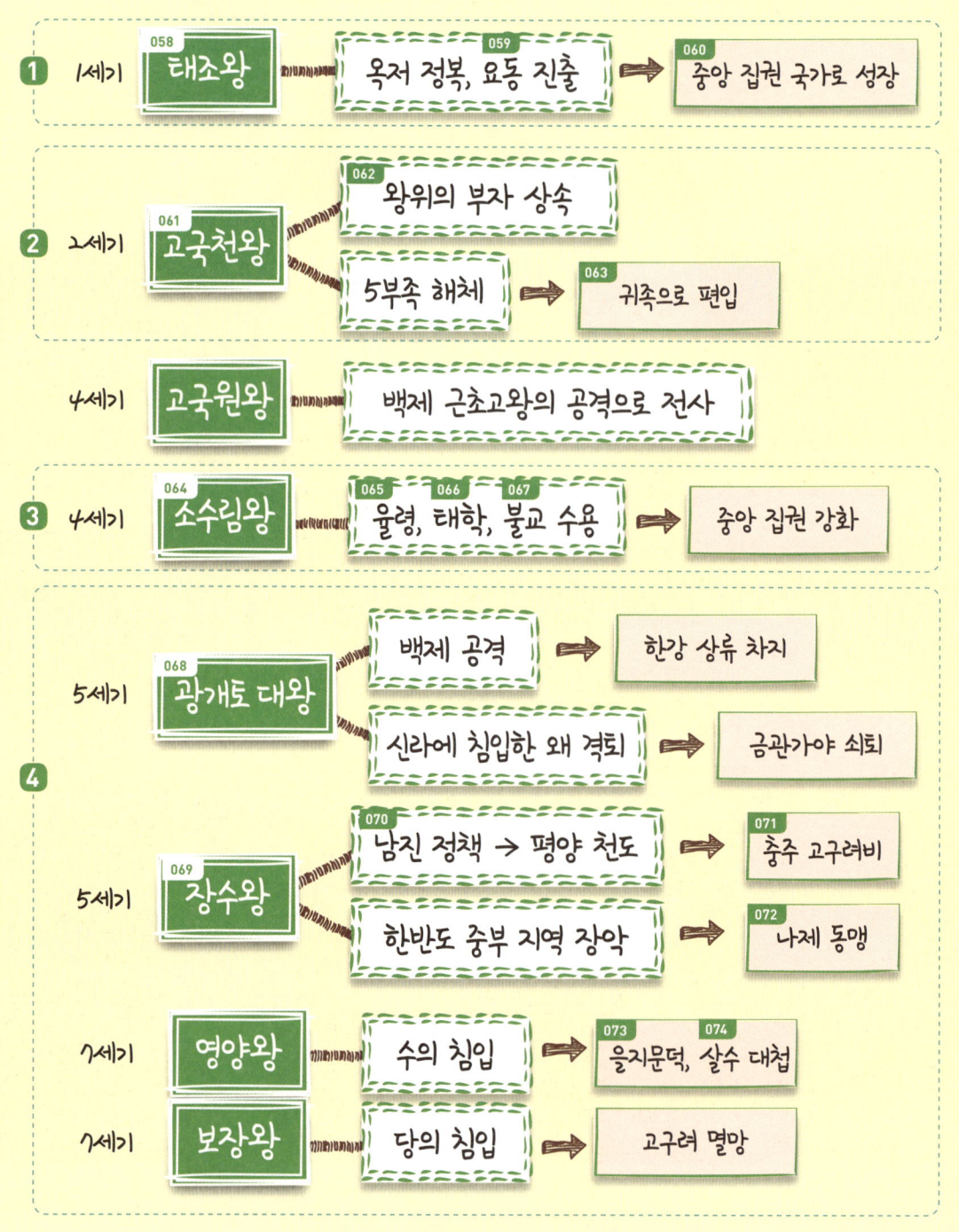

- ① 1세기 **태조왕**[058] → 옥저 정복, 요동 진출[059] → 중앙 집권 국가로 성장[060]
- ② 2세기 **고국천왕**[061] → 왕위의 부자 상속[062]
  - 5부족 해체 → 귀족으로 편입[063]
- 4세기 **고국원왕** → 백제 근초고왕의 공격으로 전사
- ③ 4세기 **소수림왕**[064] → 율령[065], 태학[066], 불교 수용[067] → 중앙 집권 강화
- ④ 5세기 **광개토 대왕**[068] → 백제 공격 → 한강 상류 차지
  - 신라에 침입한 왜 격퇴 → 금관가야 쇠퇴
- 5세기 **장수왕**[069] → 남진 정책 → 평양 천도[070] → 충주 고구려비[071]
  - 한반도 중부 지역 장악 → 나제 동맹[072]
- 7세기 **영양왕** → 수의 침입 → 을지문덕[073], 살수 대첩[074]
- 7세기 **보장왕** → 당의 침입 → 고구려 멸망

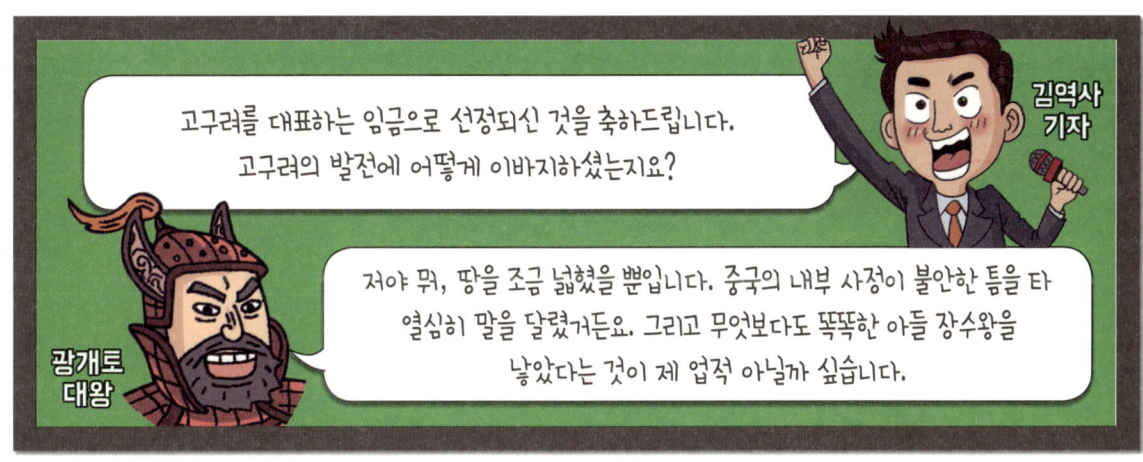

1

1세기 후반에 등장한 **태조왕**(47~165)은 고구려의 영토를 넓히기 위해 많은 노력을 했어. 옥저와 요동 지방을 정복해 영토를 크게 넓혔지. 태조왕의 업적 중 가장 큰 것은 바로 고구려가 연맹 왕국의 단계를 넘어 중앙 집권적인 국가로 발전할 수 있도록 왕의 권력을 강화했다는 점이야.

요동의 '요'는 지금의 랴오허 강을 말해. 그 랴오허 강의 동쪽을 요동 지방이라 하고, 서쪽을 요서 지방이라 해.

청동기 시대부터 신분이 나타나다가 결국 왕이라는 신분까지 등장하게 되었어. 처음부터 왕의 힘이 강했던 건 아니야. 심지어는 부족장들이 번갈아 왕을 하기도 했어. 하지만 시간이 지나면서 왕은 전쟁을 이용해 힘을 키웠어. 그러다 왕이 강한 권력을 갖기에 이르지. 이런 나라가 **중앙 집권 국가**야.

2

2세기에 활약한 **고국천왕**(?~197)은 왕위를 아들에게 물려주기 시작한 왕이야. 또 뛰어난 능력을 갖춘 을파소를 신하로 삼아 나라를 안정시켰어. 이를 계기로 왕권은 크게 성장할 수 있었어.

062 왕위의 부자 상속

삼국 시대 초기에는 왕의 힘이 약했어. 하지만 전쟁이 잦아지자 상황은 바뀌었지. 한 사람을 중심으로 힘을 똘똘 뭉쳐야 했기 때문에 왕의 힘이 강해졌어. 그런데 왕위를 형제에게 물려주는 경우가 많아. 형제가 힘을 합쳐 왕위를 지켜야 할 만큼 왕권이 약했던 거지. 이 단계를 벗어나면 이제 아들에게 왕을 물려주게 돼. 이게 바로 부자 상속이야.

063 귀족

고구려는 다섯 부족이 힘을 합쳐 나라를 세웠어. 그런데 나라의 힘을 한 곳으로 모아 발전하려면 부족의 성격이 강한 것은 걸림돌일 뿐이야. 그래서 왕권을 강화하기 위해 각 부족에 머물고 있는 부족장을 도읍으로 불러들여 살게 하면서 **귀족**이라는 호칭을 주었어. 그리고 부족적 성격을 없앤 후 행정 구역으로 만들어 버렸지.

3

064 소수림왕

소수림왕(?~384)의 아버지는 백제와의 싸움에서 전사한 고국원왕이야. 아마 소수림왕은 복수의 칼을 갈았을 거야. 하지만 소수림왕은 무턱대고 백제를 공격하기보다는 내부의 힘을 쌓는 게 먼저라고 판단한 거지. 대표적인 업적이 바로 **율령**을 반포하고 **태학**을 세운 거야. 또 **불교**를 널리 권장했지. 이를 통해 중앙 집권 체제를 강화할 수 있었어.

065 율령

율령은 쉽게 말해 요즘의 법이야. 법도 민법, 형법, 상법 등 다양하지? 과거의 법인 율령도 형식 면에서 나뉘어 있었어. 우선 '율'은 사회 질서를 유지하기 위한 형벌을 다룬 것이고, '령'은 나라를 운영하기 위한 구체적인 행정 법령을 말해. 율령은 고대 왕국의 성장에 굉장히 중요한 역할을 해. 왕의 기분이 좋을 때는 관대하게 처벌하고, 기분이 나쁠 때는 사형을 하는 등 왕 마음대로 하는 것이 이제 힘들어졌다는 이야기가 되거든. 결국 나라의 큰 형태를 갖추었다는 의미가 돼.

066 태학

고구려에서는 귀족 자제들을 대상으로 학교를 만들어 인재를 키웠어. 그 학교가 바로 **태학**이야. 소수림왕은 율령 반포로 나라의 모습을 갖추었다면 태학을 통해서는 '충(忠)'을 중시하는 유교를 가르쳤어. 법 질서를 갖춰 왕을 중심으로 한 체계를 정하는 율령이나 왕에 대한 충성을 강조하는 유학을 가르치는 태학 모두 고구려의 중앙 집권화에 큰 보탬이 되었지.

067 불교

고대 사회에서는 부족마다 서로 다른 신을 섬기기도 했어. 당연히 사상적인 면에서 통합은 힘들었지. 그런데 **불교**는 달랐어. 어느 부족 사람에게도 통할 수 있는 교리 체계를 갖춘 거야. 또 왕 입장에서는 왕을 부처와 같다고 주장하며 왕권을 강화하기에도 유리해 불교를 권장할 수 있었지.

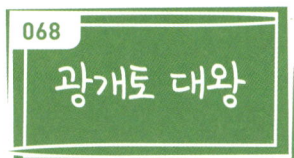

068 광개토 대왕

광개토(廣開土) **대왕**(375~413)은 '넓게[廣] 영토를 정복한[開土] 임금'이란 뜻이야. 지금의 만주 일대까지 고구려의 영토로 만들었어. 광개토 대왕은 4세기 무렵 백제와 전쟁을 치르며 백제의 코를 납작하게 만들었어. 또 왜의 침략으로 힘들어하는 신라가 구원병을 요청하자 군사를 보내 물리쳐 주었지. 이 과정에서 가야 연맹의 리더였던 금관가야의 힘도 약해졌어.

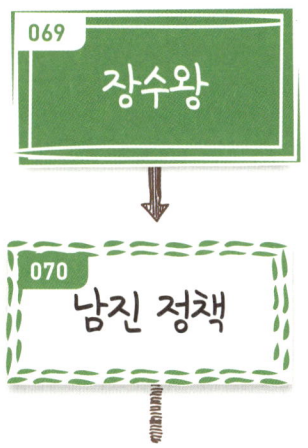

069 장수왕

장수왕(394~491)은 당시로서는 드물게 100년 가까이 장수했던 임금이야. 중국의 남북조와 교류하며 외교적으로 안정을 이루었지. 장수왕은 아버지인 **광개토 대왕**의 업적을 이어받아 고구려의 최전성기를 열었어.

070 남진 정책

장수왕은 한강 이남 지역으로 눈을 돌리는 **남진 정책**을 펼쳤지. 과감하게 도읍도 평양으로 옮겼어. 대동강을 끼고 있는 평양은 강 주변에 평야가 넓게 펼쳐질 뿐 아니라 바다로 진출하기에도 유리했어. 이 외에도 국내성에 기반을 둔 귀족 세력을 약화시켜 왕권도 강화할 수 있었지.

071 충주 고구려비

과거에는 영토를 넓힌 왕이 자신의 업적을 자랑하기 위해서 비석을 세우기도 해. 장수왕도 남진 정책으로 차지한 충주 지역에 비석을 세워 자신이 넓힌 영토를 기념했는데, 이 비석을 **충주 고구려비**라고 해. 신라 시대 충주의 옛 지명인 중원의 글자를 따서 중원 고구려비라고도 해.

072 나제 동맹

고구려가 소수림왕 이후 광개토 대왕을 거쳐 장수왕에 이르자 신라와 백제는 불안해졌어. 고구려가 쳐들어오면 어쩌나 두려웠을 거야. 당연히 힘이 약한 신라와 백제는 손을 잡을 수밖에 없었는데, 이를 **나제 동맹**이라고 해. 만약 고구려가 백제를 공격하면 신라가 백제를 도와주고 반대의 경우라면 백제가 신라를 도와주기로 한 거지.

073 을지문덕

고구려의 위대한 장군인 **을지문덕**은 수의 양제가 쳐들어왔을 때 바람 앞에 등불 같던 고구려를 구했어. 이때가 수 양제의 두 번째 고구려 침입이었어. 작전 능력이 뛰어났던 을지문덕 장군은 수의 군대를 염탐하기 위해 일부러 인질로 들어가기도 했어. 나중에 이 사실을 안 수의 군대가 쫓아왔지만 이미 을지문덕 장군은 멀리 도망친 후였지. 안전하게 돌아온 후 을지문덕 장군은 이후의 작전을 짜는 데 골몰했고, 살수 대첩을 성공적으로 이끌 수 있었어.

074 살수 대첩

30만 명의 수의 별동대가 쳐들어오자 을지문덕은 지금의 청천강인 살수에서 사활을 건 작전을 펼쳐. 일부러 도망치는 척 하면서 수 군대를 유인한 을지문덕은 수 군대가 강을 반쯤 건넜을 때 반격에 나섰지. 이때 을지문덕은 수의 군대를 거의 전멸시키다시피 했어. 이를 **살수 대첩**(612, 영양왕 23)이라고 해. 이후 수는 민심까지 잃어 반란으로 멸망하였어. 수가 고구려의 공격에 얼마나 큰 힘을 실었는지 짐작이 가지? 지금 서울의 을지로는 을지문덕 장군을 기리기 위해 만들어진 도로 이름이야.

2 해상 왕국을 건설한 백제

온조가 세운 백제는 근초고왕 때 백제의 전성기를 맞이하게 되었어요. 그렇지만 고구려 장수왕의 공격으로 도읍을 옮기게 되지요. 그후 성왕 때 신라의 진흥왕과 함께 한강 유역을 되찾으려다가 신라에 빼앗기게 되지요. 그후 의자왕 때 나당 연합군에 의해 멸망 당하게 돼요.

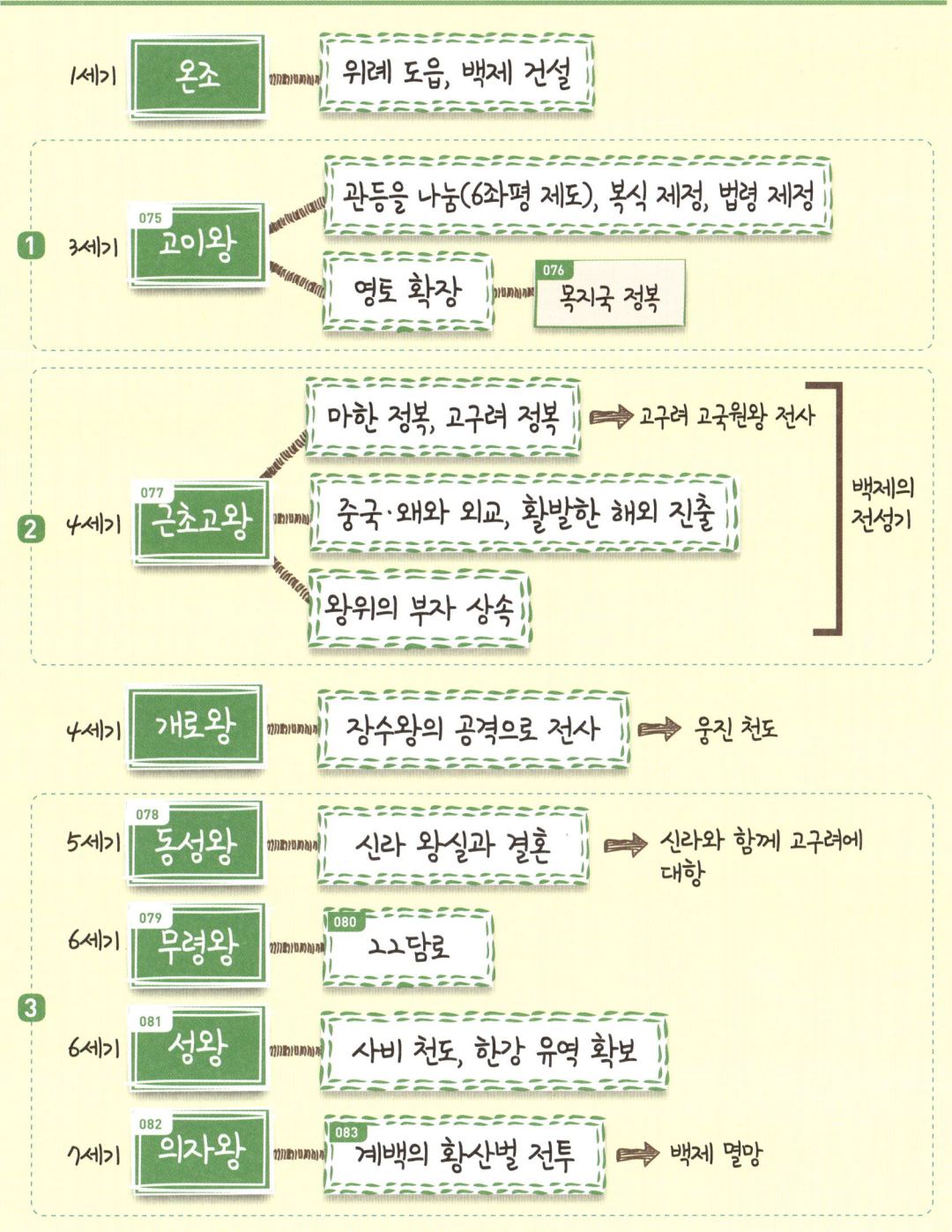

- 1세기 **온조** — 위례 도읍, 백제 건설

① 3세기 **고이왕** (075)
- 관등을 나눔(6좌평 제도), 복식 제정, 법령 제정
- 영토 확장 — 목지국 정복 (076)

② 4세기 **근초고왕** (077)
- 마한 정복, 고구려 정복 ⇒ 고구려 고국원왕 전사
- 중국·왜와 외교, 활발한 해외 진출
- 왕위의 부자 상속

⟩ 백제의 전성기

- 4세기 **개로왕** — 장수왕의 공격으로 전사 ⇒ 웅진 천도

③
- 5세기 **동성왕** (078) — 신라 왕실과 결혼 ⇒ 신라와 함께 고구려에 대항
- 6세기 **무령왕** (079) — 22담로 (080)
- 6세기 **성왕** (081) — 사비 천도, 한강 유역 확보
- 7세기 **의자왕** (082) — 계백의 황산벌 전투 (083) ⇒ 백제 멸망

의자에 앉아만 있다가 나라가 멸망하게 되었기 때문에 의자왕이란 이름을 갖게 되신 거 아닌가요?

김역사 기자

무슨 소리! 난 초기에는 아시아에서 훌륭하다고 소문난 왕이었소. 하지만 근초고왕과 성왕의 빛나는 업적을 잇지 못했다는 것이 가슴 아플 뿐이오. 무슨 할 말이 있겠소. 흑흑

의자왕

1

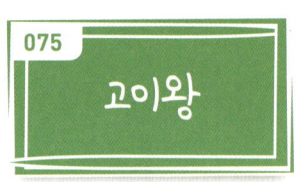

075 고이왕

원래 백제는 고구려에서 갈라져 나왔기 때문에 고구려 관직 제도를 많이 따라했어. 그런데 **고이왕**(?~286) 때 땅도 넓어지고 다스려야 할 사람들도 많아졌는데 옛 관직 제도만으로는 제대로 대처할 수 없었거든. 그래서 6좌평이라는 백제만의 관직 제도를 만들었어. 또 법률 제도도 만들었어.

076 목지국

백제가 자리한 곳은 마한이 있던 곳이었어. 이미 발달된 문화를 가지고 있던 부여 계통의 사람들이 세운 백제는 점점 힘을 키워 주변의 나라들을 정복해 나갔어. 드디어 고이왕 때에는 마한에서 가장 힘이 세었던 **목지국**마저 정복하고 한반도의 중부 지방까지 차지했어.

2

077 근초고왕

고이왕 때 힘을 기른 백제는 **근초고왕**(?~375) 때 크게 발전할 수 있었어. 근초고왕은 마한의 세력을 모조리 점령하고 남부 지방의 평야 지대를 차지할 수 있었지. 고구려를 침략해 고국원왕을 전사시키고 왕위의 부자 상속도 확립했어. 힘을 모은 근초고왕은 해외로도 나갔어. 중국의 역사서에는 백제가 요서 지방에 진출한 사실이 기록되어 있어. 또한 일본의 규슈에도 진출해 해상 왕국 백제를 건설한 임금이야.

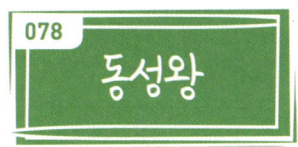

5세기 후반 백제가 힘을 잃었을 때 왕이 된 **동성왕**(479~501)은 무엇보다 국력을 키우려 애썼어. 동성왕은 고구려 수군을 뚫고 중국에 사신을 보내 관계를 맺었고, 신라와는 왕실끼리 혼인 관계를 맺어 고구려에 대항했어.

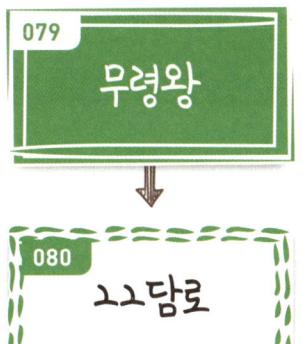

무령왕(462~523)은 왕권을 강화할 필요를 느꼈어. 그래서 지방에 **22담로**를 설치해 왕권 강화를 꾀했지.

중요한 지방에 설치한 것이 담로야. 총 22곳에 설치해서 **22담로**라고 부르지. 왕자나 왕족을 보내 다스렸어. 백제 왕실이 지방을 귀족들에게 맡기지 않고 직접 지배하려는 왕권 강화의 의도가 담겨 있어.

성왕(?~554)은 비좁은 웅진에서 벗어나 도읍을 사비로 옮겼지. 현재 부여인 사비는 땅이 넓고 금강을 끼고 있어 새로운 도읍지로 적당했어. 또 22부의 관청이 행정을 나누어 맡도록 했어. 신라와 힘을 합쳐 고구려를 공격해 한강 유역을 되찾기도 해. 하지만 신라의 배신으로 그 땅을 잃고, 이에 대한 보복으로 신라를 공격하다 관산성 싸움에서 죽고 말았어.

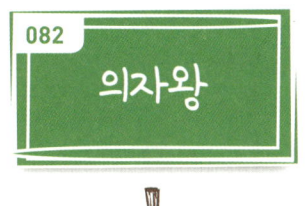

의자왕(?~660)은 처음에는 정치를 무척 잘했지만 말기에 간신들과 어울리며 나랏일을 보지 않아 백제를 망쳐놓았어. 백제가 망하자 의자왕은 당으로 끌려갔어.

계백(?~660)은 백제를 대표하던 장군이야. 전투에서 훌륭한 전과를 많이 세웠을 뿐 아니라 덕이 있고, 꾀도 많았던 사람이지. 황산벌에서 맞닥뜨린 신라와 한판 승부를 벌였어. 중요한 전투에서는 모두 이겼지만 결국 마지막 전투에서 패하면서 백제와 함께 역사 속으로 사라지게 되었어.

3 삼국을 통일한 신라

신라는 내물왕 때부터 고대 국가로 성장하고, 지증왕 때 신라 국호 결정, 왕 명칭 사용, 법흥왕 때 불교 공인, 율령 반포 등 체제를 정비하게 되지요. 진흥왕 때 전성기를 맞아 한강을 차지하고 4개의 순수비를 세웠어요.

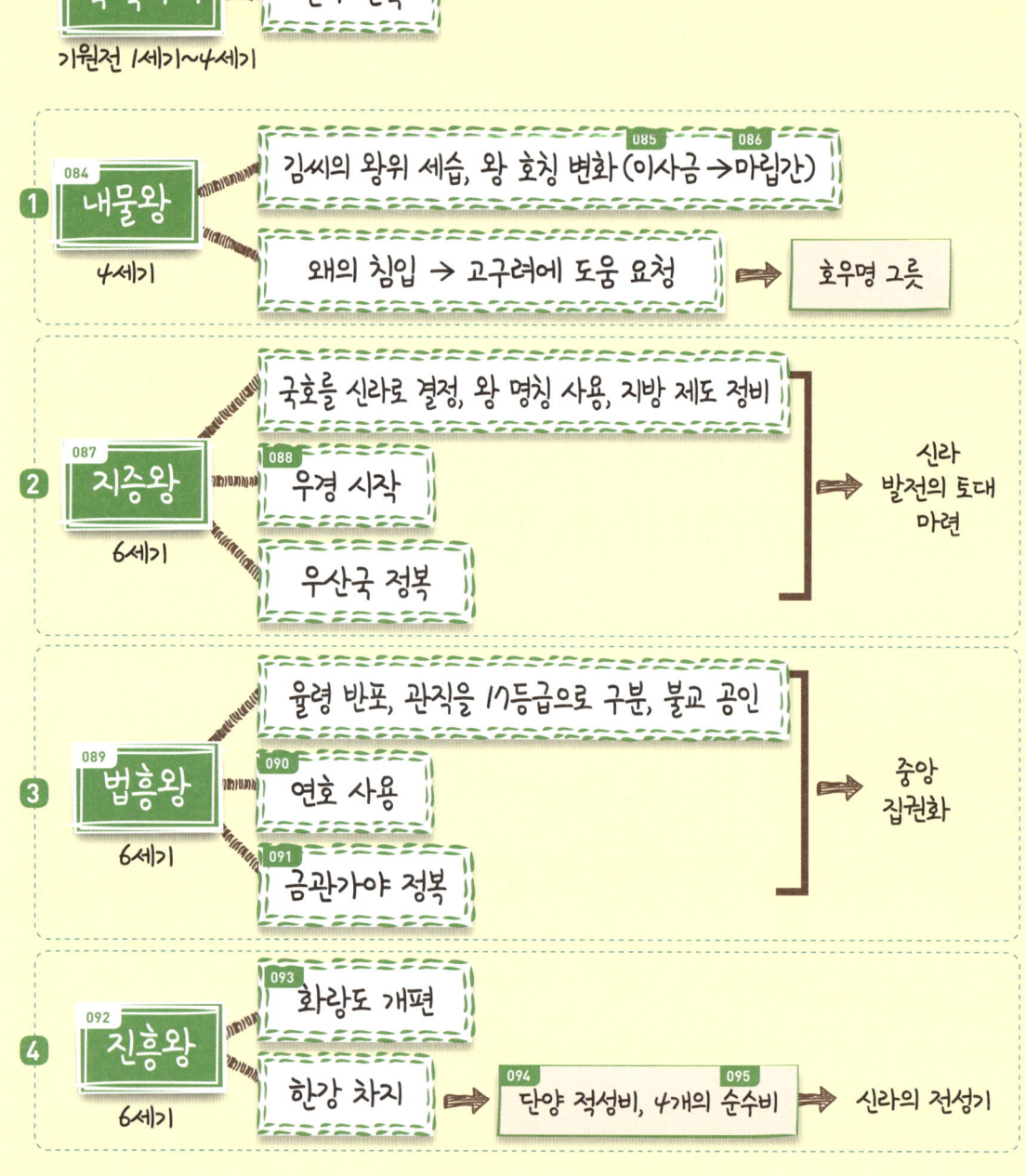

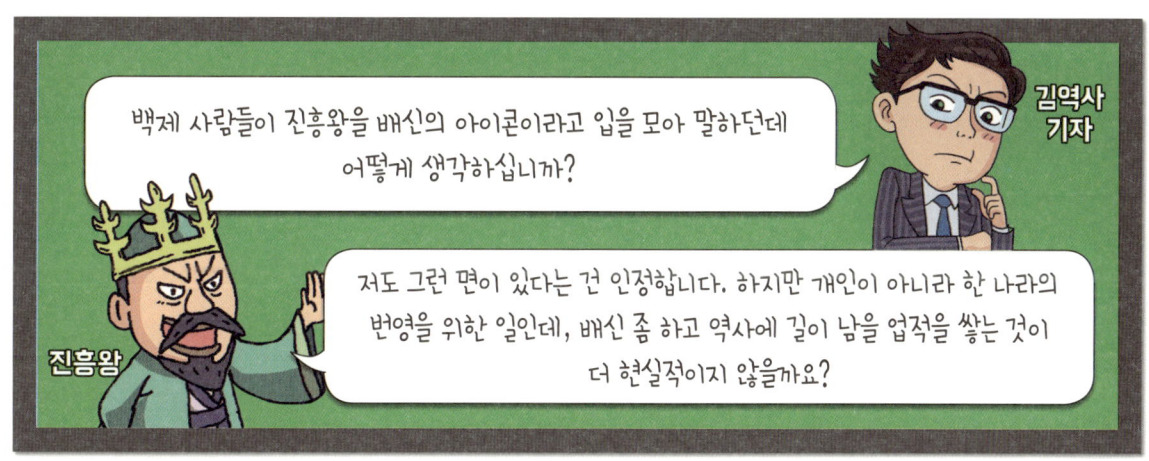

1

084 내물왕

신라는 산맥이 둘러싸고 있는 지금의 경상도 지역에 있었어. 자연히 사람들은 좁은 평야 지역을 중심으로 부족들끼리 똘똘 뭉쳐 살았지. 그래서 귀족의 힘이 강했어. 그래서 왕권도 늦게 확립되었지. **내물왕**(?~402)은 왕권 강화를 위해 노력했어. 신라는 4세기 내물왕 때부터 중앙 집권 국가의 모습을 갖추기 시작해. 초기에는 박·석·김의 세 성씨가 번갈아 왕이 되었는데 내물왕부터는 김씨만이 왕위를 이어가게 되지.

085 이사금

신라는 22대 지증왕 때부터 왕이라는 호칭을 사용하기 시작해. 그전에는 왕을 부르는 다양한 이름이 있었는데 그중 하나가 **이사금**이야. 이사금은 이의 자국인 잇금에서 나왔다는 설이 있어. 옛날에는 이가 많은 사람이 현명하다고 생각했대. 이사금은 현재 우리가 사용하는 '임금'의 어원이 되었다고 해. 이사금이란 호칭은 내물왕 전까지 사용되었어.

086 마립간

왕권 강화에 성공한 내물왕은 왕의 칭호를 이사금에서 **마립간**이라고 바꿔. 마립간은 '대군장' 또는 '최고 우두머리'를 뜻해. 이사금이 단순히 연장자라는 의미를 가지고 있던 것에 비해 더 큰 힘을 가진 사람을 뜻하게 되었지. 그만큼 왕의 권한이 커졌음을 짐작할 수 있어.

2

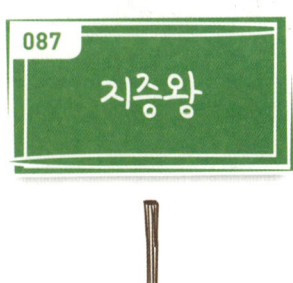

6세기 초반에 활약했던 **지증왕**(437~514) 때는 나라 이름을 '신라'로 정했고, 왕의 칭호도 중국식인 '왕'으로 바꾸었어. 지방 제도도 정비하고, 새로운 농사법인 우경을 실시해 농업 생산력을 크게 늘릴 수 있었어. 또 경상도 북부로 진출하고 이사부 장군을 시켜 지금의 울릉도인 우산국도 정벌하여 영토를 확장하였어.

농사를 지으려면 밭갈이가 중요해. 딱딱한 땅에는 씨앗을 심을 수도 없거니와 설령 심었나 해도 싹이 땅을 뚫고 나올 수가 없어. 그래서 농부들은 봄이 되면 땅부터 갈아엎는 거야. 그런데 이 일이 그렇게 쉬운 건 아냐. 특히나 사람의 힘으로만 하면 더더욱 힘들지. 그럼 가장 힘을 덜 들이고 땅을 깊이 갈아엎는 방법은 뭘까? 바로 가축, 즉 소를 이용하는 방법인데, 이를 **우경**이라고 해. 신라 시대 때 우경을 도입한 왕이 **지증왕**이야.

3

6세기에 활약한 **법흥왕**(487~540)은 이름대로 '불법을 크게 흥하게 만든 임금'이라고 생각하면 돼. 아버지 지증왕에 이어 왕이 된 법흥왕도 신라 사회를 크게 발전시켰어. 고대 국가로 발전하는 데 중요한 기준이 되는 율령을 반포하였고, 관리들을 17등급으로 나누어 정하고 복색을 정하기도 했어. 왕권 강화에 도움이 되는 불교를 공인한 것도 법흥왕이야. 지증왕과 법흥왕의 업적을 바탕으로 이제 신라는 쭉쭉 뻗어갈 일만 남은 셈이야.

옛날에는 임금이 새로 즉위하면 해를 부르는 이름을 만들었어. 힘을 키운 신라도 '건원'이라는 독자적인 **연호**를 사용하기 시작했지. 이때가 바로 법흥왕 때야. 왕권이 약할 때에는 연호를 사용하지 않았어. 그만큼 중앙 집권화에 성공했다고 볼 수 있는 거야.

가야는 **금관가야**, 대가야 등 여러 개의 나라로 나뉘어 지금의 경상남도 지방에서 나름대로 세력을 키우며 살고 있었어. 이중 금관가야가 법흥왕 때 신라의 땅이 되었어. 이 지역은 질 좋은 철이 풍부해 금관가야 땅을 얻은 신라는 크게 발전할 수 있었어.

4

진흥왕(534~576)은 6세기에 신라의 전성기를 연 왕이야. 이름대로 '진짜 흥했던 왕'이라고나 할까? 화랑도를 국가 조직으로 만들고, 영토도 넓혔어. 나제 동맹을 맺어 한강 상류 지역을 얻었어. 하지만 한강 하류 지역까지 욕심이 났던 진흥왕은 백제가 획득한 영토를 침략해버렸어. 이후 신라는 경제 기반이 더욱 커졌고, 황해를 통해 중국과 직접 교역할 수 있게 되었어.

신라에는 뛰어난 왕족이나 귀족이 남자들을 거느리는 모임이 여럿 있었어. 진흥왕은 이런 개인적인 모임을 국가를 위한 것으로 바꾸는 것이 좋겠다고 생각했지. 그래서 만들어진 것이 **화랑도**야. '아름다운[花] 남자[郎]가 이끄는 무리[徒]'라는 뜻이지. 김유신을 비롯한 태종 무열왕, 관창, 사다함 등이 모두 화랑도 출신이야. 삼국 통일에도 크게 기여했어.

진흥왕은 영토를 지금의 함경도 지방까지 넓혔어. 이를 기념하기 위해 세운 비석 중 하나가 **단양 적성비**야. 지금의 단양 지역이 과거에는 적성이라 불렸거든.

진흥왕은 자신이 넓힌 영토를 자랑스런 마음으로 돌아보았을 거야. 이렇게 임금이 돌아다니는 것을 '순수(巡狩)'라고 해. 이를 기념하기 위해 세운 비석이 **순수비**야.

4 삼국의 사회와 문화

삼국은 모두 귀족 회의를 통해 국가의 중대한 일을 결정하였어요. 역사서를 편찬하였지만 지금은 전해지지 않고 있지요. 불교는 호국적 성격을 띠었으며, 도교는 귀족들에게 환영을 받았어요. 삼국은 다양한 고분과 고분 벽화를 남겼답니다.

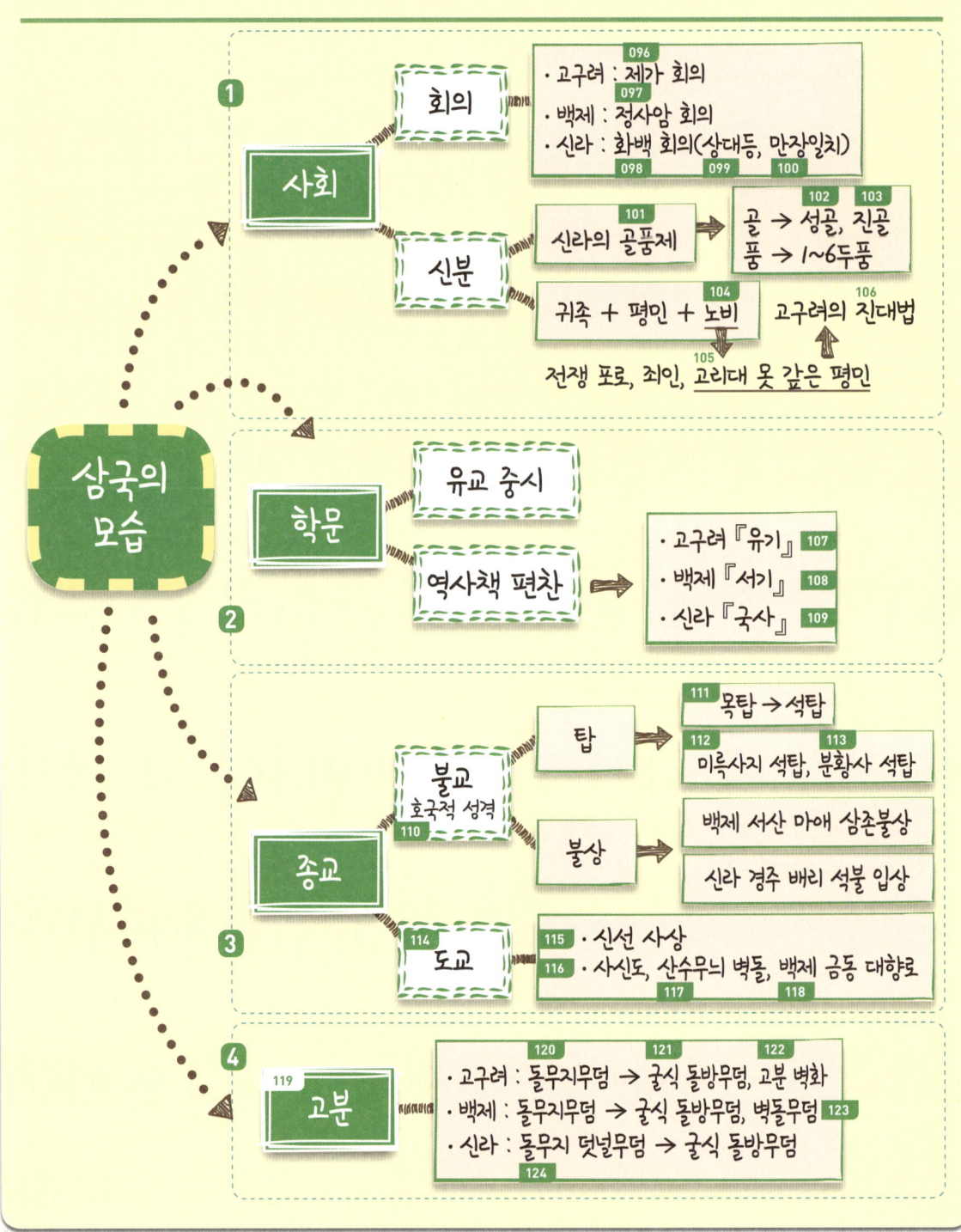

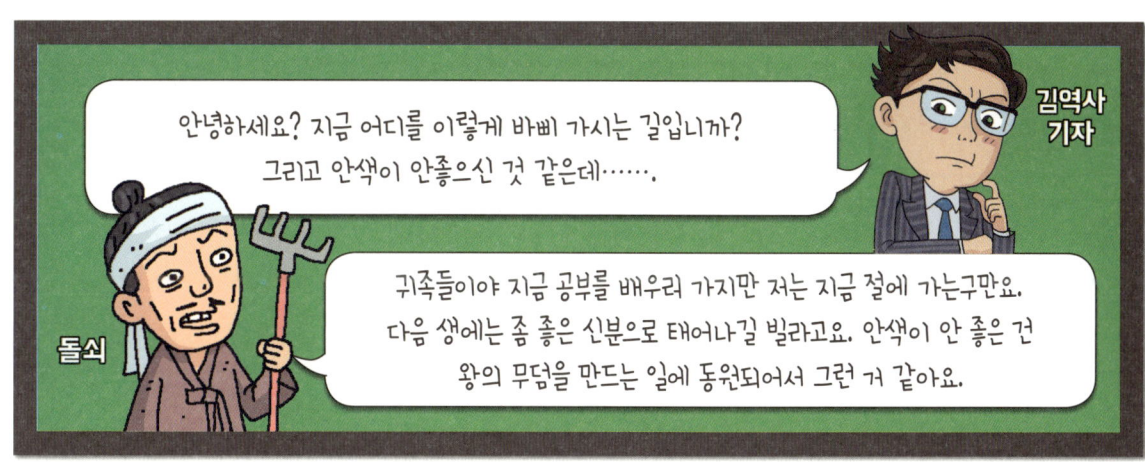

096 제가 회의

고구려에는 제가 회의라는 귀족 회의가 있었어. 부여와 고구려에서는 부족장이나 높은 벼슬을 '가(加)'라고 불렀는데, **제가 회의**는 모든 가들이 참여하는 회의라는 뜻이야. 부족장들이 모여 나라의 일을 처리했던 회의가 중앙 집권적 고대 국가로 발전하면서 귀족 회의로 변화한 거지. 고구려의 수상인 대대로를 국왕이 임명한 것이 아니라 귀족들이 선출한 것만 보아도 귀족들의 힘이 얼마나 강했는지 알 수 있어.

097 정사암 회의

백제의 귀족들이 정치와 국가의 중요한 일을 논의하던 커다란 바위가 정사암이야. 여기서 나온 의견들을 적어 바위 위에 놓고 갔다가 얼마 후에 펴보면 그중 하나에 도장이 찍혀 있는데 그 의견을 받아들였대. 아마 밤에 왕이 가장 믿는 신하 중 한 명이 가서 표시를 했겠지. 백제도 귀족의 의견을 무시할 만큼 왕의 힘이 세지는 않았음을 짐작할 수 있어.

098 화백 회의

화백 회의는 신라 귀족들의 회의 기구로, 귀족 세력의 대표자로서 상대등이 수상 역할을 했어. 이 회의에서는 여러 명의 귀족 대표가 한 자리에 모여 국가의 중대사를 의논했지. 화백 회의를 진행하는 의장인 상대등은 귀족 세력과 왕 사이에서 권력을 조절하는 기능을 했어.

099 상대등

고구려에는 대대로 밑에 관리들이 있고, 백제에는 상좌평 밑에 관리들이 있었듯이 신라에는 **상대등**을 수상으로 해서 그 밑에 17등급의 관리들을 두고 있었어. 한마디로 상대등은 모든 관리들을 통합하는 최고의 관리야.

100 만장일치

화백 회의는 왕이 갑자기 죽거나 전쟁과 같은 국가 중대사가 있을 때 귀족들이 모이는 회의 기구였어. 이런 회의에서 귀족들이 모두 찬성하는 하나의 의견을 왕에게 제시하면 왕조차도 그 의견은 함부로 무시하기 어려웠을 거야. 그래서 화백 회의에서는 힘들지만 다수결보다는 **만장일치** 제도를 택했어. 또 다수결로 하면 의견이 무시된 소수의 귀족들끼리 연합해 반란을 일으킬 수도 있었을 거야.

101 골품제

신라의 **골품제**는 중앙 집권 국가로 발전하는 과정에서 지방의 부족장들을 세력의 크기에 따라 등급을 두어 중앙 귀족에 편입시키면서 생겨난 제도야. 세력이 큰 부족장과 작은 부족장을 같이 대접할 수 없기 때문에 등급을 정해야 했어. 골품제에는 성골과 진골이라는 '골' 신분과 6두품부터 1두품까지 여섯 등급의 '두품'이라는 신분이 있었어. 두품 아래에는 평민이 있었지. 두품은 6두품이 가장 높고, 숫자가 작아질수록 신분이 낮아져. 신라의 골품은 관직 진출뿐만 아니라 혼인, 집의 크기 등에도 엄격한 제약을 받았어.

102 성골

성골은 가장 높은 신분으로 왕족 중에서도 일부만 해당할 정도로 귀한 신분이었어. 왕은 성골에서만 나올 수 있었기 때문에 순수 혈통을 지키기 위해 사촌간이라 할지라도 성골끼리 결혼을 했지.

103 진골

진골은 신라의 제2신분으로, 부모 중 한 쪽은 왕족이고 한 쪽은 귀족인 경우에 해당하지. 최고 관등까지 올라갈 수 있고, 중요 관직을 차지했어.

남자 종[奴]과 여자 종[婢]을 합쳐서 **노비**라고 해. 노비들은 왕실, 귀족, 관청 등에 소속되어 지배를 받았어. 삼국 시대에는 전쟁이 잦았기 때문에 전쟁 포로가 많았지, 이들은 전쟁에 이긴 국가의 노비가 되었어. 또 죄를 짓거나 고리대를 갚지 못한 농민들도 노비가 되는 경우도 있었지.

어려움에 처한 농민들이 돈이 필요할 때 귀족들은 아주 높은 이자, 즉 **고리대**를 받는 조건으로 돈을 빌려주었어. 만약 돈을 갚지 못하면 그 농민이 가지고 있던 땅을 빼앗거나 돈을 빌려간 농민을 노비로 만들었지. 이렇게 하면 귀족들의 재산만 늘어날 뿐이었어. 반면 나라는 세금을 내는 신분인 농민이 줄어들어 경제적으로 타격을 입었어.

고구려의 고국천왕은 뛰어난 능력을 갖춘 을파소를 신하로 삼아 나라를 안정시켰어. 을파소는 백성들이 어려울 때 나라에서 곡식을 빌려주었다가 추수 때 갚도록 한 **진대법**을 처음 실시했어. 지금의 복지 정책인 셈이지.

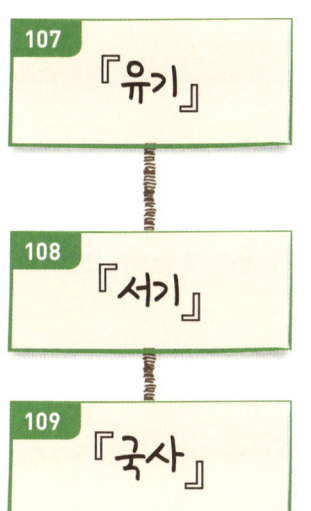

고구려 초기에 만들어진 역사서야. 고구려에 관한 신화, 전설, 왕족 이야기 등이 실려 있었다고 해. 『**유기**』는 양이 어마어마한 책이어서 영양왕 때 이를 간추려 만든 역사책이 『신집』이야. 둘 다 전해지지 않고 있어.

근초고왕 때 박사 중 한 명인 고흥이 『**서기**』라는 역사책을 만들었어. 이 책도 지금은 볼 수 없어.

거칠부는 역사책을 만들라는 진흥왕의 명령을 받들어 『**국사**』를 편찬하였어. 이 역시 전해지지 않고 있어.

3

110 호국적 성격

나라를 보호하는 걸 호국이라고 해. 우리나라 불교에서 찾아볼 수 있는 특징이야. 불교는 수행도 중시하지만 나라의 안녕과 발전을 위해 기도했거든. 불교에서는 살생을 철저히 금지하고 있지만 큰 전쟁에서는 승려들이 무기를 들고 나라를 위해 싸웠지. 당연히 왕실에서는 불교를 좋아했어. 그래서 큰 사찰이나 탑을 많이 세웠어. 또 불교에서 우러러보는 부처가 곧 왕이라는 생각을 심어주어 불교는 왕권 강화에도 도움이 되었어.

111 목탑

탑은 부처님의 몸에서 나온 사리를 보관하기 위해 세운 건축물로, 인도에서 만들어졌어. 탑 문화는 중국을 거쳐 우리나라에 들어오게 되었지. 나무가 풍부한 중국은 탑을 나무로 큼지막하게 만들었고, 우리나라에서도 처음에는 **목탑**을 만들었어. 그러다가 점차 우리나라는 아름다운 화강암을 이용해 석탑을 만들기 시작했어.

112 미륵사지 석탑

절 이름 뒤에 '지'가 붙으면 현재 절은 없지만 과거에는 절이 있었던 땅을 말해. 그러니 미륵사지 하면 미륵사 절터가 되겠지. 그런 절터에 남아있는 돌로 된 탑이 **미륵사지 석탑**이야. 돌로 만든 탑 치고는 매우 웅장했어. 아마 목탑을 이런 모양새로 만들었을 거라고 짐작하고 있어. 원래 두 개가 나란히 있었는데 하나만 남아 있어. 일제 강점기 때 복원 과정에서 훼손되었다가 2001년부터 본격적인 해체·보수 작업이 이루어지고 있어.

113 분황사 석탑

신라에서도 목탑의 흔적을 알 수 있는 탑이 있어. 분황사에 있는 **분황사 석탑**이야. 돌을 벽돌처럼 깎아서 차곡차곡 쌓아 제법 규모가 큰 목탑 형식의 석탑을 만들었어. 색깔도 아름다울 뿐 아니라 탑 주변의 조각상도 매우 사실적이면서도 아름다워. 분황사 석탑은 선덕 여왕 때 만들어진 것으로 여성 특유의 섬세한 표현이 남아있는 탑이야.

114 도교

도교는 중국에서 들어온 사상으로, 기본적으로는 영원히 죽지 않는다는 신선 사상에 바탕을 두고, 중국 민족 고유의 사상과 불교 등이 합쳐져 만들어진 종교야. 속세보다는 자연과 더불어 사는 것을 바랐지. 그림이나 조각 등 삼국의 문화에 큰 영향을 끼쳤어. 중국에서는 아직도 큰 종교적 영향력을 끼치고 있지만 우리나라는 불교가 더 큰 역할을 해 왔어.

115 신선 사상

오래도록 죽지 않고 산다는 신선을 믿고, 자신도 신선이 되기를 바라는 사상을 **신선 사상**이라고 해. 신선 사상은 귀족들 사이에 크게 유행했어. 각종 그림이나 고분 벽화, 조각 등에서도 신선 사상의 영향을 살펴볼 수 있거든. 전쟁이 잦았던 삼국 시대에는 시끄러운 현실 세계보다는 신선들이 살고 있는 평화로운 세상을 동경하는 마음이 매우 컸기 때문에 신선 사상이 유행했어.

116 사신도

사신도는 도교에서 말하는 동서남북을 다스리는 신을 그린 그림을 말해. 구체적으로는 동쪽에는 푸른색의 용인 청룡, 서쪽에는 하얀 호랑이인 백호, 남쪽에는 상상의 붉은 새인 주작, 북쪽에는 상상의 검은 동물인 현무를 그린 그림이야. 강서 고분의 사신도는 고구려 고분 벽화의 걸작으로, 세계에 내놓아도 손색이 없어. 고분에 방위신인 사신을 그린 이유는 사신이 죽은 후의 세계를 지켜 준다고 믿었거든.

117 산수무늬 벽돌

도교에서는 자연의 세계를 몹시 중시해. 그러니 자연의 모습을 많이 남겼겠지? 대표적인 것이 백제의 **산수무늬 벽돌**이야. 여기에는 산봉우리, 산악, 흐르는 물 등 아름다운 자연의 모습을 잘 담고 있어. 둥그스름한 산 모양이 우리 국토의 모양을 닮은 것 같고, 조화미나 여백의 미도 상당히 뛰어난 작품이야. 이런 모양의 벽돌을 특별히 제작해 사용했던 사람은 아마도 귀족이었을 거야.

118 백제 금동 대향로

백제 금동 대향로는 봉황 한 마리가 연꽃 봉우리를 물고 날아가는 모양새인데, 자연과 더불어 살기를 원하는 도교 사상을 아주 잘 나타낸 것이야. 불교와 도교의 사상이 적절히 조화된 아름다운 향로지. 충청남도 부여군 능산리 절터의 유적 중 하나인 우물에서 발견되었는데, 상처 하나 없이 깨끗한 상태였어. 향로를 보호하기 위해 여러 겹으로 싸여 있었지. 아마도 적의 침입이나 절에 안 좋은 일이 있을 때 이 향로가 적의 손에 넘어가거나 화재 등으로부터 보호하기 위해 일부러 우물 안으로 던졌을 것이라고 추측하고 있어.

4

119 고분

아직까지 남아있는 옛날 무덤을 **고분**이라고 해. 신라의 도읍이었던 경주, 백제의 도읍이었던 부여와 공주, 가야가 있던 김해 지방 등에 가면 고분을 많이 볼 수 있지. 고분에서는 많은 유물들이 나오기도 해서 당시의 시대를 아는 데 큰 도움을 주고 있어. 고분의 규모를 볼 때 왕족이나 귀족이 아니면 고분을 만들 수 없었을 거야.

120 돌무지무덤

돌을 쌓아 올려 만든 무덤을 **돌무지무덤**이라고 해. 고구려와 백제 초기에 나타나는 무덤 형태지. 백제는 고구려에서 갈라져 나온 나라로, 초기 문화를 보면 비슷한 점이 많은데, 무덤도 마찬가지야. 고구려의 장군총과 백제의 석촌동 무덤은 모두 돌을 쌓아 올린 돌무지무덤이야.

121 굴식 돌방무덤

고구려의 **돌무지무덤**은 시간이 지나면서 차츰 **굴식 돌방무덤**으로 바뀌게 되었어. 굴식 돌방무덤은 무덤 가운데 돌로 된 방을 만들고 무덤 입구까지 통로를 만들었어. 돌로 된 방을 만들었으니 당연히 돌로 된 벽이 있겠지? 이곳에다 그림을 그려놓았어. 하지만 굴을 이용해 도둑이 들어가기 쉬워서 유물들은 남아있지 않아.

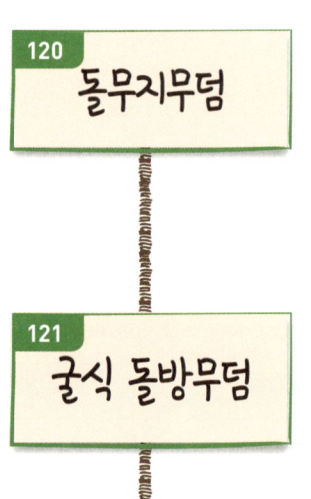

122 고분 벽화

옛날 무덤 형식 중 돌로 방을 만들어 시신을 놔 둔 경우에는 사방에 벽이 있어서 이곳에 그림을 그렸어. 이걸 **고분 벽화**라고 해. 고분 벽화는 고대 사회의 사진이라고 생각하면 돼. 특히 고구려는 신분, 의생활, 식생활, 주생활, 문화, 과학 기술, 사냥술 등을 짐작할 수 있는 다양한 벽화를 우리에게 남겨주었어. 고구려 벽화로 유명한 수렵도, 사신도 등도 모두 고분 벽화야. 심지어 다른 나라의 벽화에 남아있는 자료로 고구려나 백제의 의상 등을 연구하고 있기도 해.

123 벽돌무덤

백제의 무령왕릉은 이미 발굴된 무덤을 조사하다 우연히 발견되었다는데, 정말 아름다운 무덤이야. 하나하나 무늬를 새긴 아름다운 벽돌로 시체를 누이는 방을 만들었지. 다행히 도굴도 전혀 되지 않아 백제의 아름다운 문화재들이 쏟아져 나오기도 했어. 무령왕릉처럼 벽돌을 제작해 만든 무덤을 특별히 **벽돌무덤**이라고 불러. 중국의 영향을 많이 받은 양식이지.

124 돌무지덧널무덤

수많은 문화재들이 나온 천마총, 금관총 등의 신라 무덤들이 모두 **돌무지덧널무덤**이야. 시신을 넣은 널을 또 다른 큰 널에 넣고 그 위에 돌을 쌓은 후 흙을 덮어서 만들었어. 덧널 안에는 시신을 넣은 널과 많은 문화재들을 넣었지. 입구가 없이 흙, 돌을 많이 쌓아 올렸기 때문에 도굴을 막을 수 있어서 지금 우리가 수많은 문화재들을 볼 수 있는 거야.

▲ 덕흥리 고분 벽화(묘주와 13군 태수)

▲ 무용총 수렵도

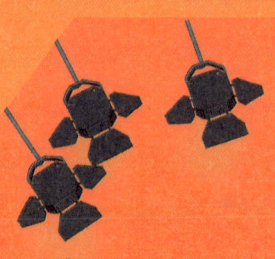

03 통일 신라와 발해

1. 신라의 삼국 통일
2. 통일 신라의 체제 정비
3. 발해의 건국과 발전
4. 신라의 동요와 후삼국의 성립

1 신라의 삼국 통일

신라는 당과 동맹을 맺어 백제, 고구려를 차례로 멸망시켰어요. 그 후 당은 한반도를 지배하려는 야심을 드러내며 옛 삼국의 땅에 도독부와 도호부를 설치하였답니다. 그러자 신라는 당과 전쟁을 벌여 매소성 싸움과 기벌포 싸움에서 승리하여 당을 몰아냈습니다.

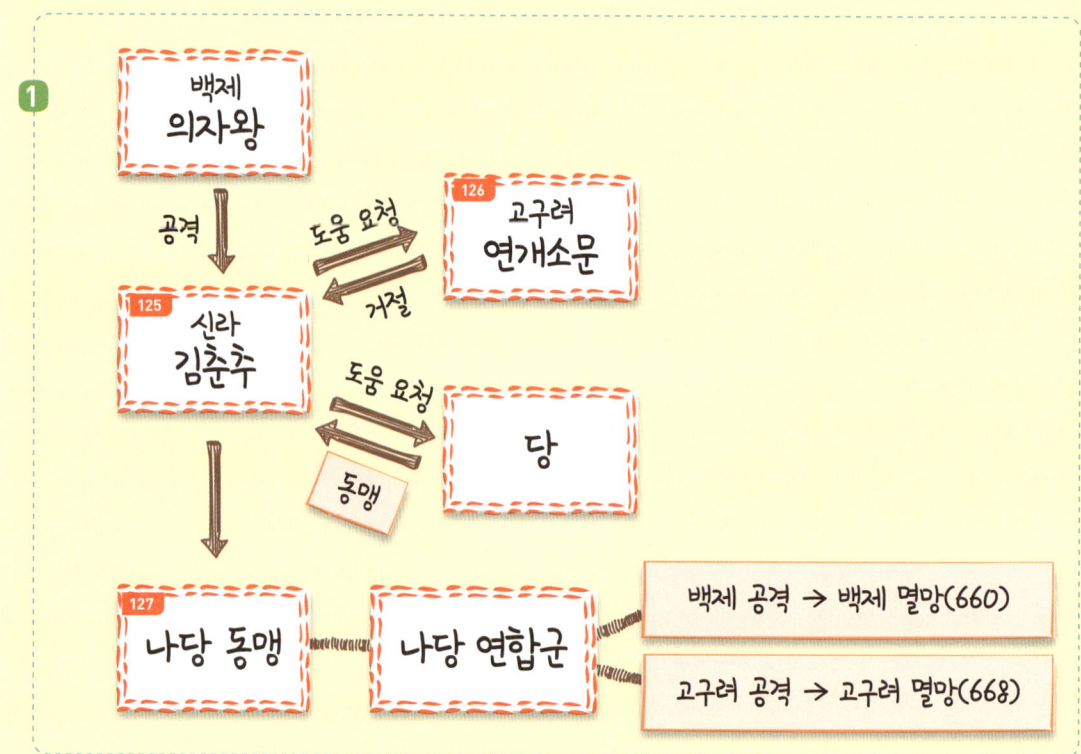

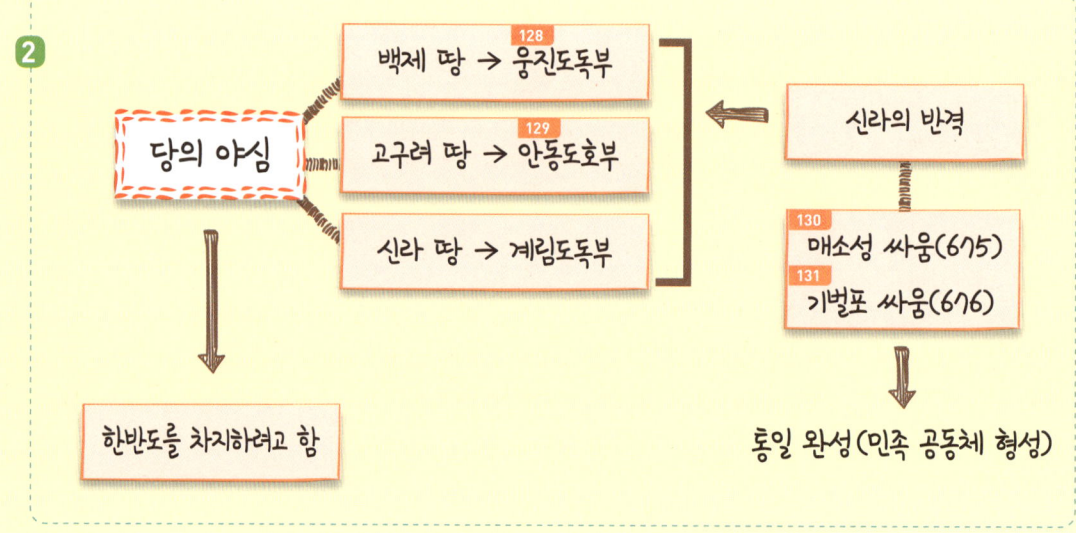

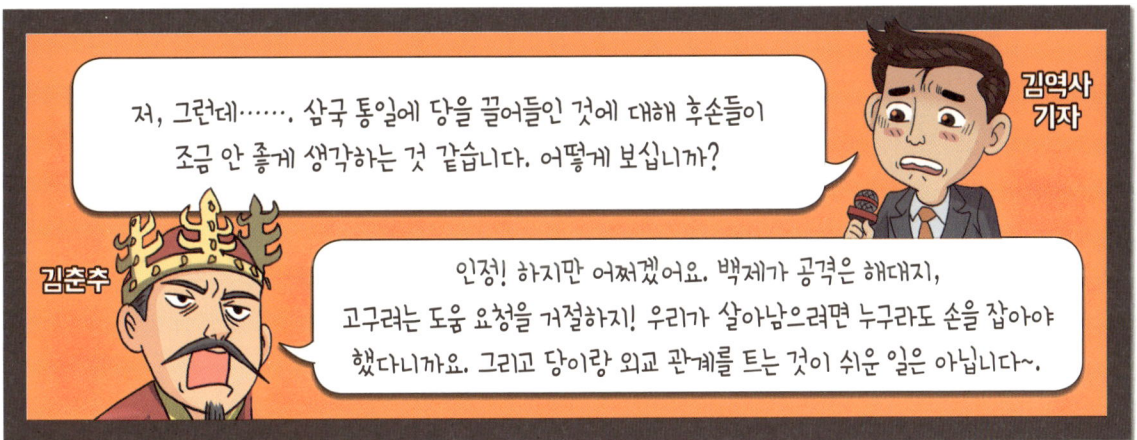

1

125 김춘추

신라의 **김춘추**(603~661)는 소원이 삼국 통일이었어. 그중에서도 백제를 정복하고 싶어했지. 아끼던 큰딸과 그 사위가 백제 군사에 의해 죽었거든. 김춘추는 고구려를 이용해 백제를 치려고 했어. 외교술을 펼친 거지. 고구려에 간 김춘추는 연개소문을 만나 도와달라고 했지만 연개소문은 땅을 내놓으라고 말해. 김춘추는 고구려 대신 당을 택할 수밖에 없었어.

126 연개소문

7세기 무렵 영류왕 때 고구려는 당의 침입에 대비해 천리장성을 쌓기 시작했어. 이 일을 총 관리한 사람이 **연개소문**(?~665?)의 아버지였어. 연개소문은 아버지의 뒤를 이어 천리장성을 완성하고 있었지. 그런데 영류왕이 당과 친하게 지내기 위해 공사를 중지하라고 했어. 그러자 연개소문은 영류왕을 죽이고 영류왕의 조카를 보장왕으로 세우며 실권을 장악했지.

127 나당 동맹

신라의 **김춘추**는 고구려 **연개소문**과 군사 동맹을 맺고자 했어. 연개소문은 그 조건으로 한강 하류의 땅을 내놓으라고 했지. 김춘추는 당연히 거절할 수밖에 없었어. 화가 난 연개소문은 김춘추를 감옥에 가둬버렸지. 김춘추는 일단 거짓말로 땅을 주겠다고 하고 도망쳐 당으로 향했어. 결국 당과 외교 협상에 성공해 연합을 맺었는데 이를 **나당 동맹**이라고 해.

2

128 웅진도독부

도독부는 중국의 당이 중앙에서 멀리 떨어진 지역을 다스리던 기관을 말해. **웅진도독부**니까 백제의 웅진 지역에 설치한 도독부라는 의미야. 처음 나당 동맹을 맺을 때 당은 대동강 이남 지역을 신라의 영토로 인정하기로 했었어. 하지만 막상 백제와 고구려를 차례로 무너뜨린 후 당은 마음이 바뀌었지. 마치 자신의 땅인 것처럼 관청을 세워버린 거야.

129 안동도호부

도호부도 도독부와 마찬가지로 당이 중앙에서 멀리 떨어진 지역을 다스리던 기관이야. **안동도호부**는 고구려 땅에 세운 것이지. 신라에도 **계림도독부**를 설치했어. 태종 무열왕의 아들인 문무왕을 계림도독부의 우두머리인 계림 도독으로 임명했어. 신라를 중국의 한 부분인 것처럼 만들어버린 거야.

130 매소성 싸움

당이 한반도 전체를 집어삼키려는 속내를 드러내자 신라는 가만히 있지 않았어. 정면으로 대항했지. 옛날 고구려 지역의 주민들이 일으킨 고구려 부흥 운동을 지원하기도 했어. 그러자 당은 군사를 거느리고 쳐들어왔어. 675년 매소성이라는 곳에서 전투가 벌어졌는데, 신라가 대승을 거두었어.

131 기벌포 싸움

기벌포는 지금의 금강 하구 지역이야. 이곳을 통해 백제의 부여성으로 들어갈 수 있었기 때문에 백제 사람들은 기벌포를 무척 중시했어. 신라가 통일을 한 이후에도 서해안을 장악하기 위해 반드시 지켜야 하는 곳이 기벌포였지. 당은 신라군을 무찌르기 위해 해군을 기벌포로 보냈어. 하지만 신라의 군대는 여러 차례의 전투를 거치며 끝내 기벌포를 방어했어. **기벌포 싸움**(676)에서 승리하면서 신라는 대동강 남쪽 지방과 서해안을 지켜낼 수 있었어.

2 통일 신라의 체제 정비

통일 후 신라의 신문왕은 귀족의 세력을 약화시키고 왕권을 강화시키기 위해 제도를 정비하였어요. 한편 신라는 유학 교육을 확대시켰지요. 당시에는 강수, 최치원 등 유명한 유학자들이 활동하였어요. 그리고 원효와 의상에 의해 불교 사상이 크게 발전할 수 있었어요.

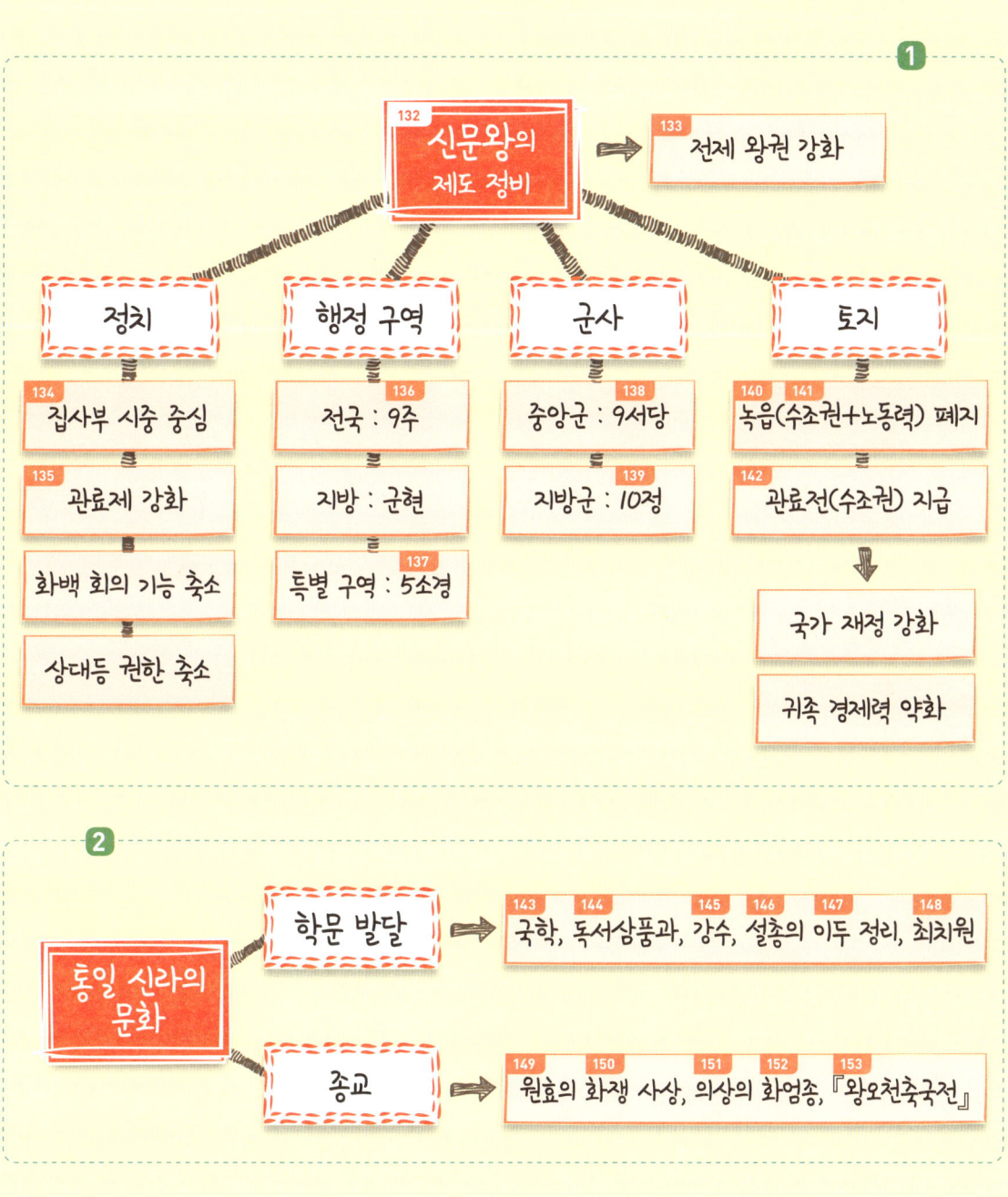

통일을 이룬 신라는 지금 분주한 모습입니다. 여러 제도들을 통일된 나라에 맞게 고치는 것 같은데 무엇에 중점을 두고 계신가요?

우선 귀족들이 귀찮게 하니 내 힘부터 강하게! 그리고 토지 제도며 군사 제도, 행정 제도 등을 전반적으로 다 손봐야지요. 수리비 꽤나 나올 거 같은데요~.

삼국 통일이라는 업적을 달성한 문무왕의 아들인 **신문왕**(? ~ 692)은 왕권 강화에 박차를 가했어. 자신에게 반대하는 진골 귀족 세력들을 없애버렸고, 여러 제도들을 만들어 나라를 효율적으로 다스렸지. 귀족들이 사라진 자리에는 6두품이 들어와 일을 했고, 이들은 왕과 의견을 같이 하며 신문왕의 든든한 협력자가 되어주었어.

왕이 혼자서 절대적인 권한을 가지는 정치 형태를 **전제 왕권**이라고 해. 삼국 통일의 과정을 거치면서 문무왕 대에 강화된 왕권은 신문왕 대에 이르러 귀족 세력들을 없애면서 전제 왕권으로 발전했어. 반대 세력이 없어졌으니 왕 뜻대로 정치를 할 수 있게 되었겠지? 이것을 표현하는 말이 전제 왕권인 거야.

집사부는 진덕 여왕 때 정권을 장악한 김춘추와 김유신이 손잡고 화백 회의로 상징되는 귀족들의 힘을 누르기 위해 만든 부서라고 할 수 있지. 집사부의 장관은 시중이라고 불렀어. 이런 부서를 귀족들 눈치 보지 않고 만들 정도로 왕권이 강해졌음을 의미해. 이후 왕이 된 김춘추는 집사부의 힘을 키우고 강력한 왕권을 확립했어.

135 관료제

관료제는 특별한 권리를 가진 벼슬아치들이 국가의 권력을 장악하고 정치를 하는 형태를 말해. 관료는 귀족과는 그 성격이 매우 달라. 귀족은 핏줄로 정해진 특별한 계층이라 왕도 눈치를 보며 조심스럽게 대해야 했던 반면 관료는 왕이 원하는 사람들로 채울 수 있었어. 이런 관료는 보통 유학을 공부한 사람들이었어. 유학에서는 충(忠)을 강조하기 때문에 관료를 뽑는 기준 학문으로 딱이었거든. 관료제 사회가 되면 왕이 권력의 핵심에 있게 되는 거야.

136 9주

통일을 이룬 신라는 여러 가지 제도를 새로 갖추어야 했어. 우선 영토가 이전에 비해 굉장히 넓어졌기 때문에 이 영토를 효율적으로 다스리기 위해서 행정 구역을 새로 만들 필요가 있었지. 그래서 지금의 도에 해당하는 주를 9개 만들었어.

137 5소경

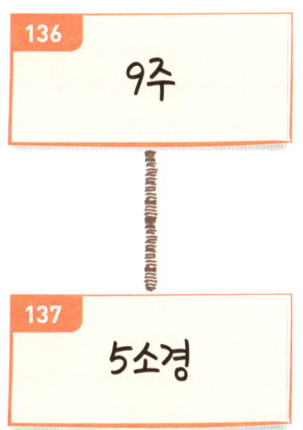

통일 신라는 주요 지방에 5개의 소경을 만들어 일부 중앙 귀족과 옛 고구려와 백제의 귀족들을 옮겨 살게 했어. **5소경**을 만든 이유는 신라의 도읍인 경주가 한반도의 남동쪽에 치우쳐 있기 때문에 지방 세력을 감시하기 위한 목적도 있었어.

138 9서당

신문왕은 군사 제도도 고쳤어. 우선 중앙을 지키는 군대로 9개의 서당을 두었지. **9서당**에는 신라 사람들만 있는 것이 아니라 고구려인과 백제인들뿐 아니라 말갈인까지 포함해서 통일 후 한민족으로 아우르려는 신라 왕조의 노력을 읽을 수 있어.

139 10정

신문왕은 지방을 다스리는 군대로는 **10정**을 두었어. 지방 행정 조직인 9개의 주에 하나의 정을 두었는데, 국경 지역인 한주에만 2개의 정을 두어 국경을 더욱 신중하게 지키도록 했어.

140 녹읍

신라 시대 때 국가가 관료나 귀족들에게 주었던 토지가 **녹읍**이야. 녹읍은 토지에서 세금을 거둘 수 있는 권리뿐만 아니라 토지에 딸린 노동력과 공물(특산물)까지도 가질 수 있었어. 귀족들의 힘이 셀수록 땅에서 나오는 각종 이권을 귀족들이 가져가고, 왕의 힘이 셀수록 귀족들이 가지는 권리를 제한하는 게 일반적이지. 녹읍은 귀족들에게 많은 혜택을 주었던 토지 제도였기 때문에 녹읍을 어떻게 처리하느냐에 따라 왕권이 센지, 신하들의 권력이 센지 알 수 있어. 실제로 신문왕 대에는 강한 왕권을 바탕으로 녹읍 제도를 폐지하지만 귀족의 반발로 경덕왕 때 다시 부활하게 돼.

141 수조권

수조권은 매우 중요한 개념이야. 수조권(收租權)은 세금[租]을 걷을[收] 수 있는 권리[權]를 말해. 화폐 경제가 발달하기 전까지 왕을 도와 나랏일을 하는 사람에게는 그 대가로 땅을 주었어. 통일 신라 시대의 **녹읍**이 대표적이야. 녹읍은 땅만 준 것이 아니라 그 땅에서 세금을 거둘 수 있는 권리까지 주었어. 즉, 수조권도 같이 준 거지. 게다가 귀족들에게는 그 토지에 살고 있는 사람들의 노동력을 이용할 수 있는 권리와 특산물까지 거둘 수 있는 특권까지 주었어. 결국 수조권은 그 권리를 개인이 갖느냐 나라가 갖느냐에 따라 그 사회의 성격을 판단할 수 있는 근거가 돼.

142 관료전

녹읍은 관료들에게 **수조권**도 주고, 그 토지에 살고 있는 농민들의 노동력까지도 이용할 수 있게 했어. 하지만 신문왕 때 왕권이 강해지면서 귀족들에게 많은 특권을 주는 녹읍을 제한하려 했지. 그래서 녹읍 대신 지급한 것이 **관료전**이야. 관료전은 토지에 대한 세금을 거둘 수 있는 권리까지만 주었지. 그 땅에 사는 사람들의 노동력은 마음대로 할 수 없게 만든 거야. 당연히 귀족들은 불만이 많았겠지? 그래서 후일 왕권이 약해지자마자 녹읍은 다시 살아나게 되었어. 8세기 경덕왕 대에는 녹읍이 부활해서 귀족들은 대토지 소유를 확대할 수 있었어.

신문왕은 학문의 발달을 위해 최고의 교육 기관인 **국학**을 세웠어. 국학에서는 유교 경전을 가르쳤지. 이후 경덕왕은 국학을 태학이라고 불렀어.

원성왕(?~798)은 국학의 학생들을 대상으로 유교 경전을 얼마나 잘 이해하고 있는지 시험을 쳐보기로 했어. 이 시험 결과를 바탕으로 학생들을 실력에 따라 상·중·하로 등급을 매겼어. 이를 **독서삼품과**라 해.

강수는 7세기에 활약했던 신라를 대표하는 유학자야. 태종 무열왕 때 당에서 보낸 국서(국가 차원에서 보낸 편지)를 제대로 해석하는 사람이 없어 모든 사람들이 동동거리고 있을 때 강수는 막힘없이 해석했다고 해. 또 아름다운 문장의 편지를 써서 당 황제에게 신라의 입장을 전달했지.

설총은 아버지가 원효 대사이고 어머니는 요석 공주인 것으로도 유명하지. 설총의 업적은 '이두'를 집대성한 거야.

당시 우리는 말은 있지만 글이 없는 상태라 기록하는 것이 무엇보다 어려웠어. 당시 문자로는 한자가 들어와 있어서 이를 이용하기로 했지. 하지만 우리말을 한문으로 번역해서 적는 것이 아니라 한자의 뜻과 소리를 적절히 이용해 우리말을 적는 경우가 많았는데 이게 바로 **이두**야.

당으로 유학까지 갔던 **최치원**(857~?)은 그곳에서도 실력을 인정받았어. 당에서 최치원은 '토황소격문(황소의 난을 물리치자는 글)'을 써서 당 황제에게 바쳤어. 이후 신라로 돌아온 최치원은 자신의 능력을 발휘하고 싶었지만 6두품이라는 신분의 한계 때문에 그 뜻이 좌절되었지. 그러자 관직을 내놓고 각지를 돌아다니다가 생을 마감했어.

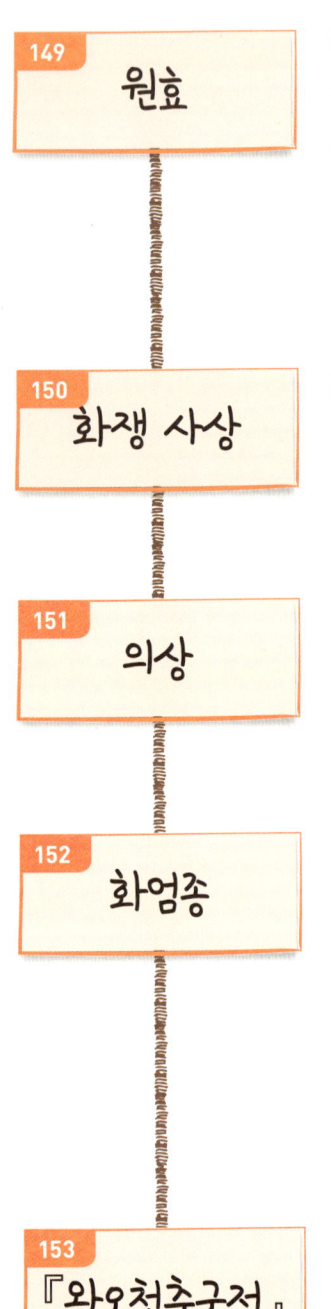

원효(617~686)는 신라를 대표하는 위대한 승려이자 불교 사상가야. 의상과 함께 떠난 유학길에 해골에 담긴 썩은 물을 달게 마신 후 모든 것이 마음에서 비롯된다는 것을 깨달았지. 이후 원효는 중국 유학을 포기하고 돌아와 불교를 어렵게 여기는 일반 백성들에게 불교를 전달하기 위해 애썼어.

화쟁 사상의 '화(和)'는 화해나 화합, 조화를 의미해. 또 '쟁(諍)'은 스스로 옳다고 주장하는 말이나 글을 뜻하지. 화쟁은 대립하는 다양한 학설과 이론의 화해와 화합을 의미해.

의상(625~702)은 우리나라의 화엄종을 연 승려야. 의상은 중국에 가서 중국 화엄종의 대가에게 8년 동안 공부했어. 이후 신라로 돌아와 화엄 사상을 통해 신라 사회를 통합하는 데 기여했어.

현재 우리나라의 불교는 조계종이라는 종파를 중심으로 천태종 등 다양한 종파가 있지. 모두 불교를 해석하는 시각이 조금씩 달라. **화엄종**은 원래 중국에서 생긴 종파인데, 우리나라에서는 의상이 우리 실정에 맞는 화엄종을 열었어. 화엄종은 '일즉다(一卽多) 다즉일(多卽一)'을 중시해. "하나가 곧 전체요, 전체가 하나다."라는 의미로, 서로 간에 구별 없이 화합할 것을 강조하는 말이야.

『왕오천축국전(往五天竺國傳)』은 신라의 승려 혜초가 인도에 다녀왔다가 쓴 기행문이야. 인도[天竺國]에 있는 다섯 나라[五]에 다녀온[往] 이야기[傳]야. 신라의 승려가 인도까지 간 것으로 보아 고대 사회에서도 국제적인 교류가 활발했음을 짐작할 수 있어. 신라의 승려 혜초에 대해서는 알려진 바가 별로 없어.

3 발해의 건국과 발전

고구려가 멸망한 후 대조영이 세운 발해로 남북국 시대가 열리게 되었어요. 당과는 때로는 견제하기도 하고 친선을 유지하기도 하면서 선왕 때에는 전성기를 맞아 해동성국이라고 불리기도 하였어요. 남북국 시대에는 당과 교류를 활발히 하였답니다.

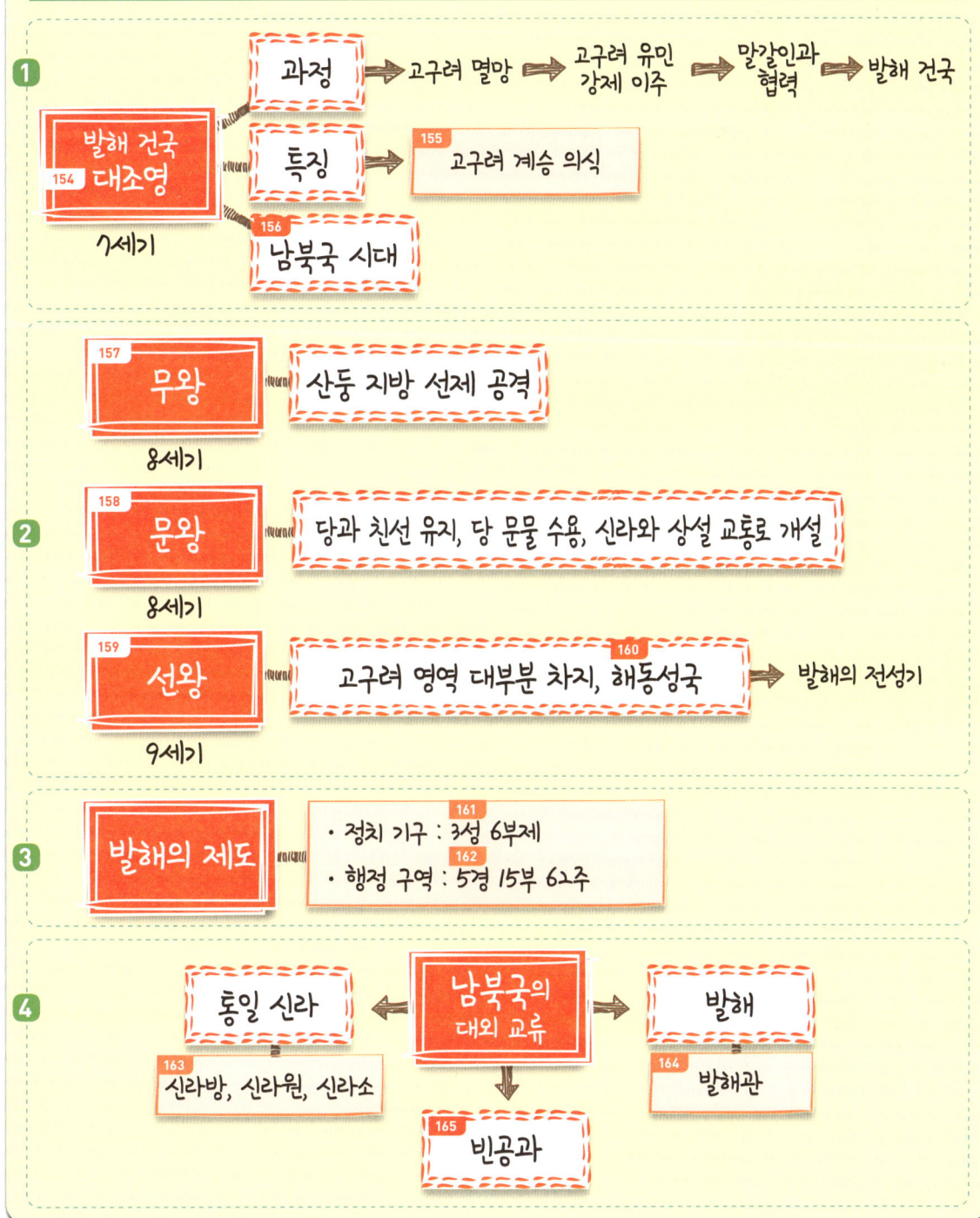

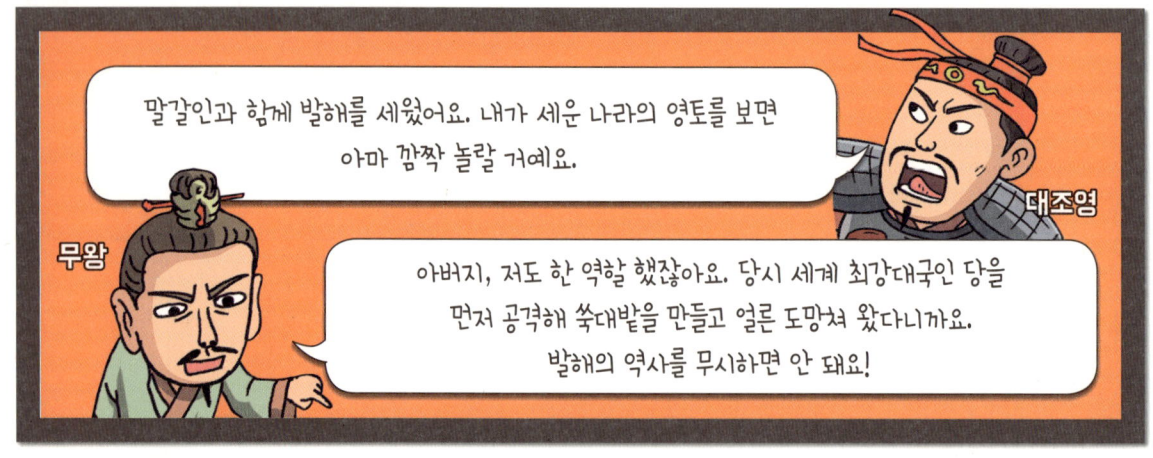

1

154 대조영

고구려 멸망 후 고구려 백성들은 비참하게 살았어. 고구려인들이 뭉치는 것을 두려워한 중국은 고구려 사람들을 끌고 가 노예처럼 부려먹었지. 고구려의 장수를 지냈던 **대조영**(?~719)의 아버지는 이 모습을 보며 대조영에게 무엇을 할지 생각하게 했어. 대조영은 말갈족 족장과 함께 두 민족을 이끌고 옛 고구려 땅으로 가기로 결심했어. 대조영은 쫓아오는 당의 군사를 물리치고 어렵게 동모산까지 와 발해를 열었지.

155 고구려 계승 의식

발해에는 고구려 난방 형식과 동일한 온돌 시설이 유적지 곳곳에서 나타나고 있어. 또 고구려 불상과 매우 비슷한 부처가 두 분 나란히 앉아 있는 이불병좌상, 고구려 무덤의 천장 구조와 같은 양식이 나타나는 정혜 공주 묘, 고구려 기와 양식이 그대로 보이는 발해 기와도 있어. 고구려와 많이 비슷하지? 발해가 고구려의 정신과 문화를 그대로 이어받았기 때문이야. 이러한 발해인 특유의 생각을 **고구려 계승 의식**이라고 해.

156 남북국

여러 문헌들을 보면 통일 신라는 발해를 북국이라고 불렀다는 걸 알 수 있어. 이 사실에 기초해 조선 후기 역사학자인 유득공은 신라와 발해가 함께 있던 시기를 **남북국** 시대라고 불렀어.

무왕(?~737)은 말 그대로 무력을 사용해 큰 업적을 남긴 왕이야. 무왕은 고구려를 멸망시킨 당을 곱게 보지 않았어. 마침 발해 북쪽에 있던 흑수말갈이 당과 외교 관계를 맺는 거야. 둘이 손잡고 발해를 공격하면 큰일이 난다는 걸 직감한 무왕은 세계 제국인 당을 공격해 버려. 밤을 틈타 쳐들어가 중국의 무역항인 덩저우를 쑥대밭으로 만들고 온 거지.

발해의 왕은 이름을 잘 해석하면 업적이 저절로 외워져. **문왕**(?~793)은 문화 발전에 크게 이바지한 왕이야. **무왕**이 말년에 당과 외교 관계를 체결한 후 문왕은 중국의 앞선 문화를 적극 수용해 발해의 각종 제도를 더욱 발전시켜 나갔어. 신라와의 교통로도 만들어 더 교류를 활발하게 했지. 문왕의 노력 덕에 발해는 주변 국가와 대등하게 교류할 수 있게 되었어.

선(宣 : 배풀 선)왕은 발해의 최대 전성기를 이끈 왕이야. **선왕**(?~830)이 다스릴 당시 발해는 고구려의 영역을 대부분 회복할 정도로 넓은 영토를 자랑했어. 문왕 이후 발해를 무시하던 당조차 예의를 갖춰 대할 정도였지. 선왕은 경제에도 밝았어. 당시 발해의 수도에는 중국인, 일본인 등을 비롯해 비단길을 오가는 서양인들까지 머물러 국제 도시로서 손색이 없었거든.

선왕이 훌륭한 정치를 베풀어 발해가 전성기를 열자 중국인들은 발해를 '동쪽의 융성한 나라'라는 의미로 '**해동성국**'이라 부르기 시작했어. 그만큼 발해의 국제적인 지위가 높아졌음을 알 수 있는 대목이야. 경제력도 높아져 일본은 발해의 사신단이 입국하는 것을 줄여달라고 했을 정도야. 사신단의 목적은 무역이었거든. 하지만 선왕 이후 발해는 차츰 국력이 약해지기 시작했어.

3

161 3성 6부

발해는 중앙 정치 기구로 당의 **3성 6부** 제도를 빌려오기로 했어. 하지만 명칭이 중국과 달랐고, 독자적으로 운영하여 당의 제도를 그대로 따라했다고는 볼 수 없어.

162 5경 15부 62주

발해의 행정 구역은 경, 부, 주 체제였어. 우선 경은 도읍인 상경을 중심으로 교통로로 연결된 정치·경제·군사적으로 중요한 도시들이었어. 영토는 15부와 62주로 구분해 다스렸어. 또 그 밑에는 여러 현을 두었다고 해. 주민들은 대부분 말갈족이었고 수령이 이들을 다스렸어.

4

163 신라방

황해를 사이에 두고 한반도와 마주보며 볼록 튀어 나온 중국의 반도가 있는데 이를 산둥 반도라고 해. 중국과 교류하려면 이곳이 거점이 될 수밖에 없었어. 그래서 이곳에는 신라 사람들이 모여 사는 마을이 있었는데 이를 **신라방**이라고 해. 이 외에도 신라인들을 감독하는 관청인 신라소, 신라 사람들이 다니는 절인 신라원, 숙박 시설인 신라관 등이 있었어.

164 발해관

발해는 **문왕** 이후 당과 적극적으로 교역을 하게 되었지. 그러자 당에서는 산둥 반도의 덩저우에 **발해관**을 설치하여 발해 사신을 접대하고 발해 사람들이 이용할 수 있게 하였어.

165 빈공과

지금 우리가 미국이나 유럽으로 유학을 가듯 남북국 시대에도 중국으로 유학을 갔어. 중국도 이들에게 잘 대해 주어 본국과 원활한 외교 관계를 맺고 싶었지. 그래서 중국에서는 외국인을 상대로 한 **빈공과**라는 과거를 실시해. 신라에서는 김운경이 최초로 합격한 이후 최치원 등 여러 명이 합격했지. 발해와 신라는 빈공과에 더 많은 합격자 수를 내기 위해 신경전을 벌였대.

4 신라의 동요와 후삼국의 성립

신라 말에는 중앙에서는 왕위 다툼으로 인해 귀족들이 반란을 일으키고 지방에서는 농민들이 봉기하였습니다. 이러한 상황을 이용하여 지방에서는 독자적인 세력을 가진 호족들이 성장하여 후백제, 후고구려가 세워져 후삼국 시대가 성립되었어요.

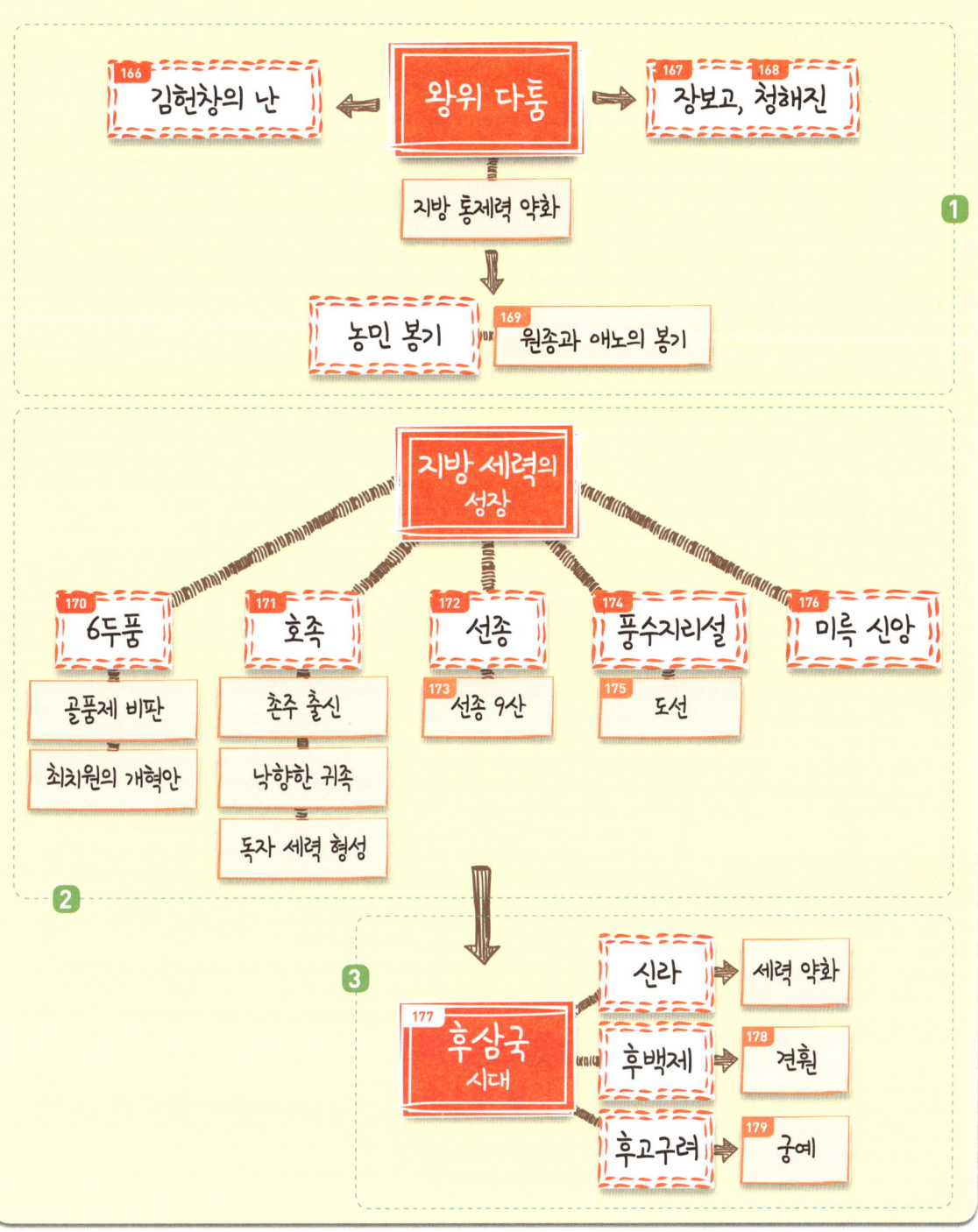

대단한 권력을 가지고 계신 분이라 막 떨리네요. 그 비결을 좀 알려주세요.

김역사 기자

진골도 아닌 제가 왕위 쟁탈전까지 가담할 정도로 힘이 세지긴 했죠? 왕과 귀족들이 제대로 못하니까 저 같은 사람한테 기회가 오더라고요. 저 말고도 6두품이나 지방 호족의 힘도 세졌다니까요.

장보고

1

166 김헌창의 난

김헌창의 아버지 김주원은 왕위를 계승할 차례였어. 하지만 비가 와 물이 불어 왕위를 계승할 날짜에 서라벌에 도착할 수 없었지. 원성왕은 '비가 와서 왕위 계승을 못하게 된다면 하늘이 김주원을 적당한 사람이 아니라고 생각하는 것'이라고 주장하며 왕이 되었지. 이걸 억울하게 여겼던 김주원의 아들 김헌창이 흥덕왕 때 난을 일으키는데 이걸 **김헌창의 난**이라 해.

167 장보고

장보고(?~846)는 중국으로 건너가 병사로 활약했어. 그때 해적들에게 잡혀 노비로 팔려 온 신라 사람들을 보고 신라로 돌아와 청해진을 건설했지. 이곳에서 무역업 등을 하며 군사력과 재력까지 갖추게 되었어. 이를 바탕으로 중앙 정치에 뛰어든 장보고는 민애왕을 죽이고 신무왕을 세우기도 했어. 자신의 딸을 문성왕의 비로 들이려다 귀족들에 의해 죽임을 당했지.

168 청해진

당시 신라는 정치적으로 혼란스러워 바다에서 활동하는 신라 사람들을 지킬 힘이 없었어. **장보고**는 완도에 **청해진**을 건설한 후 황해와 남해의 해상권을 완전히 장악하고, 무역업도 시작했어. 청해진은 큰 배를 대기에도 적당하고, 중국과 일본의 바닷길을 장악하기에도 유리한 위치였어. 장보고 덕에 동아시아의 바다는 해적의 피해 없이 해상 활동을 하게 되었지.

169 원종과 애노의 봉기

신라 말, 농민은 참 살기 팍팍했어. 중앙 정부는 중앙 정부대로 세금을 걷어 가고, 지방의 힘 있는 귀족들은 중앙 정부가 정신없는 틈을 타 힘을 더 키워 농민들에게 또 세금을 걷었어. 드디어 농민들은 힘을 합쳐 벌떼처럼 일어났어. 이를 봉기라고 해. 대표적인 농민 봉기는 상주에 사는 **원종과 애노가 일으킨 봉기**(889)야. 이후 신라 사회는 전국적으로 농민 봉기가 일어나 통제하기 힘든 상황에 이르렀어.

---- 2 ----

6두품은 유학적인 지식을 갖춘 세력이지만 골품제의 한계 때문에 관직에 진출하기 어려워 가장 불만이 많았던 계층이었어. 진성 여왕에게 개혁안을 올렸던 최치원도 6두품 출신이었지.

신라 말 중앙에서 왕권 다툼으로 정신이 없으니 지방 세력들은 자신들의 힘을 열심히 키워나갔지. **호족**들은 주로 그 지방에서 오랫동안 살았던 토착 세력인 촌주 출신들이 많았어. 이 밖에도 고향으로 돌아온 중앙 관리, 해상 세력들도 호족이 되었지. 이들은 촌락 주위에 성을 쌓고, 성주라고 불렸어. 당연히 개인 소유의 군대도 있었고, 일부는 장군이라 불리기도 했어.

삼국 시대에 유행했던 불교의 종파는 교종이야. 교종은 불교 경전을 통해 열심히 공부하고 토론하는 것을 중시해. 하지만 불교 경전이란 것이 모두 중국에서 들어 온 것이기 때문에 기본적인 한문 공부가 되어있어야만 했어. 일반 백성들에게 교종 불교란 너무 먼 것이었지. 그런데 신라 말에 유행했던 **선종**은 달랐어. 고요히 참선하며 개인의 정신 수양을 열심히 하면 해탈을 할 수 있을 것이라 주장했지. 그래서 선종은 지방 호족과 일반 백성들에게 큰 힘을 주었어.

173 선종 9산

선종이 발달하면서 선종 안에서도 견해가 갈리기 시작했어. 결국 다양한 종파가 생기게 된 거지. 그중 대표적인 아홉 개의 종파를 **선종 9산**이라고 해. 선종 승려들은 지방 호족들의 지원 속에서 성장했으며 지방 문화의 중심지 역할을 했어. 또 이때부터 선종 승려들이 죽으면 화장을 하여 뼈와 사리를 모시는 부도(승탑)를 세우기 시작했지. 사원의 중앙에 탑을 세우는 것에 비해 부도(승탑)는 사원의 외곽에 세웠어.

174 풍수지리설

인간의 삶은 산, 물, 땅의 모양에 영향을 받으니 이를 잘 가려서 집을 짓거나 도시를 건설해야 한다고 주장하는 것이 **풍수지리설**이야. 신라 말에 들어온 풍수지리설은 경주 외에도 길지(좋은 기운을 가진 땅)가 많이 있고, 경주는 그 기운이 다했다고 주장해 지방 호족들이 크게 환영했어. 신라 말에는 중앙 정치에서 밀려난 6두품, 호족, 선종, 풍수지리설 등이 복합적으로 작용하면서 크게 혼란스러워져.

175 도선

중국에서 유행하던 풍수지리설을 우리나라에 들여온 사람이 **도선**이야. 도선은 승려이지만 풍수지리설의 대가로 더 유명해. 도선이 주장한 풍수지리설을 꼭 미신이라고 생각할 필요는 없어. 우리가 집을 고를 때 중시하는 것들이나 농촌에서 농사에 유리한 마을 등을 살펴보면 풍수지리설에서 말하는 좋은 터와 유사하거든.

176 미륵 신앙

불교에서는 깨달음을 얻은 사람들은 모두 부처로 인정해. 일반 사람들도 열심히 공부하고 참선하면 부처가 될 수 있다고 말하지. 그러니 부처가 한 명일 리는 없겠지? 실제로 불교에는 석가모니 부처님, 미륵 부처님 등 몇몇 부처님이 있어. 이중 미륵 부처님은 다음 세상을 이끌어나갈 부처야. 그럼 왜 미래 세계를 바랄까? 그만큼 현실이 어렵기 때문이야. 어느 시대나 현실이 너무 힘들면 나타나는 현상이지.

177 후삼국 시대

신라 말기에 중앙의 힘이 약해지면서 지방 세력이 성장했고, 이를 바탕으로 나라가 세워져. 전라도 지방에서는 후백제, 강원도 지방에서는 후고구려가 들어서서 신라에 대항하였지. 그래서 다시 삼국 시대가 열렸어. 이를 **후삼국 시대**라고 해.

178 견훤

견훤(867~936)은 지금의 상주 지방에 근거지를 둔 인물로 경주에서 군인으로 일했어. 잘 때에도 창을 베고 적을 기다렸고, 능력도 뛰어났다고 해. 경주 주변에서 힘을 길러 지금의 전라북도 전주인 완산주로 이동해 나라를 세우는데, 이 나라가 **후백제**야. 견훤은 빠르게 왕권 강화를 실현해 안정적으로 나라를 꾸려갔어. 하지만 막내아들을 후계자로 세우면서 내리막길을 걷게 돼. 큰아들인 신검이 견훤을 가두고 왕이 되거든. 몰래 도망쳐 고려로 간 견훤은 자신이 세운 후백제를 멸망시켰어.

179 궁예

궁예(857~918)는 신라 왕족 출신이야. 하지만 왕위 계승 문제를 놓고 갈등이 생겨났어. 왕자가 태어나면 안 되는 상황이었는데 궁예가 태어난 거야. 태어나 얼마 되지 않아 그를 죽이라는 명이 내려졌어. 그래서 아이를 다락 밑으로 던졌는데 이때 유모가 몰래 받으면서 손가락으로 눈을 찔러 한쪽 눈을 못 쓰게 되었다고 해. 이후 궁예는 뛰어난 능력으로 철원 지방에서 나라를 세웠는데 이 나라가 후고구려야. 견훤과는 달리 왕권을 강화하는 과정에서 호족들과 큰 갈등이 있었고 그 과정에서 부인과 아들마저 죽였지. 세력 기반이 사라진 궁예는 호족들에 의해 죽었어.

04 고려

1. 고려의 건국과 통치 체제의 정비
2. 고려 전기의 대외 관계
3. 흔들리는 문벌 귀족 사회와 무신 정권의 성립
4. 반원 자주화와 고려 후기의 문화
5. 새로운 정치 세력의 성장과 고려의 멸망

1 고려의 건국과 통치 체제의 정비

고려의 건국 후 민생 안정과 왕권 강화를 위한 노력이 계속 이어지게 되지요. 이 과정에서 정치·경제·군사 등 여러 제도들의 정비가 이루어지게 된답니다. 고려는 문벌 귀족 사회로 귀족 문화가 발달하였고, 유교, 불교, 풍수지리설 등이 유행하였어요.

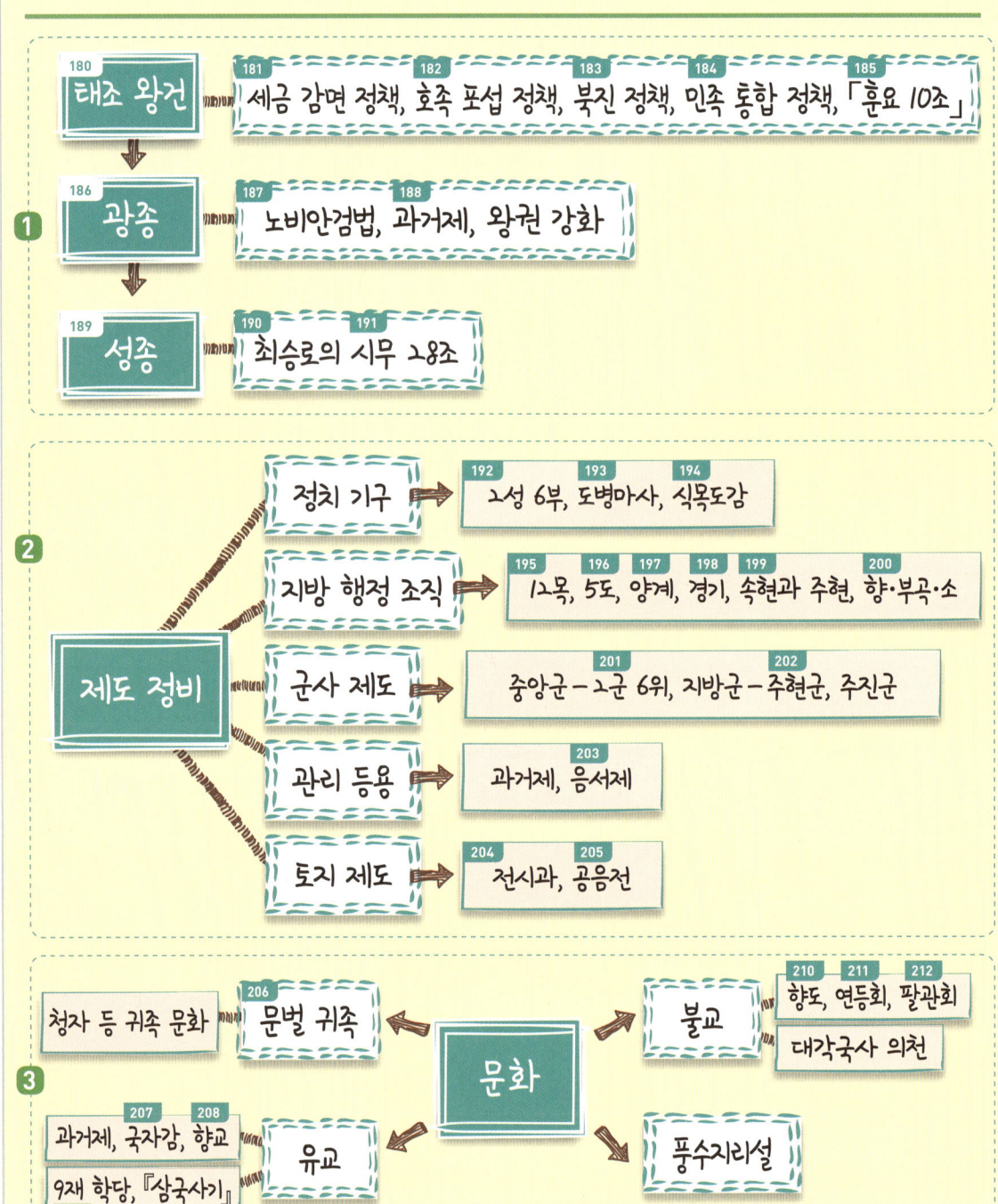

① 태조 왕건 [180] → 세금 감면 정책[181], 호족 포섭 정책[182], 북진 정책[183], 민족 통합 정책[184], 「훈요 10조」[185]

광종[186] → 노비안검법[187], 과거제[188], 왕권 강화

성종[189] → 최승로의 시무 28조[190][191]

② 제도 정비
- 정치 기구 → 2성 6부[192], 도병마사[193], 식목도감[194]
- 지방 행정 조직 → 12목[195], 5도[196], 양계[197], 경기[198], 속현과 주현[199], 향·부곡·소[200]
- 군사 제도 → 중앙군 – 2군 6위, 지방군 – 주현군[201], 주진군[202]
- 관리 등용 → 과거제, 음서제[203]
- 토지 제도 → 전시과[204], 공음전[205]

③ 문화
- 문벌 귀족[206] ← 청자 등 귀족 문화
- 불교 → 향도, 연등회, 팔관회[210][211][212] / 대각국사 의천
- 유교 → 과거제, 국자감[207], 향교[208], 9재 학당, 『삼국사기』[209]
- 풍수지리설

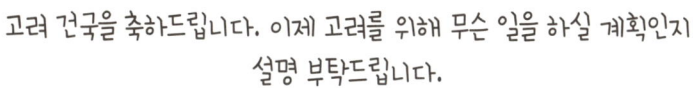

고려 건국을 축하드립니다. 이제 고려를 위해 무슨 일을 하실 계획인지 설명 부탁드립니다.

김역사 기자

제가 한참 고민해 보았는데요. 고려를 위해 제가 할 수 있는 일은 아마 결혼인 것 같습니다. 그래서 어림잡아 결혼을 29번 정도 하는 것이 좋을 것 같아요. 제 희생 정신이 갸륵하죠?

왕건

①

180 태조 왕건

왕건(877~943)은 송악의 호족 출신으로 일찍부터 궁예의 신하로 일했어. 중요한 전투에 거의 참전했고, 많은 싸움을 승리로 이끌었어. 궁예는 무리하게 왕권을 강화하려다 호족과의 싸움에서 밀리면서 왕건에게 많이 의지했어. 그리고 의심도 심해졌지. 결국 궁예의 정신 상태가 온전치 못하다고 판단한 왕건은 반란을 일으켜 궁예를 몰아낸 후 고려를 세워 왕이 되었어.

181 세금 감면 정책

신라 말, 백성들은 나라에 세금 내기도 바쁜데 귀족들한테도 세금을 내야 해서 먹고 살기가 힘들었어. 이런 어려움을 알고 있던 왕건은 세금을 1/10로 줄여 주었어. 누구라도 왕건을 따를 수밖에 없었겠지?

182 호족 포섭 정책

왕건은 호족들의 도움으로 왕이 되었기 때문에 호족의 눈치를 볼 수밖에 없었지. 당시 호족들은 서로 더 큰 권력을 차지하려 했고 여전히 지방에서 큰 권력을 누리고 있었어. 왕건은 호족들이 언제 자기들끼리 뭉쳐 고려 왕실을 무너뜨릴지 모르기 때문에 호족들을 잘 이용해야 했지. 왕건은 호족들을 자기 옆에 묶어둘 방법으로 결혼을 선택했어. 이게 바로 **호족 포섭 정책**이야. 놀라지 마! 왕건은 29번의 결혼을 했어. 하지만 후대에 외척이 된 호족들은 손자를 앞세워 권력을 잡으려 혈안이 되기도 했어.

183 북진 정책

왕건은 고구려를 계승한다는 의미에서 나라 이름을 고려라고 했어. 당연히 태조 왕건은 고구려의 영토를 회복하고 싶어 했지. 이것이 바로 **북진 정책**이야. 그래서 고구려의 도읍이었던 평양, 즉 서경을 중시했어. 그 결과 청천강에서 영흥만에 이르는 지역까지 영토를 넓혔어.

184 민족 통합 정책

고려가 후삼국을 통일할 당시 나라는 하나로 뭉치기 힘든 상황이었어. 후백제 사람들, 신라 사람들, 또 망해버린 발해의 유민들까지 있었어. 고려는 이들을 끌어안기로 했어. 각 나라들의 지배 세력들을 인정했고 발해의 유민들도 받아들였지. 이러한 왕건의 정책을 **민족 통합 정책**이라고 해.

185 「훈요 10조」

태조 왕건은 죽으면서 「**훈요 10조**」를 후대에 남겼어. 「훈요 10조」에는 불교의 힘으로 나라를 세웠으니 불교를 중시하라는 내용을 시작으로, 풍수지리설에 따라 사찰을 지을 것, 중국이나 거란 등 다른 나라의 것을 함부로 따르지 말 것, 서경을 중시할 것 등의 내용이 담겨 있어.

186 광종

호족의 힘이 컸던 고려는 왕권이 약했어. 하지만 왕권을 강화하기 위한 노력을 조금씩 기울이지. 이 노력이 빛을 본 왕이 **광종**(925~975)이야. 영리한 광종은 초기에는 모든 일을 호족에게 맡기고 공부만 했어. 7년을 기다린 광종은 각종 제도를 파격적으로 시행하며 호족의 힘을 꺾고 왕권을 강화했어.

187 노비안검법

호족의 중요한 경제적 기반은 노비였어. 노비는 사람이 아니라 사고팔 수 있는 물건이나 마찬가지였기 때문이야. 호족들은 고리대업을 하며 평민을 노예로 만들어 재산으로 삼았지. 광종은 이 점에 주목했어. 억울하게 노비가 된 사람들을 다시 평민의 신분으로 되돌려 놓은 거야. 이것을 법으로 만든 것이 **노비안검법**이야. 왕의 입장에서는 세금을 내는 농민이 증가한 것이고, 호족의 입장에서는 재산을 빼앗긴 셈이지.

188 과거제

고려 사회는 호족들이 대부분의 고위 관리직을 차지했어. 그리고 그 자식들도 호족의 가문이라는 이유만으로 관리가 되었지. 광종은 이게 불만이었어. 왕의 명령을 충실히 따를 신하들이 많이 필요한데, 호족들만 득시글거렸으니까. 광종은 고려 최초로 시험을 통해 관리를 선발하기로 하는데 이를 **과거제**라 했어. 과거 시험 문제는 유학의 경전에 기반을 두었기 때문에 왕에 대한 충성심을 충분히 공부해야만 시험을 잘 볼 수 있었어.

189 성종

어린 시절부터 **성종**(961~997)은 유학 경전을 많이 읽었고, 성품도 훌륭하다고 소문이 자자했어. 왕위에 오른 성종은 **광종**에 이어 왕권 강화에 힘썼지. 고려의 기본 체제는 성종이 만들어 놓은 것을 바탕으로 움직였어.

190 최승로

아버지가 신라 6두품 출신이었던 **최승로**(927~989)는 어려서부터 영리했다고 해. 태조 왕건은 어린 최승로에 관한 소문을 듣고 직접 불러 그의 재주를 시험해 보고 무척 만족해하며 상까지 줄 정도였어. 젊은 시절 최승로는 호족들의 세력에 눌려 능력을 발휘하지 못했지만 광종을 만나면서 이름을 알리기 시작했어. 이후 성종 때에는 각종 개혁 정책들을 건의하여 많은 성과를 남겼어. 이중 대표적인 것이 시무 28조야.

191 시무 28조

성종은 신하들에게 당시 정치에 관해 잘잘못을 논하라는 명령을 내렸어. 이때 최승로는 고려가 유교를 바탕으로 하는 이상적인 나라가 되기 위해 필요한 항목 28개를 적어 왕에게 바쳤지. 이것이 바로 **시무 28조**야. 최승로는 시무 28조에서 지방에 수령 파견, 연등회와 팔관회 개최 등을 주장하였지. 또한 국가를 다스리는 이념으로 불교 대신 유교를 추구할 것을 강력하게 주장했어. 과거 왕건이 불교와 자주적인 문화를 강조했다면 시무 28조에는 유교를 강조하고, 중국의 문화를 본받자고 했어. 성종은 이를 받아들여 유교 정치사상을 통치하는 데 근본이념으로 삼게 되었지.

192 2성 6부

2성 6부는 당과 송의 제도를 고려의 실정에 맞게 고친 거야. 2성에는 최고 관서인 중서문하성과 상서성으로 이루어졌어. 상서성 아래에 이부, 병부, 호부, 형부, 예부, 공부라는 6부를 두어 행정 실무를 맡아봤어. 지금의 정부 각 부서라고 생각하면 돼.

193 도병마사

고려 시대에 군사와 관련된 일을 하던 곳이야. **2성 6부**의 어디에도 속하지 않고 왕 밑에 두어 왕의 명령을 바로 전달받았어. 그만큼 국방 문제는 예나 지금이나 무척 중요했다는 것을 알 수 있어.

194 식목도감

식목도감은 고려에만 있던 독자적인 기관으로, 새로운 제도와 시행 규칙을 만드는 기관이야. 왕 밑에 바로 두어 왕의 의지를 여러 제도로 만들어 내던 곳이지. 중서문하성과 중추원의 높은 관리들이 이곳에 모여 국가의 중요한 일들을 결정했어.

195 12목

성종은 지방 행정 조직을 정비하는 과정에서 전국의 주요 지역을 특별히 관리할 필요를 느꼈어. 이를 바탕으로 성종 때 지방에 있는 12개의 중요한 도시를 **12목**으로 만든 후 현종 때 다시 정비되었지. 12목은 지금까지도 굉장히 중요한 곳이야. 광주목, 충주목, 나주목, 전주목, 상주목, 진주목 등이 있었거든.

196 5도

지금 흔히 사용하는 전라도, 경상도와 같은 행정 구역은 언제 생겼을까? 신라는 9주 5소경의 지방 행정 구역을 갖추고 있었는데, 지금과는 경계나 이름이 많이 달랐어. 그런데 고려 시대에 들어오면 드디어 전라도, 경상도와 같은 이름이 등장해. 이것이 바로 **5도**야. 전라도와 경상도 외에 서해도, 양광도, 교주도가 더 있었지.

197 양계

양계는 북계와 동계를 말해. 국경 지방의 특수성을 감안해서 군사적인 의미가 강했기 때문에 다른 명칭을 부여했어. 북계와 동계에는 병마사를 관리로 파견했어. 앞에서 배운 도병마사 생각나지? 병마사는 군사와 관련된 직책이야.

198 경기

지금 서울 주변의 '**경기**'라는 말도 고려 때 만들어졌어. 개경 주변은 경기라는 특별 행정 구역을 두어 개경을 보호했어.

199 속현과 주현

고려는 5도의 일반 행정 구역에 안찰사(按察使)라는 관리를 파견했어. 안찰사는 '백성들을 따뜻하게 어루만지고[按] 살펴주는[察] 관리[使]'라는 뜻이야. 5도 아래에는 도호부, 목, 군, 현을 두었어. 지방관이 파견되지 않은 현을 **속현**이라고 했는데, 지방관이 파견된 **주현** 아래 두었지. 그래도 통일 신라에 비해서는 중앙 정부가 지방을 더 강하게 통제할 수 있게 되었어.

200 향·부곡·소

신분제가 엄격했던 중세 사회에서는 신분이 낮은 사람들이 모여 사는 특별한 행정 구역이 있었어. 바로 **향·부곡·소**라고 해. 향과 부곡에서는 주로 농사를 짓고, 소에서는 수공업품을 만들거나 광산물을 캐는 일을 했어. 일반 군·현에 비해 더 많은 세금을 내고, 더 많은 부역에 시달려야 했어.

201 2군 6위

중앙군으로는 **2군**과 **6위**를 두었어. 2군은 궁궐과 왕실을 지켰고, 6위는 도읍인 개경과 국경 지역의 방어를 담당했어.

202 주현군, 주진군

지방군도 마련했어. 우선 5도에는 **주현군**을 배치했고, 양계에는 **주진군**을 두었지. 주현군은 지역의 안전과 질서를 유지하거나 국가적인 공사에 동원되거나 양계에 교대로 나가 국경을 지켰지. 주진군은 양계에 머무르면서 국경을 지켰어.

203 음서제

고려는 공을 세운 호족 가문은 특별한 혜택을 주었어. 바로 **음서**라는 제도를 통해 호족의 자식들은 과거 시험을 보지 않아도 관리가 되게 한 거야. 호족 외에도 공신의 자손, 고위 관료의 자제들도 음서의 혜택을 누렸지. 덕분에 일찍 관리가 될 수 있었고, 더 높은 관직에 오를 수도 있었어.

204 전시과

고려 관리들도 일한 대가를 받았겠지? 당시는 화폐가 활발히 유통되지 않는 농업 사회였기 때문에 나라에서는 토지와 쌀, 베 등을 일한 대가로 주었어. 고려 정부는 관리를 18등급으로 나누어 논이나 밭을 의미하는 전지와 땔나무를 쓸 수 있는 시지를 주는 **전시과**를 마련했어. 관리의 등급에 따라 전시과를 분배했지. 관리들에게 준 토지는 땅을 통째로 주는 게 아니라 그 땅에서 세금을 걷을 수 있는 권리만 준 거야. 따라서 죽거나 관직에서 물러나면 국가에 반납했어.

205 공음전

고려는 음서제 외에 귀족에게 **공음전**이라는 특혜를 주었어. 음서가 귀족들에게 정치적 특권을 주었다면 공음전은 경제적 특권을 준 셈이야. 고위 관료에게는 공음전이라는 토지를 주어서 자손에게 물려줄 수 있게 했어.

3

206 문벌 귀족

고려 시대의 신분 제도는 귀족, 중류층, 평민, 천민으로 나눌 수 있는데 이 중 귀족은 지배 계층을 형성했어. 귀족 가운데서도 대대로 고위 관직자를 배출한 가문은 특별히 **문벌 귀족**이라고 해.

207 국자감

고려 사람들은 종교 면에서는 불교를, 정치나 교육 면에서는 유학을 중시했어. 광종 때에는 과거제를 실시해 유학을 공부한 사람을 관료로 뽑기 시작한 이후 성종 때 드디어 국립 대학인 **국자감**이 생겼지. 외우기 어렵다고? 고려의 대학은 '감자국'이라고 외워봐.

208 향교

국립 대학인 국자감은 도읍인 개경에만 있었어. 그래서 유학을 널리 퍼뜨리기 위해 지방에도 학교를 세웠지. 이 학교가 **향교**야. 수도와 지방에 모두 유학을 가르치는 학교가 세워지면서 이제 고려 사회 전체가 유교를 공부하게 되었어.

209 9재 학당

최충은 유학자로서 승승장구하며 네 명의 왕을 모셨어. 늙어서는 고려 시대 최초의 사립 학교인 **9재 학당**을 세웠어. 9재 학당은 공부 단계가 9개여서 붙은 이름이야. 당시는 거란의 침입으로 국자감이 제대로 역할을 하지 못했고, 이를 안타깝게 여긴 최충은 교육 기관을 세울 필요를 느꼈지. 최충의 9재 학당에서 많은 과거 급제자를 배출하자 더욱 유명해졌어.

210 향도

향도란 절을 세우거나 불탑, 불상 등을 만들 때 노동력을 제공하는 모임이었지. 해안가 마을의 향도에서는 향을 바닷가에 묻는 매향(埋-묻을 매, 香-향기 향) 활동도 했어. 향을 묻으면 이 향을 통해 미륵불을 만날 수 있다고 믿었지. 시간이 지나면서 장례 등을 돕는 활동을 더 많이 했어.

211 연등회

지금도 사월 초파일(석가탄신일)이 되면 전국 곳곳에서 등을 들고 행진하는 **연등회**가 열리고 있어. 기록에 의하면 신라 시대부터 있었다고 해. 이후 불교를 중시하는 고려 사회에서는 음력 1월 15일이 되면 전국에서 연등회를 열었어. 이날은 온 백성들이 밤을 새우며 즐기고 놀았다고 해.

212 팔관회

팔관(八關)의 '관'은 '금(禁)한다'라는 의미로 '팔관'은 살생, 도둑질 등의 여덟 가지를 금한다는 뜻이야. 고려에서는 불교의 팔관에 토속 신앙, 나라를 위해 죽은 사람들에 대한 제사의 의미까지 곁들여 축제로 자리 잡게 되었어. 11월 15일에 열리는 **팔관회**를 위해 송뿐만 아니라 아라비아에서까지 사신들이 와 축하 선물을 전했어.

2 고려의 대외 관계

고려는 거란, 여진, 몽골과 같은 북방 민족의 침입을 여러 차례 받았어요. 이 과정에서 영토가 확장되기도 하고, 강화도로 도읍을 옮기기도 하였어요. 고려는 송, 일본, 아라비아 등 여러 나라와 활발하게 무역을 했답니다.

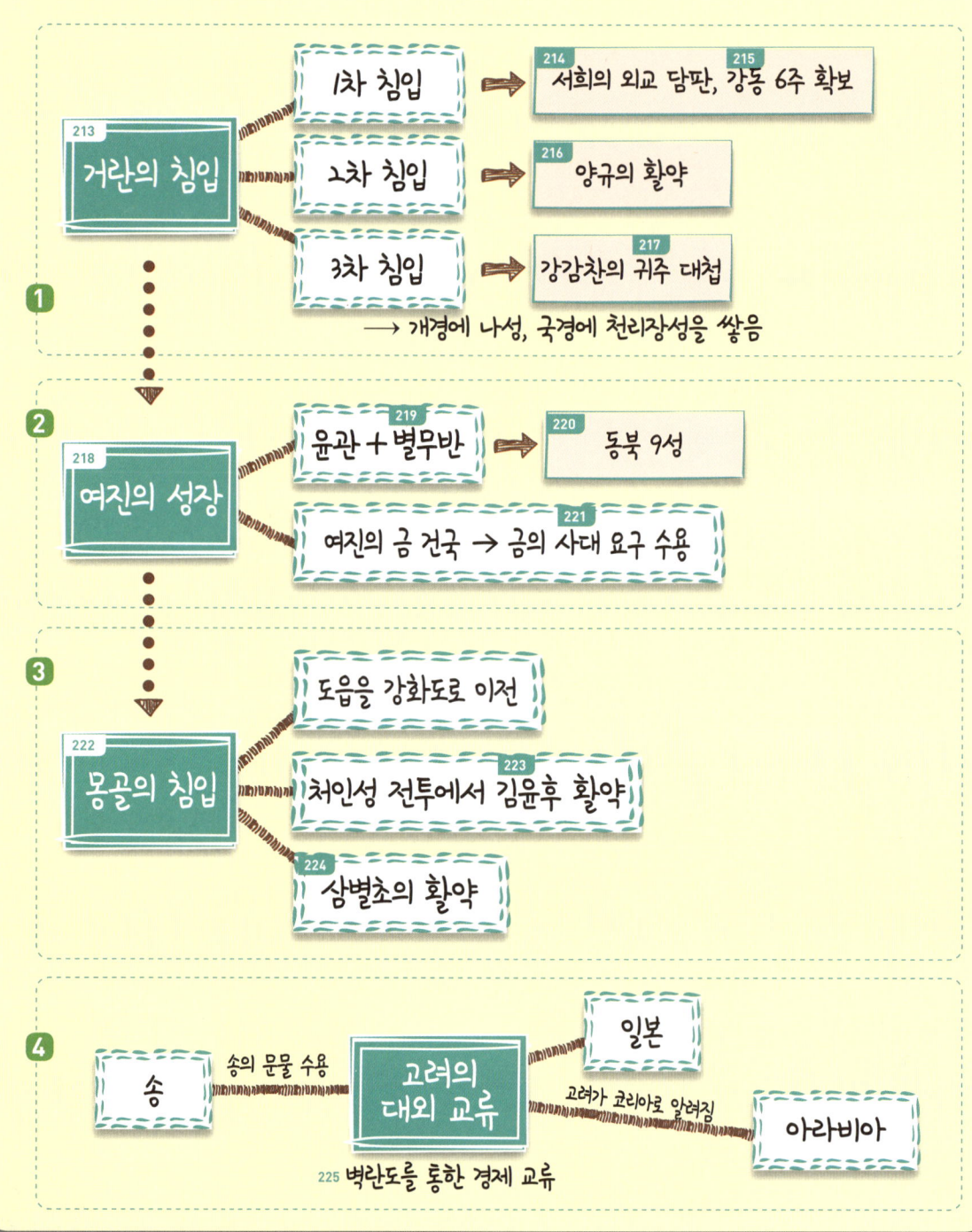

1 거란의 침입
- 1차 침입 → 서희의 외교 담판, 강동 6주 확보
- 2차 침입 → 양규의 활약
- 3차 침입 → 강감찬의 귀주 대첩
→ 개경에 나성, 국경에 천리장성을 쌓음

2 여진의 성장
- 윤관 + 별무반 → 동북 9성
- 여진의 금 건국 → 금의 사대 요구 수용

3 몽골의 침입
- 도읍을 강화도로 이전
- 처인성 전투에서 김윤후 활약
- 삼별초의 활약

4 고려의 대외 교류
- 송 — 송의 문물 수용
- 일본
- 아라비아 — 고려가 코리아로 알려짐
- 벽란도를 통한 경제 교류

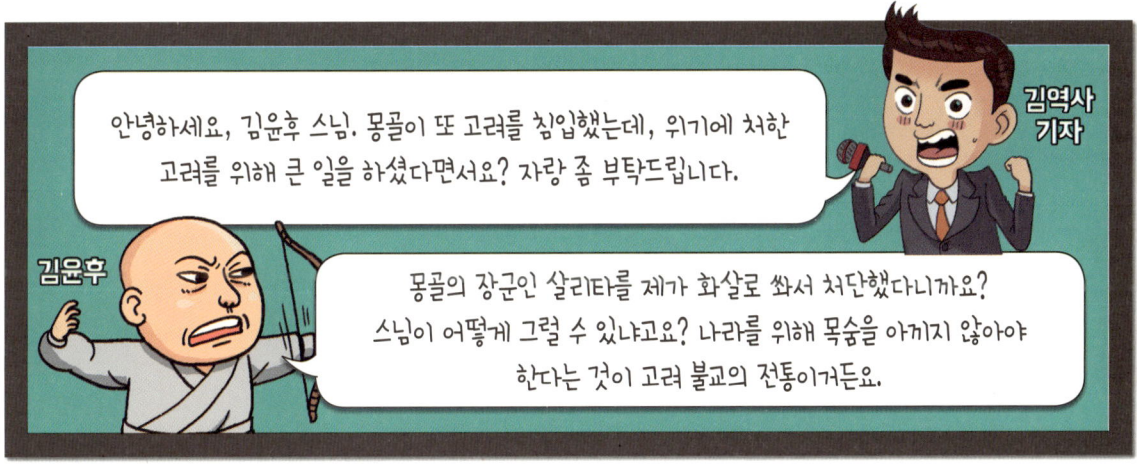

1

213 거란

거란은 만주 쪽에 살던 유목 민족이야. 서서히 힘을 모아 남쪽의 송을 치려고 했지. 하지만 걸림돌이 있었어. 바로 고려야. 만약 거란이 송과 전쟁을 하는 동안 송과 친한 고려가 뒤쪽에서 거란을 공격해 온다면 난감할 수밖에 없으니까. 그래서 고려를 침입한 거야.

214 서희

거란이 소손녕을 앞세워 고려에 침입해 오자 신하들은 땅을 주고 화친을 맺자고 했어. 하지만 **서희**(942~998)가 강력히 반대했지. 그리고 직접 외교 담판을 추진하겠다고 말했어. 거란의 의도를 간파한 서희는 거란의 약점을 파고들었어. 거란과 외교를 맺고 싶어도 중간에 여진족이 있어 불가능하다고 한 거야. 이에 거란은 땅을 내어주며 송과 외교 관계를 끊으라고 말했지. 서희는 말 하나로 전쟁 없이 땅을 얻어낸 거야.

215 강동 6주

거란이 고려를 침략한 목적은 고려와 송의 외교 관계를 끊는 것이었어. 그래야 중국 침략에 몰두할 수 있으니까. 서희는 거란과의 교류를 약속하는 대신 거란과 고려 사이에 있는 여진족을 몰아내 달라고 했지. 그 결과 고려는 압록강과 청천강 사이의 여진족을 몰아내고 그 땅을 차지할 수 있었어. 이곳이 바로 **강동 6주**로, 고려 영토가 압록강 유역까지 넓어졌어.

거란의 2차 침입 때 **양규**(?~1011)는 홀로 대항했어. 거란군에 맞서 싸우기만 한 게 아니라 승리할 때마다 포로로 잡힌 고려인들을 구출했지. 그는 전쟁으로 고립된 군대를 모아 한 달 사이에 7차례 싸워 적을 6,500명 죽이고 백성 3만여 명을 구했으며, 많은 물건을 빼앗아 올 정도로 큰 활약을 했어. 하지만 돌아가던 거란군의 주력 부대에 포위되어 군사도, 화살도 없는 상황에서 수십 개의 화살을 맞아가며 싸우다 전사했어.

거란의 3차 침입은 **강감찬**(948~1031)이 막아냈어. 강감찬은 과거를 통해 관리가 된 문신으로 문무를 겸비한 인재였지. 거란이 쳐들어오자 강감찬 장군은 흥화진 상류에 소가죽으로 물을 막고 거란군을 기다렸어. 거란군이 강물이 얕아 지나가려고하자 강감찬은 막고 있던 물을 터트려 적을 물리쳤어. 하지만 거란은 개경을 향해 계속 나아갔지. 식량이 모자랄 것이라는 걸 알아챈 강감찬은 개경 주변의 논밭을 모두 불태워 버렸어. 식량이 없어 결국 돌아가기로 한 거란군의 뒤를 쫓아 큰 승리를 거둔 게 **귀주 대첩**이야.

2

여진족은 발해의 옛 땅에 살면서 부족 단위로 흩어져 살았어. 고려의 국경을 침범해 우리 백성들을 괴롭혔지. 고려는 농기구와 식량을 주어 달래기도 하고 군대를 이끌고 혼을 내주기도 했어. 하지만 12세기 경, 여러 부족 중 하나인 완옌부가 힘을 키우기 시작하더니 다른 부족들을 통일하기 시작했어. 후일 힘을 기른 여진족은 금을 세우고 고려를 압박했어.

윤관은 **여진**을 정벌하기 위해 **별무반**을 이끌고 나아가 크게 이겼어. 별무반은 말을 타는 신기군을 중심으로 걸어서 이동하는 부대인 신보군, 승려들로 구성된 항마군으로 나뉘어져 있었어. 이들은 윤관과 함께 여진족의 본거지로 쳐들어가 여진족을 물리치고 9개의 성을 쌓았어.

220 동북 9성

윤관은 **별무반**과 함께 싸워 이긴 곳에 동북 9성을 쌓았어. 고려의 입장에서 동북쪽에 있는 9개의 성이기 때문에 **동북 9성**이라고 해. 하지만 여진족이 끈질기게 동북 9성을 돌려달라고 했지. 고려 정부는 성 간의 간격이 멀어 지키기 어려우니 돌려주자는 의견이 많아 결국 돌려주고 말았어.

221 사대

역사책에 보면 **사대**(事大)라는 말이 자주 나와. '사(事)'라는 글자는 보통 '일'을 뜻하지만 '섬기다'라는 뜻으로도 쓰여. 결국 사대란 큰 나라를 섬기는 것을 말해. 여진은 금을 세운 후 고려에게 금을 섬기라고 강요한 거야. 이에 고려 조정에서는 반대 의견이 많았지만 당시 권력을 잡고 있던 이자겸이 금의 요구를 받아들였어.

3

222 몽골

중국 북쪽의 **몽골** 초원에서 부족 단위로 활동하던 몽골은 13세기경 칭기즈 칸을 중심으로 뭉치기 시작하더니 급기야 세계를 제패할 정도로 성장했어. 몽골이 여러 차례 고려에 쳐들어오는 바람에 황룡사 9층 목탑과 초조대장경 목판 등의 문화유산이 불에 타는 피해를 입었지.

223 김윤후

세계 최강의 몽골군 앞에서 고려는 패배를 인정할 수밖에 없었어. 몽골은 고려에 '관청의 우두머리'라는 뜻의 다루가치를 남겨두고 떠났지. 다루가치는 고려의 정치에까지 간섭하기 시작했어. 결국 고려 정부는 몽골에 대항하기로 결정했어. 고려 정부는 바다에 약한 몽골에 대항하기 위해 도읍을 강화로 옮기며 저항을 결심했지. 이런 사실을 안 몽골은 군대를 보냈어. 이때 처인성에서 몽골군을 맞은 사람은 **김윤후**였어. 승려 신분이었지만 나라를 지키기 위해 발 벗고 나섰지. 김윤후는 몽골 장군 살리타를 죽이고 처인성을 지켜냈어. 훗날 충주성에서는 전투가 지지부진하자 노비 문서를 불태워가며 사람들을 하나로 모아 충주성을 지켜내기도 했어.

224 삼별초

삼별초는 좌별초, 우별초와 몽골의 침입으로 포로가 되었다가 탈출한 군사들로 구성된 신의군을 합하여 부르는 군대 이름이었어. 후일 삼별초는 몽골의 침입에 끝까지 대항했어.

4

225 벽란도

고려는 국제적인 감각을 지닌 나라였어. 다양한 문화를 거부감 없이 받아들일 만큼 열린 마음을 갖고 있었지. 따라서 무역도 다양한 나라와 했어. 송은 기본이었고, 일본 상인과 멀리는 아라비아 상인들까지 고려를 찾아왔어. 여러 나라의 상인들은 예성강 하구에 있는 항구인 **벽란도**를 통해 개경에 들어왔어. 이때 고려는 아라비아 상인들에 의해 코리아라는 이름으로 세계에 알려지게 되었지.

3 흔들리는 문벌 귀족 사회와 무신 정권의 성립

고려의 문벌 귀족은 이자겸의 난과 묘청의 서경 천도 운동으로 점차 분열하기 시작해요. 이후 정권은 문신에게 천대받던 무신에게 돌아가게 된답니다. 무신들은 점차 권력을 다투는 데 집중하게 되면서 살기 어려워진 농민과 천민들이 전국 곳곳에서 봉기하였어요.

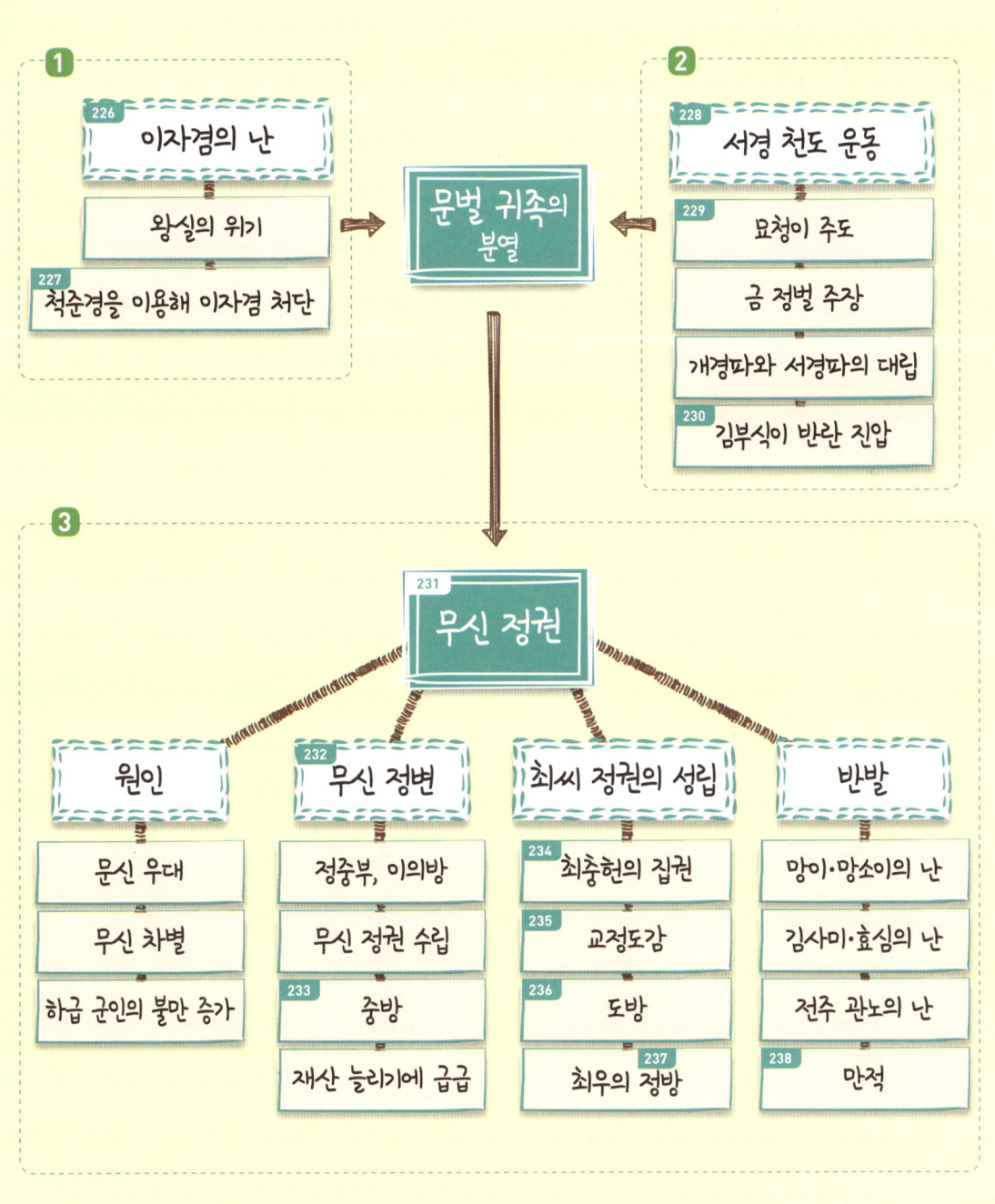

1
- 226 이자겸의 난
  - 왕실의 위기
  - 227 척준경을 이용해 이자겸 처단

2
- 228 서경 천도 운동
  - 229 묘청이 주도
  - 금 정벌 주장
  - 개경파와 서경파의 대립
  - 230 김부식이 반란 진압

→ 문벌 귀족의 분열

3
- 231 무신 정권
  - 원인
    - 문신 우대
    - 무신 차별
    - 하급 군인의 불만 증가
  - 232 무신 정변
    - 정중부, 이의방
    - 무신 정권 수립
    - 233 중방
    - 재산 늘리기에 급급
  - 최씨 정권의 성립
    - 234 최충헌의 집권
    - 235 교정도감
    - 236 도방
    - 237 최우의 정방
  - 반발
    - 망이·망소이의 난
    - 김사미·효심의 난
    - 전주 관노의 난
    - 238 만적

역사 뉴스에서 좀처럼 주인공으로 등장하기 힘든 신분인 노비가 이 자리에 나오셨습니다. 소개 부탁드립니다.

김역사 기자

문신보다 낮은 무신들이 임금을 내쫓는 마당에 저라고 안 될 것이 있나요? 제가 노비라는 거 빼고는 알고보면 상당히 똑똑하거든요. 한 번 도전해 볼만 하잖아요.

만적

1

226 이자겸

이자겸(?~1126)의 경원 이씨 가문은 몇 대에 걸쳐 계속 왕비를 배출하면서 고려 최고의 가문으로 떠올랐어. 이자겸의 외손자인 인종이 왕위에 오르자 고려 사회는 이자겸을 두려워하기 시작했어. 인종도 마찬가지였지. 권력을 장악한 이자겸은 이제 왕이 되기 위해 인종을 죽이려고 부하인 **척준경**과 손잡고 난을 일으켰어. 이를 이자겸의 난이라고 해.

227 척준경

이자겸은 인종의 왕비가 된 딸에게 독을 탄 약을 바치도록 했는데 딸이 일부러 넘어져 엎질러버렸어. 또 독을 넣은 떡을 주었는데 이를 남편에게 말해 줘서 인종은 목숨을 구할 수 있었지. 인종은 이자겸이 가장 믿는 부하인 **척준경**(?~1144)을 이용하여 이자겸을 없애기로 했어. 결국 척준경은 이자겸을 죽였지만 자신도 인종에게 버림받았어.

2

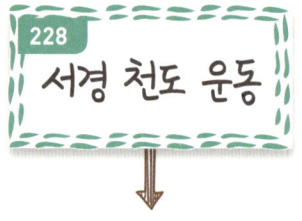

228 서경 천도 운동

이자겸의 난 이후 인종은 피비린내 나는 개경이 싫어졌어. 이를 알아준 사람이 **묘청**이야. 묘청은 풍수지리설을 근거로 서경(평양)에 도읍을 정하고, 금을 치자고 했어. 하지만 귀족들은 평양으로 옮기는 것을 반대했어. 차츰 인종도 천도에 대해 시들해지자 묘청은 서경에서 반란을 일으켰어.

229 묘청

묘청(?~1135)은 고려 시대의 승려라는 것 외에는 알려진 것이 거의 없어. 묘청은 무명에 가깝던 일개 승려에서 인종이 가장 믿는 측근으로 급부상 했어. 이후에는 도읍을 옮길 것을 주장하며 고려 사회를 흔들었다가 결국 반란의 주도자로 역적이 되어 사라졌지. 묘청을 새로운 시각으로 본 사람은 신채호야. 묘청을 보수파에 대항해 진취성을 드높인 사람이라고 평가했기 때문이지.

230 김부식

김부식(1075~1151)은 유학을 공부했던 집안 분위기에 힘입어 어려서부터 지식이 뛰어났어. 중국에 외교 사절로 간 김부식은 역사서를 선물 받고는 자신도 그런 책을 지을 것을 다짐한 후 『삼국사기』를 지었어. 또 이자겸의 난과 묘청의 난을 진압하여 고려 사회에 안정을 가져왔지.

3

231 무신 정권

보통 문신들이 정치를 주도하게 마련이야. 하지만 고려 시대에는 특이하게도 무신들이 권력을 잡은 기간이 있는데 이 시기를 **무신 정권**이라고 해.

232 무신 정변

이자겸의 난과 묘청의 난을 거치며 고려의 왕권은 약화되었고, 문신들은 관직을 독점했어. 무신들은 차별 대우를 받으며 불만이 컸지. 의종은 3일에 한 번씩 연회를 열었어. 의종과 문신들이 먹고 놀 때 무신들은 경비를 서야 했지. 심지어 문신들은 늙은 무신의 뺨을 때리며 즐거워했어. 더 이상 참을 수가 없어진 무신 정중부와 이의방은 1170년에 정변을 일으켰단다.

233 중방

중방은 고려의 정부 기구 중 하나였어. 그런데 무신 집권기가 되면서 중방의 무게는 달라졌지. 이곳에서 높은 신하들이 모여 중요한 결정을 내리게 된 거야. 한마디로 무신들의 회의 기구라 할 수 있어. 하지만 무신들은 열심히 정치를 한 것이 아니라 자신의 이익을 늘리는 데 급급했을 뿐이야.

234 최충헌

무신 집권기에는 지배층이 아주 빠르게 바뀌었어. 처음에는 이의방이 권력을 잡았지만 이후 정중부, 경대승, 이의민으로 권력자가 바뀌었지. **최충헌**(1149~1219)은 이의민을 죽이고 권력을 잡은 후 아들에게 자리를 물려주었어.

235 교정도감

무신들은 고려의 기본적인 정치 체제인 2성 6부를 받아들이지 않았어. 대신 자신들만 모여서 회의를 하며 나랏일을 처리했지. 그래서 집권자가 누구냐에 따라 핵심 회의 기구도 바뀌었어. 무신 집권 초기 중방이 최고의 회의 기구였다면 최충헌 때부터는 **교정도감**이 최고의 회의 기구였어.

236 도방

이의방, 정중부, 경대승은 5년 정도 군림하다 다음 집권자에게 암살을 당했어. 그래서 무신 집권자들은 자신의 신변을 보호하고 집권 체제를 강화할 목적으로 개인적으로 병사들을 거느렸는 데 이를 **도방**이라고 해.

237 정방

최충헌의 뒤를 이은 사람은 그의 아들 최우였어. **최우**는 권력 기구를 좀 더 자신이 운영하기 편하게 개편했어. 특히 정부의 인사 문제를 처리하기 위해 **정방**을 설치했지. 최우는 다른 무신 지배자들과 달리 문신들을 신하로 쓰기 시작했어. 무신 집권 시기가 오래 되면서 행정 실무 능력을 갖춘 문신들이 필요해진 거지.

238 만적

만적은 최충헌의 사노비였어. 노비들을 모아 봉기를 계획할 정도였으니 아마 만적은 똑똑하고 뛰어난 연설가였을 거야. 만적은 무신인 최충헌이 최고의 지배자가 되는 것을 지켜보면서 왕후장상의 씨가 따로 있냐며 사람들을 모았어. 즉 왕과 뛰어난 관리의 핏줄은 따로 있는 것은 아니란 뜻이었지. 만적이 난을 일으킬 당시에는 망이·망소이의 난, 전주 관노의 난, 김사미·효심의 난 등 수많은 난이 일어나 사회가 불안했어.

4 반원 자주화와 고려 후기의 문화

몽골의 침입 후 고려는 원의 내정 간섭을 받게 되었어요. 그러나 공민왕은 즉위 이후 여러 가지 반원 자주 개혁 정치를 추진했지요. 한편, 지눌에 의해 불교가 발달했고 원에서 성리학이 들어왔어요. 귀족의 취향에 맞는 공예품이 만들어지고, 활자 기술이 더욱 발달하게 되었어요.

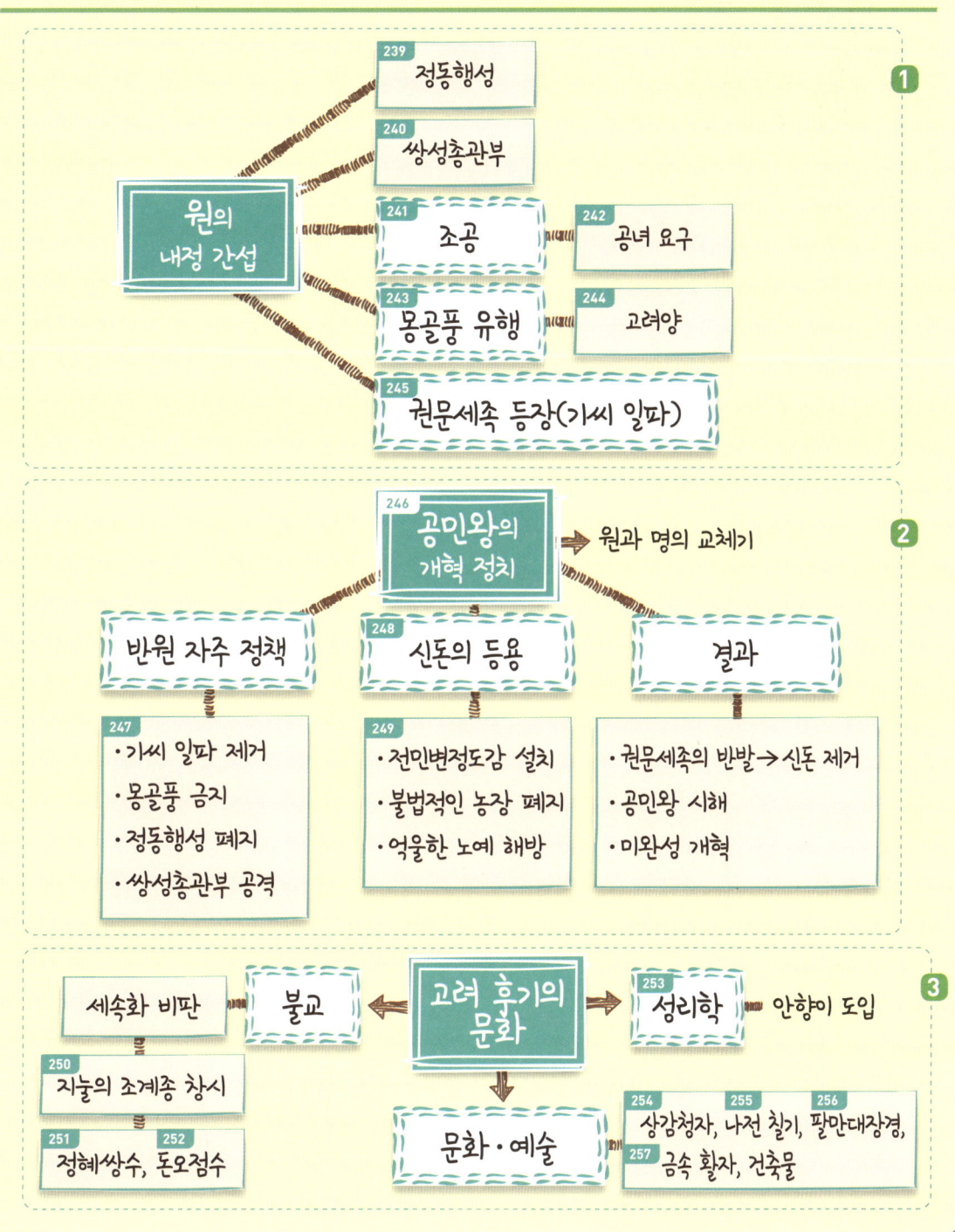

239 정동행성

정동행성이란 원이 동쪽을 정벌하기 위해 설치한 기구야. 여기서 동쪽은 일본이지. 원이 계획했던 두 번의 일본 정벌이 태풍으로 실패하자 정동행성은 성격을 바꿔 고려의 내정 간섭 기구가 되었지.

240 쌍성총관부

몽골과 고려의 전쟁이 한창이던 시기에 화주와 강계 주변은 고려 사람들과 여진족이 같이 살던 곳이었어. 그런데 원의 힘이 강해지자 그곳 사람들은 고려가 보낸 관리를 죽이고 원에 항복했어. 원은 제 발로 들어온 이곳에 **쌍성총관부**를 세우고 자신의 영토로 삼았지. 그런데 원의 힘이 약해지자 이번에는 고려로 붙자는 의견이 나왔어. 결국 공민왕이 군사를 일으켜 영토로 삼았지.

241 조공

속국이 종주국에 때를 맞추어 예물을 바치던 일 또는 그 예물을 **조공**이라고 해. 조공이라고 하면 좀 기분이 나빠지지? 꼭 그렇게 생각할 필요는 없어. 조공을 받은 중국은 체면상 그보다 더 많은 물건을 되돌려 보내야 했고, 그 물건들에는 책이나 우수한 물건들이 많아 우리 문화 발전에 큰 역할을 했어. 그래서 일부러 자주 가려고 할 정도였지. 하지만 원은 지나치게 많은 물건을 조목조목 적어주면서 빼앗아갔어.

242 공녀

원 황실은 여자가 많이 부족했기 때문에 고려에 특히 여자를 많이 보내라고 했어. 이 사람들을 **공녀**라고 해. 공녀는 원의 황제나 황비 등의 종으로 일했어.

243 몽골풍

고려 시대에는 머리도 몽골식의 변발로 하고 옷도 몽골식 옷을 입었어. 이런 것들을 **몽골풍**이라고 해. '벼슬아치', '장사치'라는 단어 끝에 붙는 치는 원의 관리인 '다루가치'에서 나온 말이야. 몽골 여인들이 결혼 때 악귀를 쫓기 위해 했던 붉은색 화장은 지금 연지곤지로 남아있어. 왕실에서 사용하는 마마, 무수리, 수라, 마누라 등은 몽골 궁중에서 쓰던 말이야.

244 고려양

원에 퍼진 고려 풍습을 **고려양**이라고 해. 대표적인 고려양은 상추 등 날채소를 이용한 쌈이었어. 의복도 고려의 영향을 받아 바뀌기도 하고 약과의 일종인 고려병도 유행하였어.

245 권문세족

고려 전기의 지배층은 문벌 귀족이었어. 무신 정변 이후 무신으로 바뀌었지. 이후 원의 힘이 세지면서 **권문세족**이 등장했어. 권문세족은 원의 세력을 이용해 부와 권력을 유지한 사람들이야. 재산을 늘리기 위해 백성의 토지를 빼앗아 농장을 경영했고, 고리대업으로 백성을 노비로 만들었어.

---

246 공민왕

충선왕, 충목왕 등은 어머니가 몽골인이었지만 **공민왕**(1330~1374)의 어머니는 고려인이었어. 이 때문에 왕이 될 기회를 잃을 뻔 했지. 공민왕은 원에서 공부하며 결혼에 신경을 썼지. 노국 공주와 결혼한 후 왕이 되어 고려로 돌아온 후 남편을 적극 지원하는 왕비에 힘입어 고려를 위한 개혁 정치를 적극 실천했어. 하지만 노국 공주가 아이를 낳다 죽자 정치를 멀리하고 실의에 빠져 살다 한창 일할 나이에 암살을 당해 죽고 말았어.

247 기씨 일파

공녀로 갔던 여자 중 황제의 눈에 들어 황비가 된 사람이 있었는데, 바로 기황후야. 이후 공녀는 귀족들의 정비로만 갈 수 있게 환경이 바뀌었어. 고려의 기씨 집안은 엄청난 권력을 누렸겠지? 기씨 집안이야말로 고려 사회를 들었다 놨다 하는 권문세족이 되었지.

248 신돈

왕이 된 **공민왕** 주변에는 권문세족밖에 없었어. 개혁을 도와줄 신하가 하나도 없었던 거지. 그래서 끌어들인 사람이 **신돈**(?~1371)이야. 신분도 낮았고 승려 출신인 신돈은 공민왕의 지원 아래 공민왕이 원하는 개혁 정치를 실현했어. 후일 조선의 역사가들은 신돈을 나쁘게 묘사하지만 그건 고려를 낮게 평가해야만 조선의 우월성을 드러낼 수 있기 때문일 거야.

249 전민변정도감

권문세족의 횡포는 지나쳤어. 고려 입장에서는 세금을 내는 평민들이 줄어들어 왕권은 약화될 수밖에 없었지. 공민왕과 신돈은 바로 이 부분에 주목했어. 그래서 **전민변정도감**이라는 관청을 만들어. 전민변정도감(田民辨正都監)은 '밭[田]과 백성[民]을 분별하고[辨] 정리하는[正] 임시 관청[都監]'이란 뜻이야. 토지를 조사해 부당하게 빼앗은 것이라면 돌려주고, 억울하게 노비가 된 사람은 신분을 높여주자는 거야. 이런 일을 했던 임시 관청이 전민변정도감이고 우두머리가 신돈이야.

---- **3** ----

250 지눌

현재 우리나라 불교의 기둥은 조계종이야. 조계종은 참선을 중시하는 선종 계통의 불교로 신라 말에 시작되었어. 하지만 지금의 조계종을 열었다고 할 수 있는 사람은 고려의 승려 **지눌**(1158~1210)이야. 지눌은 교종과 선종의 대립을 항상 고민했어. 그러면서 선종 중심으로 교종을 끌어안은 조계종을 열었지. 그리고 지눌은 무신 집권기에 타락한 불교를 다시 세우기 위해 열심히 노력했어.

251 정혜쌍수

지눌은 조계종을 열면서 **정혜쌍수**(定慧雙修)를 주장했어. '정'은 여러 곳으로 흩어진 마음을 하나로 모으는 것을 말하는데, 이를 위해서는 참선이 중요하다고 했어. '혜'는 이러한 마음을 바탕으로 사물의 본질을 파악하는 것을 말해. 결국 선종의 참선과 교종의 교리를 함께 공부해야 한다는 뜻이야. 그런데 더 강조한 것은 선종이라고 할 수 있어.

252 돈오점수

지눌은 **돈오점수**(頓悟漸修)도 주장했어. 돈오점수는 오랜 수행을 통해 한 순간에 깨달음을 얻는 것으로 선종에서 특히 중시하는 내용이야. 돈오점수는 우리나라 불교의 수행 방법 중 핵심적인 내용에 해당해.

253 성리학

성리학은 송의 주희가 공자와 맹자를 중심으로 한 유학을 좀 더 학문적으로 진전시켜 만든 학풍이지. 주희를 높여 주자라고 하기 때문에 성리학을 다른 말로는 주자학이라고도 해. 인간의 심성과 우주의 원리가 무엇인지를 고민하는 매우 철학적인 학문이야. 성리학은 원 당시 널리 퍼졌는데, 원에 간 고려 사신들은 성리학을 접하고 매료되었어. 결국 고려의 지식인들이 자발적으로 성리학을 수용했어.

254 상감청자

상감법은 그릇 표면에 그림을 새긴 후 그 자리에 다른 색의 흙을 정교하게 메워 색과 모양을 내는 기법을 말해. 고려의 독창적인 기법이었던 상감 기법을 사용하면, 청자의 색깔 위에 전혀 다른 색으로 모양을 낼 수 있어 청자의 빛이 더 화려해졌어.

255 나전 칠기

나전 칠기는 소라나 전복의 반짝이는 안쪽 껍데기를 얇게 잘라 붙인 후 떨어지지 않도록 칠을 해 가구와 도구를 만드는 것을 말해. 만드는 방법이 까다롭고 시간이 오래 걸려 귀족들이나 사용할 수 있었어. 특히 원의 황후는 불경을 담을 합을 꼭 고려의 나전 칠기로 사용했대.

256 팔만대장경

대장경이란 불교 경전을 총정리한 것을 말해. 대각국사 의천이 고려에서 처음 대장경을 만들었지. 이를 초조대장경이라고 해. 거란이 침입해 왔을 때 초조대장경을 만들자 신기하게도 돌아갔다고 해. 하지만 초조대장경은 몽골의 침입으로 불에 타 버리지. 그러자 무신 집권자들은 다시 한 번 대장경을 만들기로 했어. 불교의 힘으로 몽골의 침입을 막아보자는 것이었지. 이 대장경을 **팔만대장경**이라고 해. 현재 팔만대장경은 해인사에 보관되어 있고, 유네스코 기록 유산으로 등재되었어.

257 금속 활자

책을 만들기 위해 처음에는 아마 글자 하나하나를 손으로 베꼈을 거야. 이후 인쇄술이 발달하면서 글자를 나무에 새겨 종이에 찍어 책을 만들기 시작했어. 하지만 목판 인쇄술은 나무가 썩거나 불에 타는 등 보존이 쉽지 않았고, 글자 하나만 잘못 새겨도 목판 전체를 버려야 했어. 이를 개선한 것이 **금속 활자**야. 금속 활자는 글자를 금속으로 만들어 하나하나 조합해 책을 만들었어. 불에 타지도 않았고, 만들어 놓은 글자를 다시 조립해 새로운 책을 찍을 수 있어서 좋았어. 이런 금속 활자 기술은 우리나라에서 처음으로 만들어졌어. 금속 활자를 이용해 1234년에 『상정고금예문』을 인쇄했다고 해. 하지만 안타깝게도 이 책은 전해지지 않아. 1377년에 청주 흥덕사에서 간행한 『직지심체요절』이 세계에서 가장 오래된 금속 활자본으로 인정받고 있어.

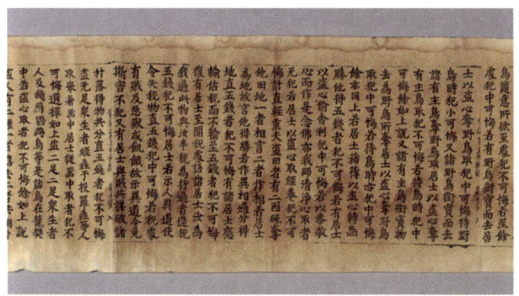
▲ 초조대장경

▲ 해인사 장경판전 | 팔만대장경을 보관하고 있는 해인사 장경판전

5 새로운 정치 세력의 성장과 고려의 멸망

고려 말에는 성리학을 공부한 신진 사대부와 외적의 격퇴 과정에서 성장한 신흥 무인 세력이 등장하였어요. 이성계는 최영의 요동 정벌에 반대하여 위화도 회군을 단행하였고, 정권을 잡게 되었답니다.

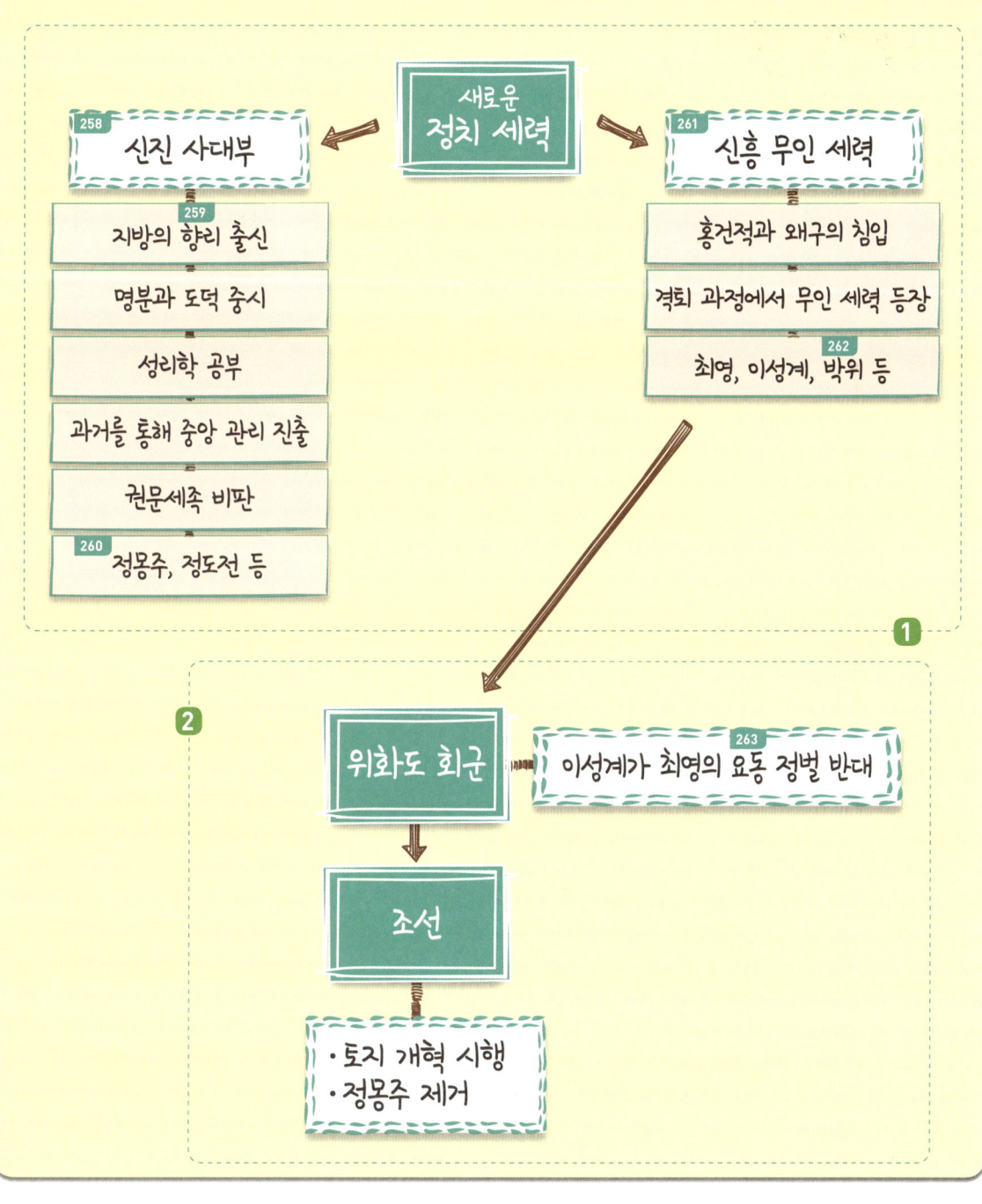

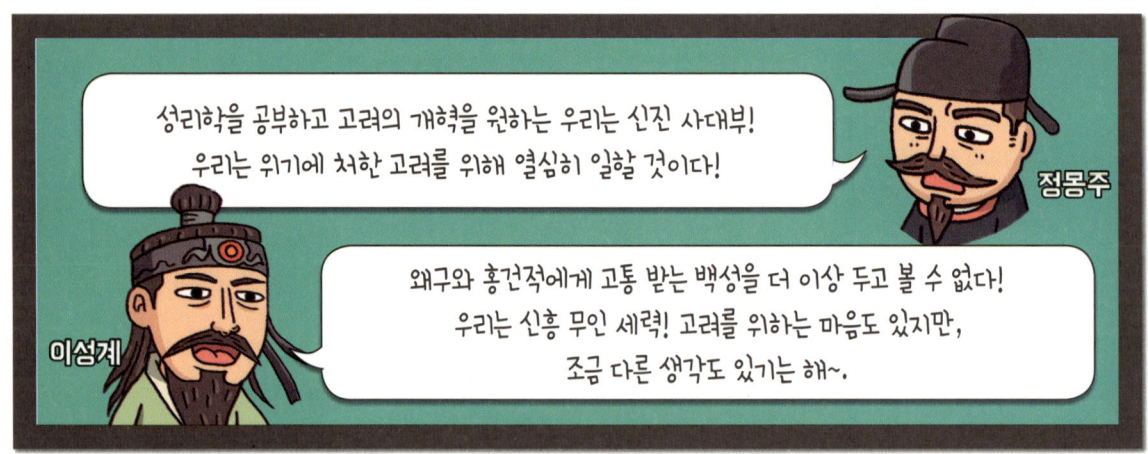

258 신진 사대부

귀족 이외에 높은 벼슬아치나 문벌이 높은 사람을 사대부라고 하며 일반인과 구별을 지었어. 그 앞에 신진이라는 말이 들어있으니 기존 사대부와 달리 새롭게 정치계에 등장한 사람을 일컫겠지? 이들은 성리학을 연구했고, 공민왕에게 힘을 실어주며 고려를 개혁하는 데 앞장섰어. 이후에는 조선을 개국하는 데에도 큰 공을 세우며 조선의 지배층을 형성했어.

259 향리

고려 시대의 **향리**는 지방 관청에서 일하며 그 지방의 행정 업무를 맡아 보던 사람이야. 중앙에서 파견된 관리는 그 지방 사정에 어두울 수밖에 없었기 때문에 향리들은 지방관을 보좌하면서 실무를 했지. 그 지방을 떠나지 않고 세습되는 하급 관리야. 향리의 자제는 과거를 통해 관리가 되거나 전쟁에서 공을 세워 군인으로 출세할 수 있었지.

260 정몽주

목은 이색의 제자였던 **정몽주**(1337~1392)는 고려를 대표하는 충신이야. 유명한 집안 출신이고 자신 또한 일찍부터 두각을 나타냈기 때문에 고려를 뒤집을 필요를 느끼지 못했을 거야. 그래서 신진 사대부 중 온건파에 속했지. 정몽주는 정도전 등 급진파 신진 사대부를 견제하며 고려를 위해 헌신적으로 일했어. 하지만 이성계의 아들인 이방원에 의해 선죽교에서 살해당했지.

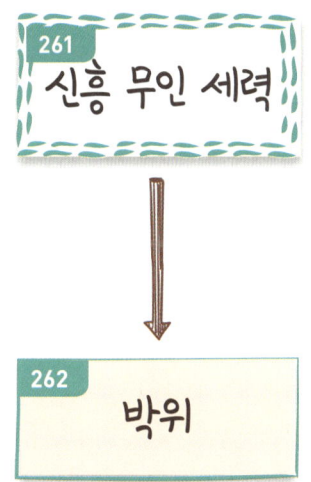

고려 말에는 외적의 침입이 많았어. 우선 북쪽에서는 홍건적, 남쪽에서는 왜구가 쳐들어왔지. 중앙 정부의 힘이 약했기 때문에 고려 백성들은 당할 수밖에 없었어. 왜구의 경우 조세를 운반하는 바닷길을 공격할 정도였어. 이때 백성들에게 우상처럼 떠오른 사람이 바로 최영과 이성계야. 홍건적과 왜구를 물리친 이들은 대표적인 **신흥 무인 세력**이지.

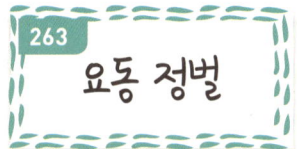

고려 말 왜구는 내륙 깊숙이 노략질을 해서 우리 백성들이 입는 피해는 컸어. 왜구의 근거지는 쓰시마 섬(대마도)이었지. 그래서 고려는 쓰시마 섬 정벌을 계획했어. **박위**(?~1398)를 대장으로 해서 쓰시마 섬에 숨어 있는 왜구들을 급습한 거야. 이 덕에 한동안 왜구의 침략은 뜸해졌어.

2

263 요동 정벌

원을 물리치고 들어선 명은 고려를 길들이기 위해 많은 공물을 요구했고 우왕 때에는 옛 쌍성총관부가 지배했던 철령 이북의 땅이 중국의 것이라며 다시 돌려달라고 요구했어. 이 지역은 공민왕이 수복한 지역으로 고려의 영토였는데 말이야. 당시 군권을 장악하고 있던 최영은 명의 요구를 거부하고 명 영토인 요동 지역을 먼저 정벌하려 했어. 하지만 이성계는 이 계획에 반대했어. 최영의 지시로 군사를 이끌고 나서지만 결국 돌아와 최영을 제거하고 실권을 장악했어.

05 조선 전기

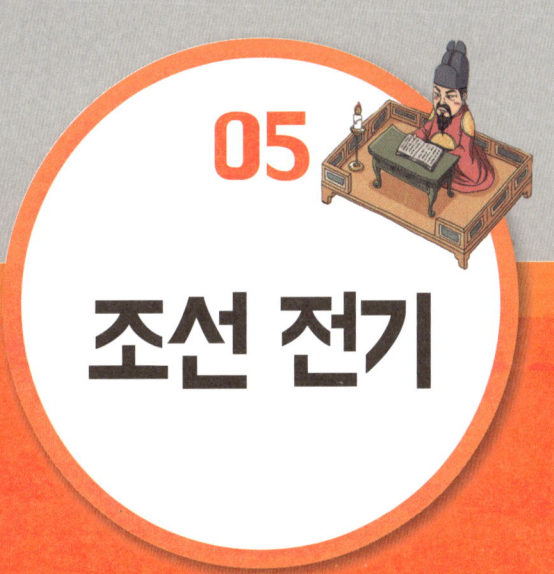

1. 조선의 건국과 발전
2. 사림의 성장과 조선 전기의 사회 모습
3. 왜란과 호란의 발발

1 조선의 건국과 발전

위화도 회군으로 정권을 잡은 신흥 무인 세력과 급진파 신진 사대부는 토지 개혁을 실시하고 조선을 건국하게 되었어요. 조선은 유교 사상을 통치이념으로 삼고 이를 토대로 정치·지방·군사·교육 등 여러 제도를 개편하게 된답니다.

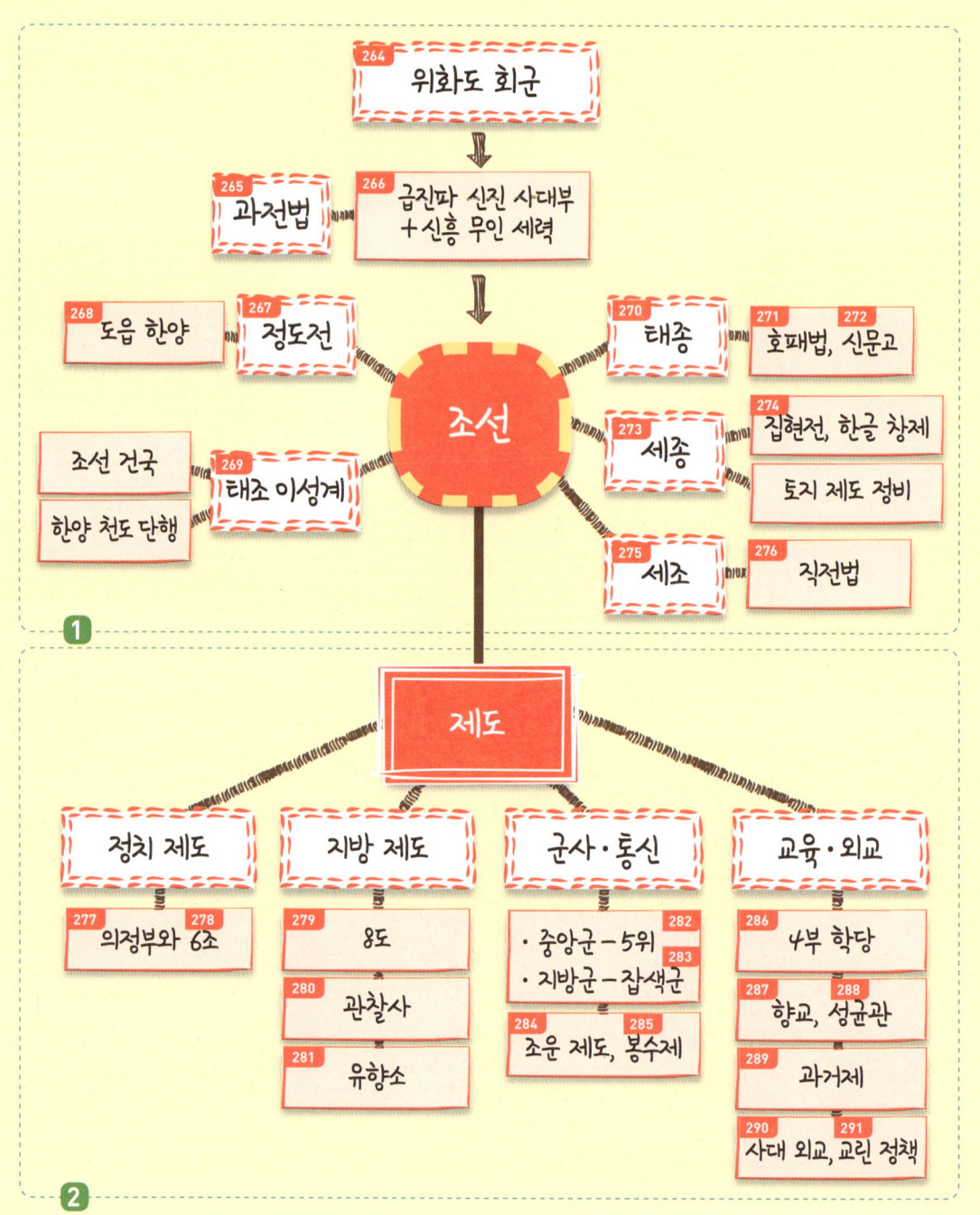

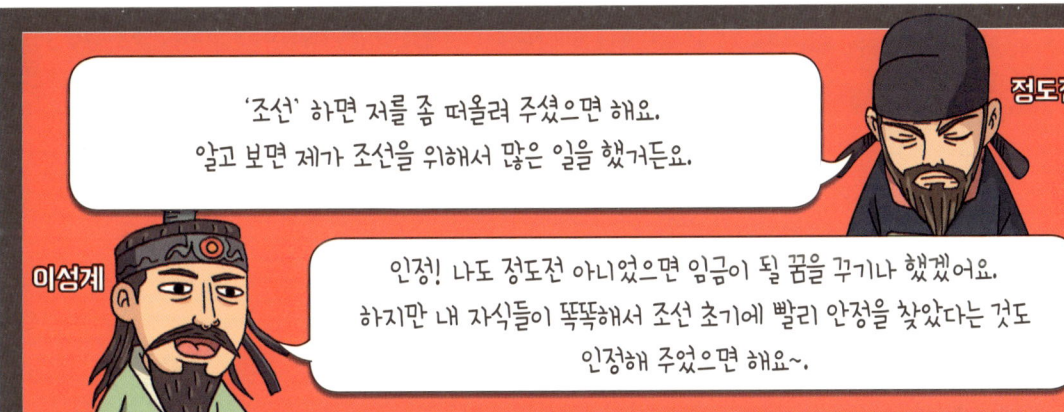

1

264 위화도 회군

최영의 요동 정벌에 반대하던 이성계는 압록강 중간에 있던 섬인 위화도에서 군대를 개경으로 돌렸어. 이게 바로 그 유명한 **위화도 회군**인데, 이는 곧 반역을 의미해. 개경에 들이닥친 이성계는 최영을 제거하고 정치적 실권을 장악했어.

265 과전법

위화도 회군으로 정치력을 장악한 신진 사대부들은 권문세족의 경제력을 약화시키기 위해 **과전법**을 실시했어. 즉, 경기 일대의 토지를 관료들에게 나누어주고 수조권만 지급했지. 이로써 권문세족은 힘을 잃었어. 과전법에서 토지를 나누어준다고 해서 땅을 영원히 소유하도록 한 것은 아니야. 땅의 기본적인 주인은 나라였지. 과전법 시행은 산과 하천을 경계로 땅을 가졌던 권문세족에게는 큰 타격이었어.

266 급진파 신진 사대부

고려 말에 등장한 신진 사대부는 두 부류로 나뉘었어. 고려 사회를 바라보는 시각이 달랐기 때문이야. **급진파 신진 사대부**는 고려는 더 이상 희망이 없다고 판단하고 새로운 왕조를 세우는 것이 낫다고 판단한 사람들이야. 급진파 신진 사대부는 **이성계**와 손잡고 조선을 열었어. 온건파 신진 사대부는 고려를 개혁해 고려 왕조를 유지하려던 사람들이야.

267 정도전

고려 말 급진파 신진 사대부의 대표적인 인물이야. 이성계와 손잡고 조선이라는 새 왕조를 여는 데 큰 역할을 했어. 조선 개국 후에는 한양의 설계, 경복궁을 비롯한 각종 건축물의 이름, 기본적인 제도 등을 모두 만들었어. 신하들의 권력을 중시하는 사상 때문에 **태종** 이방원과 대립하다 결국 이방원에 의해 살해당했어.

268 한양

한양은 한반도의 중앙에 위치해 새 나라 조선의 도읍으로 걸맞은 곳이었어. 또 남쪽으로는 한강이 흘러 조세 운반이 편리했고, 주변이 산으로 둘러싸여 있어 외적을 막기에도 좋았지. 이성계는 1392년에 조선을 세운 후 1394년에 한양으로 천도를 하지. 한양 천도에도 정도전의 역할이 컸어.

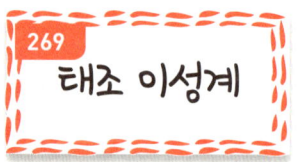

269 태조 이성계

고려 말 혜성처럼 등장해 왜구와 홍건적을 물리치며 고려 사회에서 승승장구한 사람이야. **이성계**(1335~1408)는 급진파 신진 사대부인 정도전과 손잡고 조선을 연 후 1대 임금인 태조가 되었어. 새로운 도읍인 한양으로의 천도를 전격적으로 행하고 정도전과 함께 왕조의 기틀을 닦았어.

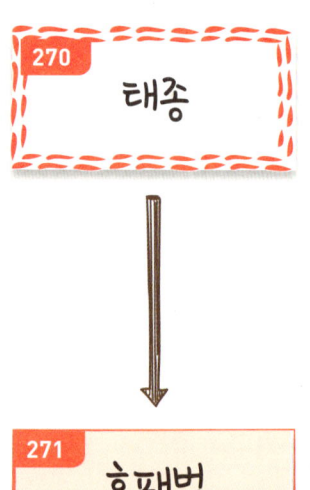

270 태종

이성계의 아들로, 정몽주를 제거하는 등 아버지를 도와 조선 왕조를 여는 데 많은 일을 했어. 그래서 내심 세자가 될 수 있을 거라 생각했어. 하지만 둘째 어머니 강씨가 정도전과 손잡고 강씨가 낳은 막내아들을 세자로 내세우자 왕자의 난을 일으켰어. 이후 넷째 형과 또 한 번의 왕자의 난을 거치고서야 왕이 될 수 있었지. 왕이 되어서는 왕권을 안정시키기 위해 많은 일을 했어.

271 호패법

호패는 신분을 증명하게 위해 16세 이상의 남자만 지니게 했던 나무 조각이야. **호패법**을 실시하면서 조선은 정확한 인구수를 파악할 수 있게 되었어. 그리고 군역과 세금도 잘 걷을 수 있게 되었지.

272 신문고

신문고(申聞鼓)는 '알리는[申] 내용을 듣는[聞] 북[鼓]'이란 뜻이야. 태종은 억울한 일을 당한 백성들의 이야기를 듣고 직접 해결해 주기 위해 신문고를 설치했어. 하지만 관리에게 억울한 일을 당하는 백성들이 많은데 이런 사연들은 신분 사회에서 해결되기 힘들어서 한계가 있었어.

273 세종

조선의 4대 임금이야. 워낙 학문을 좋아하고 좋은 정치를 펼치기 위해 노력해 조선 최고의 임금으로 손꼽히고 있어. 정치뿐 아니라 음악 등 예술 분야까지 두루 능력을 펼쳐보였으며 한글을 창제한 것으로 유명해.

274 집현전

집현전(集賢殿)은 '현명한[賢] 사람들을 모아놓은[集] 부서[殿]'란 의미야. 백성들을 아끼고 어진 정치를 펼쳤던 **세종**(1397~1450)은 학문을 연구하고 학자를 길러내기 위한 기관으로 집현전을 만들었어.

275 세조

조선의 7대 임금으로, 계유년에 김종서가 난을 일으킬 것을 알고 이 난을 깨끗이 정리한다며 계유정난을 일으켜 단종을 몰아내고 왕이 되었어.

276 직전법

과전법은 관리가 일을 한 대가로 토지의 수조권을 지급한 법이었어. 지급된 과전, 즉 땅은 물려줄 수 없었지. 하지만 일부 토지는 세습이 가능했는데, 시간이 흐르며 이런 토지가 늘어 관리들에게 줄 토지가 부족해졌어. 그래서 세조는 현직 관료들에게만 과전을 주는 **직전법**을 실시했지.

**② **

277 의정부

의정부(議政府)는 '정치[政]나 정사에 관해 의논[議]하는 관청[府]'을 말해. 조선 시대 최고의 의사 결정 기관이지. 의정부에서는 영의정, 좌의정, 우의정이 모여 국가의 중요한 일들을 의논했어. 이들이 의논해 결정한 내용에 따라 정책이 결정되었어.

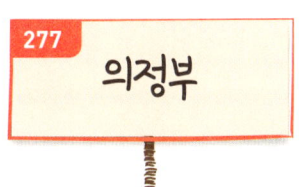

278 6조

6조란 여섯 개의 관청을 뜻해. 이·호·예·병·형·공조로 구성되어 있어. 이조는 인사 행정, 호조는 재정과 경제, 예조는 외교와 교육, 병조는 군사, 형조는 법, 공조는 건설에 관련된 업무를 담당했지. 사극에서 흔히 나오는 벼슬인 '판서'가 각 부의 가장 높은 관리야.

279 8도

'도(道)'라는 지방 제도가 처음 등장한 때는 고려 시대야. 5도 양계, 생각 나지? 이후 조선에 들어와서 지금 우리가 사용하는 도의 이름이 완성되었지. 조선은 전국을 8개 도로 나누고, 중요한 도시 이름의 앞 글자를 따서 도 이름을 완성했어. 예를 들어 전라도는 전주와 나주, 경상도는 경주와 상주, 강원도는 강릉과 원주의 앞 글자를 따서 만들어진 이름이야.

280 관찰사

관찰사(觀察使)는 '보고[觀] 살피는[察] 관리[使]'를 말해. 뜻이 참 좋지? 관찰사는 임금의 명으로 8도에 내려가 지방을 다스리던 관리야. 그 지방에서 일어나는 일들, 심지어는 재판까지 두루두루 관리했어.

281 유향소

유향소(留鄕所)는 '시골[鄕]의 학식 있는 사람들이 그곳에 머물면서[留] 수령을 돕던 관청[所]'이야. 지방의 덕 있는 선비들이 만든 조직으로, 수령을 돕고 수령 밑에서 일하는 향리들의 비리를 감시하기도 했어. 어떨 때에는 수령들이 유향소의 눈치를 보는 일도 있었다고 해. 또한 백성들을 가르쳐서 좋은 방향으로 나아가게 하기도 했어.

282 5위

세조 때 도읍과 그 주변의 방위를 담당하기 위해 만든 군대야. 의흥위, 용양위 등 5개의 부대로 구성되어 있어서 **5위**라고 하지. 5위는 중앙군이었기 때문에 전문적 기술을 지닌 직업 군인으로서 시험을 통해 선발했어. 하지만 차츰 별다른 구실을 하지 못하다 임진왜란을 계기로 무너지고, 5군영으로 개편되었어.

283 잡색군

잡색이란 색이 섞여 있다는 말이야. 즉, 여러 신분의 사람들이 섞여 있다는 뜻이지. **잡색군**은 양반을 제외한 다양한 신분이 포함되어 있었지. 평상시에는 자기가 맡은 일을 하다가 무슨 일이 생겼을 때 동원되는 군대라고 생각하면 돼. 지금의 예비군이라고 할 수 있지.

284 조운 제도

배로 실어 나르는 것을 '**조운**'이라고 해. 그러니까 조운 제도는 배로 무언가를 실어 나르는 제도를 말하겠지? 그럼 뭘 실어 날랐을까? 바로 세금으로 거둔 식량들이야. 지금이야 돈으로 걷으니 운반이 쉽지만 당시는 쌀이나 베로 걷었기 때문에 이것들을 옮기려면 강이나 바다를 이용해 배로 나르는 게 가장 효율적이었어. 조운 제도의 종점은 한양의 창고였단다.

285 봉수제

전화가 없던 조선 시대, 외적이 쳐들어왔을 때 이걸 어떻게 중앙 정부에 알렸을까? 이 일을 담당했던 게 바로 **봉수제**야. 산꼭대기에 다섯 개의 커다란 화덕을 만들어 놓고 낮에는 연기, 밤에는 불의 개수로 국경의 상황을 전했어. 평상시에는 1개, 적이 나타나면 2개, 국경에 접근하면 3개, 국경을 침범하면 4개, 접전이 벌어지면 5개를 올렸어.

286 4부 학당

서울의 중앙과 동·서·남쪽에 설치한 학교를 **4부 학당**이라고 해. 각각 중학(中學)·동학(東學)·서학(西學)·남학(南學)이라고 불렀어. 성균관보다 규모가 작고 교육 정도도 낮았지. 하지만 교육 제도와 교육의 목적 등은 성균관과 비슷했어.

287 향교

고려 시대에 지방 교육 기관으로 **향교**가 있었다는 거 생각나니? 조선의 제도는 고려를 이은 것들이 많아. 향교도 마찬가지야. 조선 시대에 지방의 교육을 담당했던 기관이지. 나중에는 서원이 생기면서 교육의 기능보다는 유학과 관련된 뛰어난 스승들의 제사를 담당하는 기능이 커졌어.

288 성균관

4부 학당과 향교 출신을 비롯해 1단계 과거 시험에 통과한 사람들은 더 높은 유학 교육을 받기 위해 **성균관**에 들어갔어. 성균관은 한양에 있는 조선 최고의 교육 기관이지. 지금의 대학이라고 생각하면 돼.

289 과거제

조선은 관리를 선발하는 방식으로 과거를 보았어. 문관을 뽑는 문과, 무관을 뽑는 무과, 기술관을 뽑는 잡과가 있었지. 양인 이상이면 누구나 과거를 볼 수 있었지만 실제로는 양반에게 기회가 많았어. 상민이나 향리의 자제는 주로 무과에 응시했지.

290 사대 외교

고려 시대에 힘을 키운 여진이 고려에 사대(事大)를 강요했던 적이 있어. '큰 나라[大]를 섬기는[事] 것'을 사대라고 한다는 거 기억나지? 조선은 초기에 정도전이 요동 정벌을 주장하면서 명과의 관계가 좋지 않았지만 태종 이후 친선을 유지하면서 불필요한 충돌을 피했어. '**사대**'라고 해서 꼭 나쁜 것만은 아니야. 명은 사대 외교 외에는 인정하지 않았거든. 조선이 조공품을 가지고 명 황제를 방문하면 명은 그보다 더 많은 선진 문물을 주었기 때문에 조선으로서는 이익을 챙길 수 있는 외교 관계였어.

291 교린 정책

교린(交隣)은 '이웃[隣]과 사귀는[交] 것'을 말해. 명 이외의 나라와 민족에게는 교린 정책을 펼쳤지. 교린 정책의 특징은 당근과 채찍을 적절히 사용하는 거야. 적절한 선물을 주어 달래기도 하고 정벌을 하기도 했거든.

2 사림의 성장과 조선 전기의 사회 모습

훈구와 사림의 대립으로 일어난 사화는 조선 시대에 총 4번이 일어나게 된답니다. 사화로 피해를 입은 사림들은 서원과 향약을 기반으로 성장할 수 있었어요. 선조 때 사림 간의 갈등이 일어나면서 붕당을 형성하게 되었지요. 조선의 신분 제도는 양천제에 기반을 두고 있습니다.

1

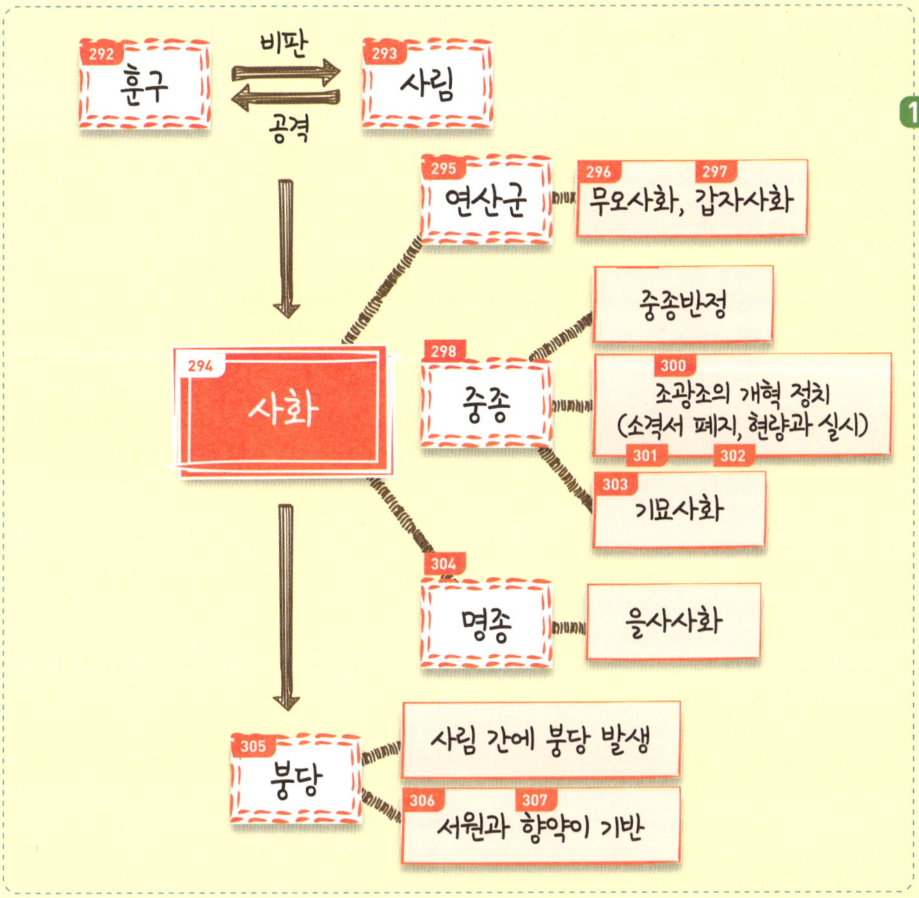

292 훈구
비판
공격
293 사림
294 사화
295 연산군
296 297 무오사화, 갑자사화
298 중종
중종반정
300 조광조의 개혁 정치 (소격서 폐지, 현량과 실시) 301 302
303 기묘사화
304 명종
을사사화
305 붕당
사림 간에 붕당 발생
306 307 서원과 향약이 기반

2

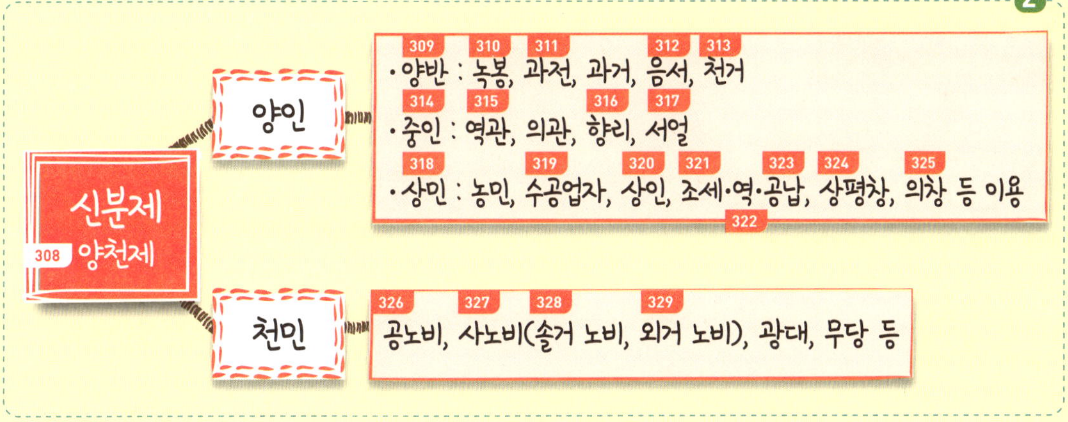

신분제
308 양천제
양인
309 310 311 312 313
• 양반 : 녹봉, 과전, 과거, 음서, 천거
314 315 316 317
• 중인 : 역관, 의관, 향리, 서얼
318 319 320 321 322 323 324 325
• 상민 : 농민, 수공업자, 상인, 조세·역·공납, 상평창, 의창 등 이용
천민
326 327 328 329
공노비, 사노비(솔거 노비, 외거 노비), 광대, 무당 등

나 같은 사람이 훈구 세력이야. 목숨 걸고 세조를 왕으로 앉혔으니 권력 좀 누리는 건 당연하지 않겠어?

한명회

선비

어허! 지금 정신이 있습니까? 나라를 위해서는 우리처럼 새로운 세력이 필요하다고요. 우리의 이름은 사림! 유학도 열심히 공부하고 욕심도 없다는 장점이 있지요~.

1

292 훈구

말이 좀 어렵지? **훈구**(勳舊)란 '옛날에[舊] 공[勳]을 세운 사람들'을 말해. 세조가 왕위에 오를 때 공을 세운 사람들은 이후에도 큰 권력을 누렸어. 하지만 성종이 훈구 세력을 견제하기 위해 새로운 선비 세력을 끌어들이며 두 집단 간에 싸움이 시작되었지.

293 사림

사림(士林)이란 선비(士)들의 집단(林)을 뜻해. 성종은 훈구 세력이 판을 치는 것을 경계하려고 경상도 일대의 선비들을 정부로 끌어들였는데, 이들을 사림이라고 불렀어. 하지만 훈구 세력이 이들을 가만히 두지는 않았겠지? 훈구와 사림 간에는 폭풍 전야와 같은 분위기가 감돌았지.

294 사화

훈구와 사림 사이에 드디어 싸움이 발생했어. 새로 조정에 들어온 집단인 사림(士)이 화(禍)를 당할 수밖에 없었지. 그래서 이 싸움을 **사화**(士禍)라고 하는 거야. 사화는 연산군 대부터 명종 대에 이르기까지 여러 번 발생했어.

295 연산군

성종의 아들로, 어머니가 왕비 자리에서 쫓겨난 아픔을 겪은 인물이야. 조선 최대의 폭군으로, **무오사화**와 **갑자사화**를 일으켰어.

296 무오사화

연산군 대인 무오년(戊午年)에 일어난 사화야. 사림 세력을 지지하던 성종이 죽자 훈구 세력은 여지껏 참았던 분을 표출하면서 사림에게 대대적인 공격을 했어. 훈구 세력은 사림의 유명한 학자인 김종직이 세조의 왕위 찬탈을 비판하는 글을 썼다고 하면서 사화를 일으켰어. 많은 사림들이 죽거나 다쳤고, 그나마 남은 사림들은 조정에서 쫓겨나 고향으로 돌아갔지.

297 갑자사화

갑자사화는 연산군이 자신의 친어머니인 폐비 윤씨가 폐위된 것을 이유로 조정의 대신들을 상대로 벌인 핏빛 잔치라고 할 수 있어. 이 과정에서 많은 사림들이 화를 입었기 때문에 이를 갑자사화라고 불러. 무오사화와는 달리 폐비 윤씨 사건에 관여한 훈구 세력도 많은 피해를 보았어.

298 중종

포악한 연산군의 정치는 신하들의 마음을 움츠러들게 했어. 언제 죽을지 모르는 상황이 계속 되었기 때문이야. 신하들은 연산군의 이복동생인 **중종**(1488~1544)을 앞세워 연산군을 내쫓았지.

299 중종반정

반정(反正)이란 '바른 길[正]로 되돌아가는[反] 것'을 뜻해. **중종반정**은 연산군의 포악한 정치를 물리치고, 바른 정치로 돌아갔다는 의미야.

300 조광조

사림 세력에서 혜성과 같이 나타난 인물이지. 중종반정 때 공을 세운 신하들에게 질질 끌려다니던 중종에게 큰 힘이 되어주었던 신하야. 이상적인 유교 사회를 건설하기 위해 과감한 개혁을 추진했어. 하지만 중종은 점점 똑똑한 **조광조**(1482~1519)의 개혁 정치에 지쳐갔어. 결국 조광조는 기묘사화 때 죽고 말았지.

301 소격서

궁궐에서 도교 의식을 행하기 위해 설치한 관청이야. 하늘과 산천에 복을 빌고, 병을 고치며, 비를 내리게 해 달라고 기원하는 제사를 지냈어.

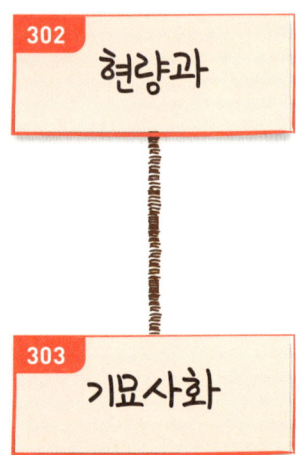

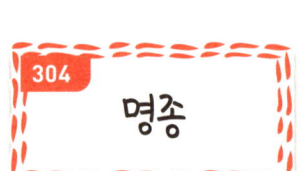

조선 시대에 관리를 뽑는 방법은 과거라고 했지? 조광조는 과거만으로는 현명한 사람을 뽑기 힘들다고 생각했어. 그래서 지방의 관리들에게 현명한 사람들을 추천하게 한 후 그 사람들만 모아 시험을 봐 관리로 삼았어. 이런 관리 선출 방법을 **현량과**라고 해.

명종(1534~1567)은 중종의 세 번째 왕비인 문정 왕후의 아들이야. 처음 아들이 없던 시기, 문정 왕후는 당시 세자인 인종을 보호하는 데 앞장섰어. 하지만 아들을 낳은 후로는 자신이 낳은 아들을 임금으로 올리기 위해 무슨 일이라도 다 했어. 어린 나이에 인종의 뒤를 이어 왕이 된 명종은 문정 왕후의 수렴청정을 받아야만 했어.

중종은 조광조의 급진적이고도 이상적인 개혁에 점차 흥미를 잃었어. 또 조광조를 버거워하는 훈구 세력들의 공격도 거셌어. 그래서 조광조를 비롯한 사림파들을 제거했는데 이를 **기묘사화**라고 불러.

한 스승에게 배워 같은 학문을 갖고 있고, 성향도 비슷한 사람들끼리 무리지어 있는 것을 붕당이라고 해. 훈구와 싸울 때는 일치단결했던 사림은 훈구 세력이 떠나자 서로 뜻을 달리하기 시작했지. 이렇게 갈린 사림들의 각 파를 모두 합쳐 **붕당**이라고 부르는 거야. 지금의 정당과 같아.

서원(書院)이란 '글[書]을 익히는 집[院]'이야. 최초의 서원은 중종 때 풍기 군수 주세붕이 안향을 기리고 학생들을 가르치기 위해 세운 백운동 서원이야. 처음 서원은 이렇게 긍정적인 기능을 했어. 하지만 서원의 수가 급격히 늘어나면서 학벌, 혈연, 지연 등과 연결되었고 결국 양반들의 이익을 대변하는 기관이 되고 말았어. 국가에서는 주요 사원을 사액 서원으로 정하여 토지, 노비, 서적 등을 주고 세금까지 내지 말라고 했대.

307 향약

향약은 간단히 향촌의 규약, 즉 약속이라고 생각하면 돼. 향약은 사람들에 의해 향촌에 정착하게 되었어. 원래 시골에는 옛날부터 어려운 일이 생기면 서로 도왔는데, 이를 성리학적 윤리와 합쳐 만든 것이 향약이야. 향약의 4대 덕목에는 덕업상권, 과실상규, 예속상교, 환난상휼이 있어.

---- 2 ----

308 양천제

조선 초기에는 신분을 크게 양인과 천민으로 나누었는데, 이를 **양천제**라고 해. 양인 남자는 국가에 조세와 부역을 바칠 의무가 있었고, 관직에 나갈 수 있었지. 반면 천민은 관직에 진출할 수 없었고, 부역을 하지는 않았지만 국가나 개인에게 소속되어 각종 힘든 일을 해야 했어.

309 양반

조선의 신분은 점차 나뉘게 되었고, 결국 **양반**, 중인, 상민, 천민의 네 개로 구분되었어. 그중 양반, 중인, 상민은 양인에 속해. 양반은 문반과 무반 관직에 진출한 사람들을 말해. 이들은 모든 영역에서 큰 특권과 명예를 누렸어.

310 녹봉

관리들에게 일 년에 한 번이나 두 번, 시기를 정해 놓고 일한 대가로 나라에서 지급하던 쌀이나 베 등을 통틀어 이르는 말이야.

311 과전

과전법에 따라 관리들에게 나누어 주던 땅을 **과전**이라고 불러. 땅을 준다고 해서 정말로 땅을 주는 것이 아니라 그 땅에서 세금을 걷을 수 있는 권리인 수조권을 주는 것이라는 걸 잊지 말아야 해.

312 음서

고려 시대에는 **음서**가 관직에 진출하는 일반적인 모습이었지만 조선 시대에는 음서로 관직에 나갈 경우 승진을 하지 못하는 경우가 많았어. 조선 시대는 고려 시대에 비해 실력을 중시하였다는 것을 알 수 있지?

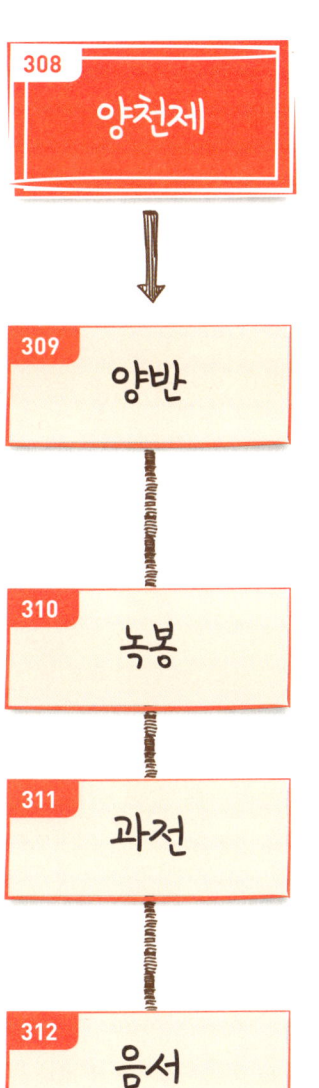

313 천거

천거란 어떤 일을 할 수 있는 사람을 소개하거나 추천하는 것을 말해. 조광조가 실시한 현량과가 천거를 통해 관리가 되는 길이었지.

314 중인

양반과 상민의 중간에 위치한 계급으로, 기술관을 담당했어. 이들은 전문 지식과 기술을 갖고, 직업을 자식들에게 물려주며 점차 하나의 신분으로 자리를 잡았지. 비록 하급 관리로 일했지만 나름 권력을 유지했어.

315 역관

외국으로 떠나는 사신을 돕는 역할을 했어. 지금으로 치면 동시 통역사에 해당해. **역관**들은 통역이나 번역하는 일 외에 외국으로 떠났을 때에는 무역업에도 참여해 큰 돈을 벌기도 했어.

316 향리

고려의 **향리**는 지방의 일을 좌우하던 세력이었어. 지방관을 파견하지 않은 곳이 더 많았으니까. 하지만 조선 시대에는 모든 군현에 지방관을 파견했기 때문에 향리의 힘은 약해질 수밖에 없어서 수령의 업무를 보조하는 일만 하는 계층으로 하락했어. 하지만 이들은 그 지방에서 권세를 누리던 사람들로, 지방 행정에 참여하면서 위세를 부릴 수 있었지.

317 서얼

양반 아버지와 중인 어머니 사이에서 태어난 아들을 서(庶), 양반 아버지와 천민 어머니 사이에서 태어난 아들을 얼(孼)이라 하고, 이들을 모두 합쳐 **서얼**이라 불렀어. 양반들은 자신들의 특권을 유지하려 양반 수를 제한했기 때문에 서얼들은 차별을 받으며 중인 계급이 되었어.

318 상민

상민은 농민, 수공업자, 상인 등을 말하는데, 그중 농민이 가장 많았어. 과거도 볼 수 있었지만 공부할 시간이 없어 사실상 어려웠지. 조세, 역, 공납의 의무가 있었고, 땅을 빌릴 경우 수확량의 절반을 바쳐야 했기 때문에 형편이 매우 어려웠어.

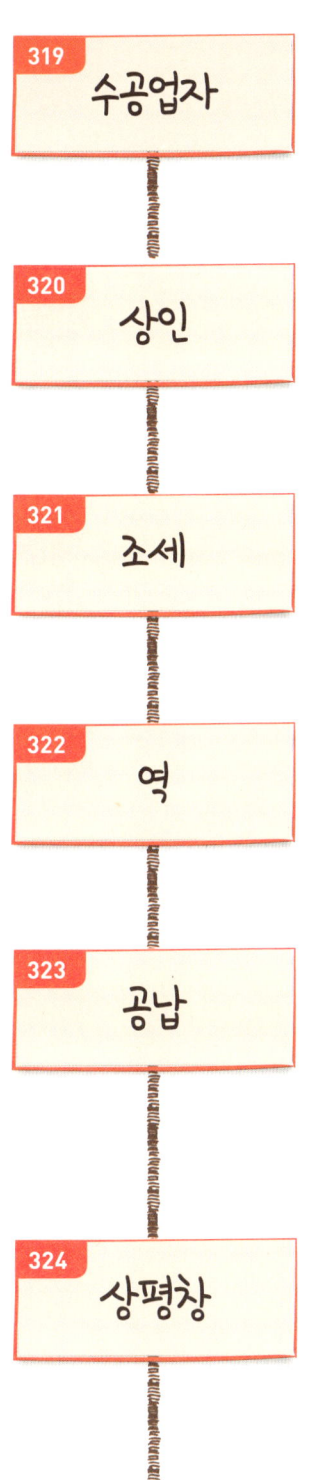

319 수공업자

조선 시대의 **수공업자**는 지금처럼 자유롭게 자신의 솜씨를 뽐내는 것이 아니라 대부분 관청에 소속되어 나라에 필요한 것들을 생산했어. 그렇게 만들고도 남는 물건이 있으면 그걸 시장에 내다 팔았지.

320 상인

상인들도 관청에 필요한 물건을 구해 주는 것이 주된 일이었어. 그래서 정부의 허가를 받아야만 상인이 될 수 있었지. 시간이 흐르면서 수공업자와 상인에 대한 통제는 점점 약해지고 자유로운 경제 활동이 가능해졌어.

321 조세

조선의 **조세** 제도는 우선 땅에 대한 세금인 전세(田稅)가 바탕이 되었어. 세종 때에는 땅이 얼마나 좋은지, 또는 그해의 농사가 잘되고 안되고에 따라 전세를 달리 매기기도 했어. 하지만 전세는 농민들에게 큰 부담이었어.

322 역

역(役)은 나라에 노동력을 제공하는 세금이야. 나라에서 성을 쌓는다든지 큰 건물을 지을 때 가서 일하는 것을 요역, 국방을 다지기 위해 일하는 군역, 두 가지가 있었어. 역의 대상자는 16~60세까지의 남자들이었지.

323 공납

지방의 특산물을 조사하여 나라에 바치던 세금이야. 물건을 직접 내는 세금이었기 때문에 운반에 어려움이 많았어. 때로는 자기 고을에서 나지 않는 물건을 나라에서 지정해 주기도 해서 백성들의 불편이 이만저만이 아니었어. 백성들은 전세보다 **공납**을 더 부담스러워했어.

324 상평창

상평창(常平倉)은 '항상[常] 곡식의 가격을 평균[平]이 되게끔 조절하는 기관[倉]'이야. 방법은 간단해. 곡식의 가격이 싼 시기에 나라에서 사서 쌓아 둔 다음 곡식의 가격이 많이 올랐을 때 시장에 내다 팔아 가격을 조절했어. 이런 기관이 없다면 아마 농민들의 삶은 무척 힘들었을 거야. 나라 운영의 기초가 되는 세금을 부담하는 상민들을 위해 운영했던 기관이지.

325 의창

의창(義倉)은 '의로운 일[義]을 하는 창고[倉]'로 해석할 수 있어. 평소에는 곡식을 창고에 넣어두었다가 흉년이나 곡식이 나지 않는 기간에 가난한 상민들에게 곡식을 빌려주던 기관이야. 하지만 시간이 지나면서 백성들에게 높은 이자를 받기 시작해 나중에는 백성들을 돕는 것이 아니라 오히려 괴롭히는 기관이 되었어.

326 공노비

노비 중에서 공공기관에 소속되어 일했던 사람들을 말해. 관청에 소속되어 온갖 궂은일을 해야 했지.

327 사노비

사노비는 개인이 소유한 노비를 뜻해. 역사를 통틀어 노비는 사람이 아니라 사고팔 수 있는 존재였기 때문에 개인이 소유했다는 표현을 사용할 수 있는 거야.

328 솔거 노비

솔거(率居)의 뜻을 먼저 알아볼까? '솔[率]'은 '거느리다', '거[居]'는 '거주하다'라는 뜻을 갖고 있어. **솔거 노비**는 주인이 거느리며 같이 거주하는 노비로, 주인집에 관련된 노동이나 농사를 했어. 주인과 같이 살기 때문에 밤낮을 가리지 않고 주인을 위해 일해야 했지.

329 외거 노비

외거(外居)란 '바깥에 거주한다.'라는 뜻이야. 주인집에 같이 머무는 게 아니란 말이지. **외거 노비**들은 자신의 집에 살면서 재산까지 소유할 수 있었어. 솔거 노비에 비하면 훨씬 나은 삶을 살 수 있었어.

3 왜란과 호란의 발발

조선은 1592년 일본이 침입한 임진왜란과 1597년에 일어난 정유재란으로 인해 전쟁터로 바뀌었습니다. 또한 후금(청)의 침입으로 벌어진 병자호란과 정묘호란으로 조선 사회는 극심한 혼란을 겪게 되었습니다.

1

- 330 **왜란** (1592~1598년)
  - **원인**
    - 국내 : 양반 사회의 분열(사화, 붕당), 국방력 약화
    - 국외 : 일본 331 도요토미 히데요시의 통일
  - **전개**
    - 332 임진왜란 → 선조 피란, 333 왜군 한양 점령 → 334 이순신과 335 의병 → 조·명 연합군 → 336 정유재란 → 이순신의 승리
  - **결과**
    - 조선 : 백성의 생활 곤란, 337 신분제 붕괴
    - 명 : 국력 약화
    - 일본 : 정권 교체, 기술 및 유학 발달
- 338 **광해군**
  - 339 중립 외교, 340 대동법

2

- 341 **호란**
  - 342 **인조반정** → 343 서인의 친명배금, 344 이괄의 난 → 345 **정묘호란** (1627년)
  - 346 **병자호란** (1636년) → 군신 관계 요구, 청의 침입 → 347 삼전도의 굴욕
  - **결과** → 348 인질, 조공
- 349 **효종**
  - 350 북벌 운동, 351 나선 정벌

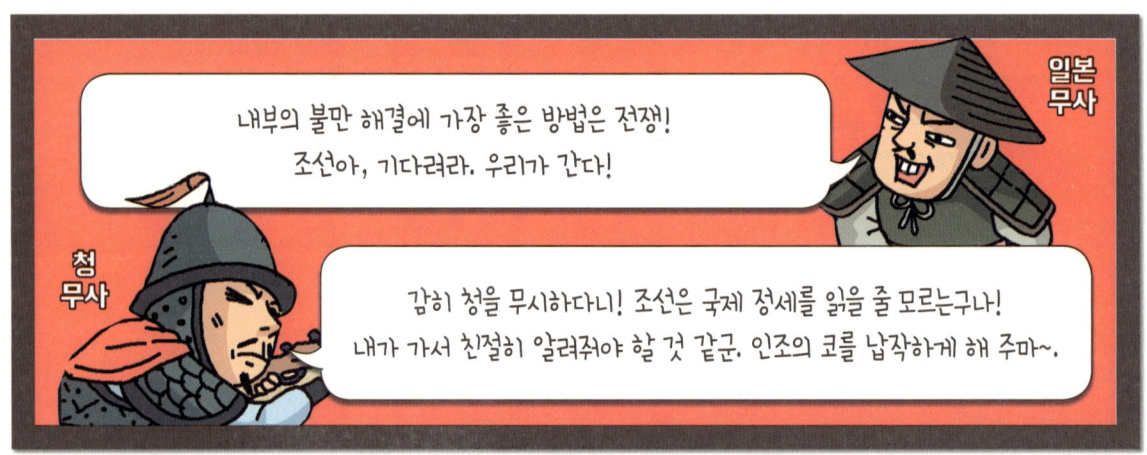

1

330 왜란

왜란은 말 그대로 왜(倭), 즉 일본이 조선을 쳐들어온 전쟁을 말해. 임진년인 1592년의 임진왜란, 정유년인 1597년의 정유재란, 이렇게 두 차례에 걸쳐 일어났지. 왜란에서 조선이 승리했지만 그 피해는 막대했어.

331 도요토미 히데요시

도요토미 히데요시는 120년간에 걸친 일본의 분열기를 통일한 인물이야. 하지만 통일 후 문제가 생겼어. 많은 무사가 할 일이 없어진거지. 이런 불안한 국내 문제를 해결하기 위해 도요토미 히데요시가 선택한 것은 외국과의 전쟁이었어. 통일 전쟁을 치르며 막강해진 육군과 조총을 이용해 명을 정벌하러 가는 길을 조선에 빌려 달라며 임진왜란을 일으켰지.

332 선조

선조(1552~1608)는 초기에 제법 정치를 잘했어. 하지만 붕당 간에 대립이 치열해지자 차츰 정치에 흥미를 잃었지. 일본이 조선을 침략할 것이라는 정보가 있었지만 제대로 대응하지 못해 결국 임진왜란이 벌어지고 말았어. 이때 선조는 국경 지역인 의주로 피란을 떠나 그곳에서 명에 도움을 요청했어.

333 왜군

나는 새도 잡는다는 조총으로 무장한 **왜군**은 연승을 벌였어. 부산과 한양을 점령하고 함경도와 평양 일대까지 진격할 수 있었지.

334 이순신

고전을 하던 육군과는 달리 **이순신**(1545~1598)을 중심으로 한 수군은 서남해안을 끝까지 지켰어. 이순신은 옥포 해전을 시작으로, 당항포, 부산, 한산도 등지에서 승리를 거두었어. 수군의 승리로 조선은 전라도와 충청도의 곡창 지대를 지킬 수 있었고, 황해를 통해 각종 물자를 보급하려던 왜군의 계획을 완전히 무너뜨려버렸어.

335 의병

의병(義兵)은 '의로운[義] 병사[兵]'를 말해. 육지의 관군이 연패를 당하는 동안, 이순신의 수군이 바다를 지켰다면, 사림과 전직 관리들이 조직한 의병은 곳곳에서 활약하며 왜군에게 큰 피해를 주었어. 조선에서 심한 차별을 받던 승려들도 승병을 조직해 나라를 구하기 위해 앞장섰지.

336 정유재란

명은 조선과 왜 사이에 회담을 열어 전쟁을 마치려고 했지만 이 일이 만만치 않았어. 명은 명 황제에게는 일본이 항복했다고, 일본에게는 명이 일본의 요구를 들어주기로 했다고 거짓말을 해 결국 휴전을 맺었지. 하지만 일본의 요구가 조선의 남부 지방을 차지하고, 명의 공주를 아내로 삼는 등 무리한 것이어서 전쟁이 다시 시작되었지. 이것이 바로 **정유재란**이야.

337 신분제 붕괴

7년간의 전쟁은 조선의 승리로 끝났어. 하지만 많은 사람들이 일본에 포로로 끌려갔고, 수많은 문화재를 도둑맞았지. 전쟁으로 농토는 망가져서 농사 짓기 힘든 땅이 되었어. 또 전쟁 중 공을 세워 신분이 상승한 상민이나 천민들이 생겨나고, 노비 문서가 불에 타면서 신분제도 무너지기 시작했지.

338 광해군

임진왜란 당시 피란을 떠난 아버지인 선조를 대신해 백성을 다독이고 군사를 일으킨 사람은 다름 아닌 **광해군**(1575~1641)이야. 하지만 이런 모습이 자신의 행동과 대비되어 보였던 선조는 점점 광해군을 미워했고, 그로 인해 광해군은 어렵게 왕위를 이을 수 있었어.

339 중립 외교

임진왜란 후 명은 멸망했고, 일본도 정권이 바뀌었어. 명을 대신해 중원을 차지한 나라는 여진이 세운 후금(후일 청)이었어. 명과 후금이 전쟁을 벌일 때 명은 광해군에게 도움을 청했어. 명의 요청을 거절하기도 힘들고, 떠오르는 태양과 같은 후금을 무시하기도 힘들었던 광해군은 일단 명에 군대를 파견하고, 상황을 보아 후금에 항복하는 **중립 외교**를 선택했지.

340 대동법

특산물을 바치는 **공납**은 백성에게 고통이었어. 그래서 돈을 받고 특산물을 구해 주는 방납이 퍼졌지. 하지만 방납 상인들이 무리한 돈을 요구하면서 문제가 컸어. 광해군은 이런 피해를 없애기 위해 공납 대신 쌀, 베, 돈으로 걷는 **대동법**을 실시했어. 이로써 백성의 부담은 줄고, 재정은 튼튼해졌지.

2

341 호란

호란(胡亂)은 '오랑캐[胡]가 쳐들어와 일어난 난리[亂]'야. 조선은 1627년의 정묘호란, 1636년의 병자호란을 겪었어.

342 인조반정

성리학은 의리를 중시하는 학풍을 가지고 있어. 이런 성리학자들이 보기에 **광해군**은 명과의 의리를 지키지 않는 나쁜 군주였지. 그래서 신하들은 인조를 앞세워 반정을 일으켜 정권을 잡았어. 이를 **인조반정**이라 해.

343 친명배금

명과 친하게 지내고, 후금과는 외교를 맺지 않는 정책을 **친명배금**이라고 해. 반정을 일으켜 왕이 된 인조가 취한 외교 정책이지.

344 이괄의 난

인조반정에 공을 세웠던 이괄은 그 대가가 기대에 미치지 못하자 난을 일으켰어. 이괄을 따르던 세력 중 일부는 후금으로 도망가 인조의 즉위가 옳지 않다고 호소했지.

345 정묘호란

조선은 친명배금을 외치며 후금의 심기를 건드렸었지. **이괄의 난**으로 조선 사회가 혼란해진 틈을 타서 후금은 막강한 기마 부대를 이끌고 황해도 부근까지 침입했는데, 이를 **정묘호란**이라고 해.

346 병자호란

후금은 조선에 임금과 신하의 관계를 맺자고 요구해왔지만 조선이 이를 거부하였어. 그후 후금은 나라 이름을 '청'으로 바꾼 후 청의 황제가 10만 군대를 이끌고 직접 쳐들어왔지. 이 전쟁이 **병자호란**이야. 며칠 만에 한양을 점령한 청은 남한산성에 피신한 인조를 집중 공격했어.

347 삼전도의 굴욕

병자호란 때 강화도로 피신을 하려던 인조는 너무나 빠르게 청군이 몰려오자 남쪽의 남한산성으로 피신했어. 하지만 오래 버틸 수가 없었어. 결국 항복을 한 인조는 지금의 잠실 부근인 삼전도에서 굴욕적인 항복을 했어.

348 인질

약속을 이행하도록 잡아두는 사람이 **인질**이야. 병자호란 후 청은 세자인 소현 세자와 봉림대군(후일 효종)을 인질로 데려갔지.

349 효종

소현 세자의 동생으로, 형과 같이 청에 인질로 끌려갔었어. 소현 세자가 죽은 후 왕위를 계승했는데, 그가 바로 **효종**이야.

350 북벌 운동

두 차례의 호란으로 조선은 자존심이 상했어. 송시열을 중심으로 한 사림과 효종은 청을 정벌하고 자존심을 세우자는 **북벌 운동**을 펼쳤어.

351 나선 정벌

효종 때 청은 조선에 부탁을 해 왔어. 당시 청은 러시아와 국경 분쟁이 잦았는데 조선에게 도움을 요청한 거야. 북벌 운동을 펼치며 군사력을 다진 조선은 두 차례 조총 부대를 보내 러시아를 정벌하는 **나선 정벌**에 나섰어. 여기서 나선은 러시안(Russian)을 한자식으로 표기한 거야.

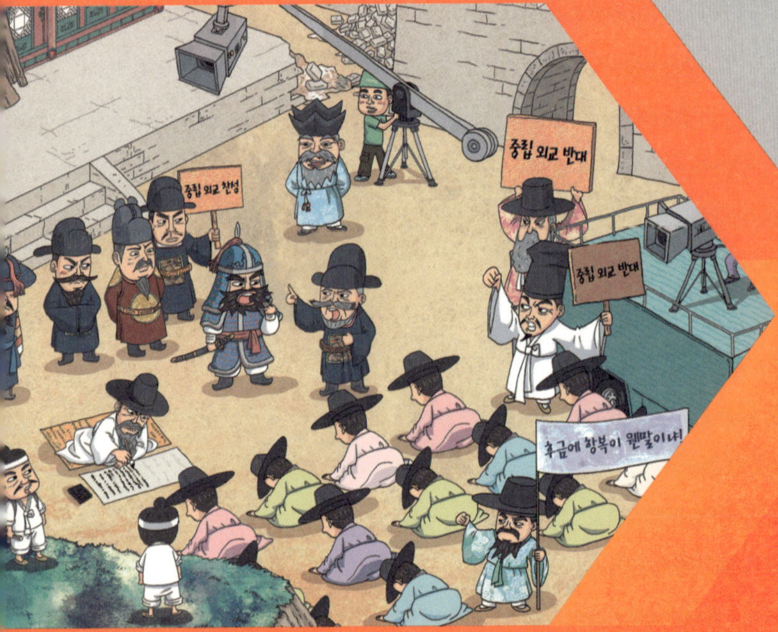
중립 외교 찬성
중립 외교 반대
중립 외교 반대
후금에 항복이 웬말이냐!

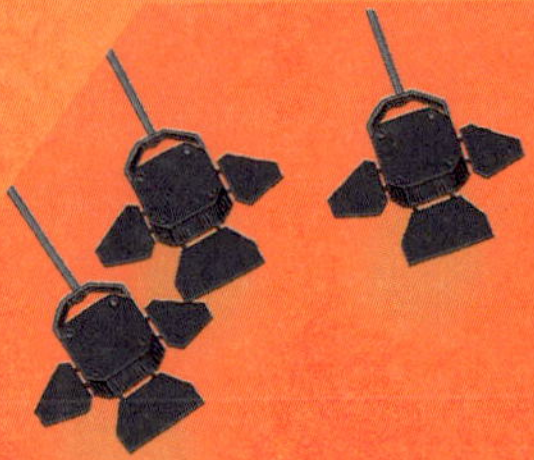

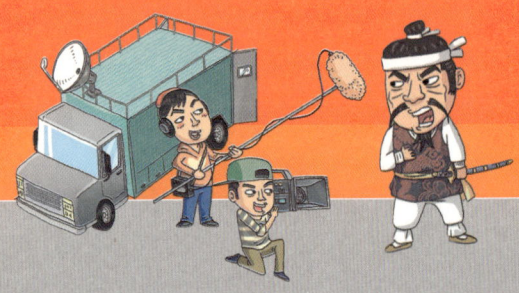

06 조선 후기

1. 붕당 정치의 전개와 탕평책의 실시
2. 조선 후기 사회·경제적 변화와 문화
3. 새로운 종교의 유행과 농민 봉기

1 붕당 정치의 전개와 탕평책의 실시

왜란과 호란을 겪은 후 조선은 정부 기구, 삼정 등을 정비하지요. 선조 때부터 형성된 붕당은 현종과 숙종 대를 거치면 변질되었지만 영·정조의 탕평책으로 붕당 간의 대립을 어느 정도 완화시킬 수 있었습니다. 그러나 순조~철종 대에는 세도 정치로 각종 폐해가 나타났지요.

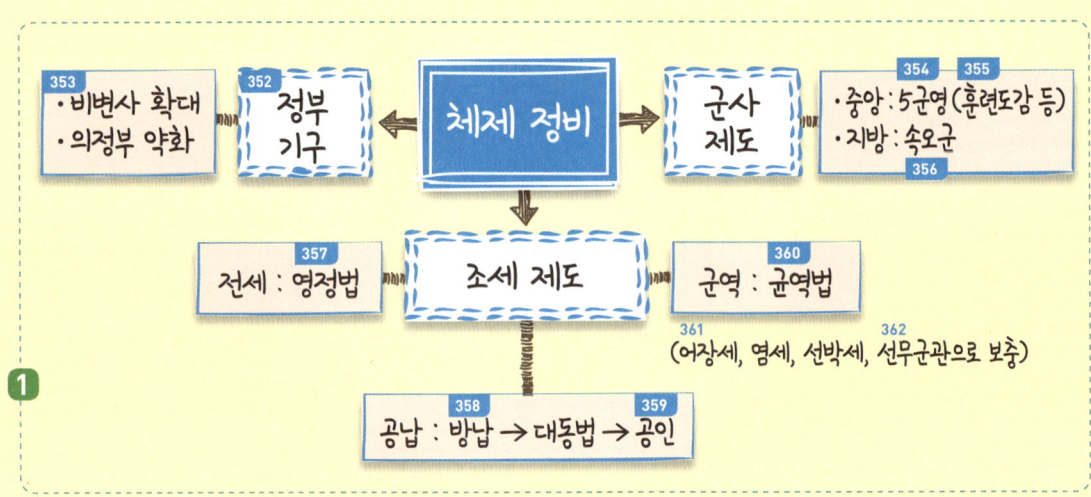

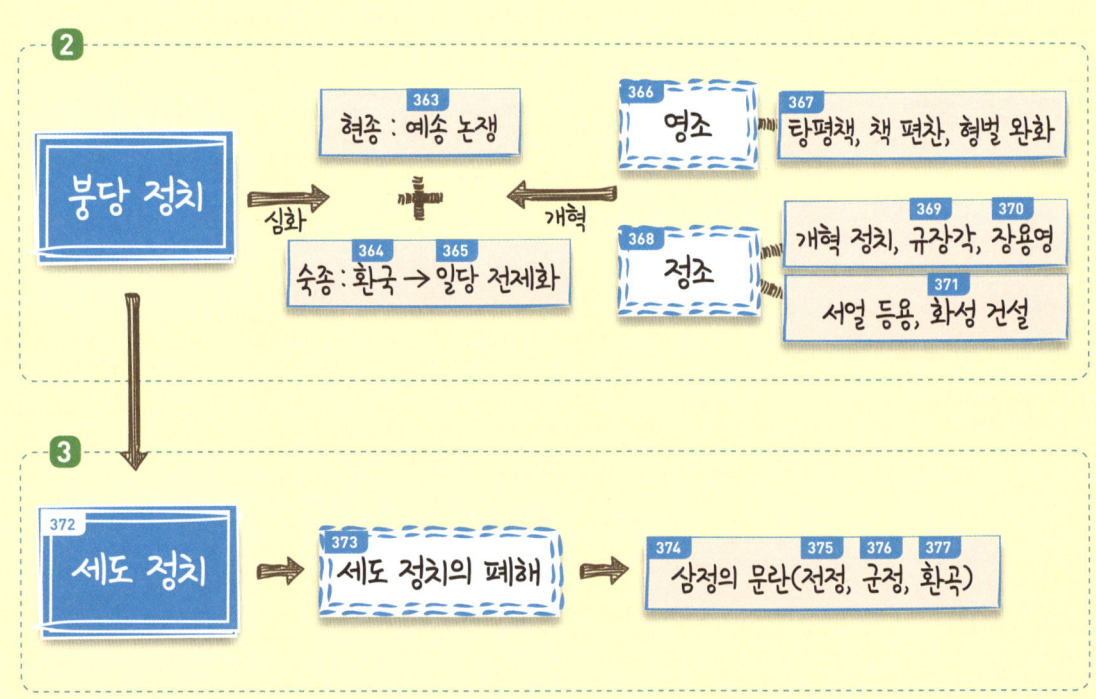

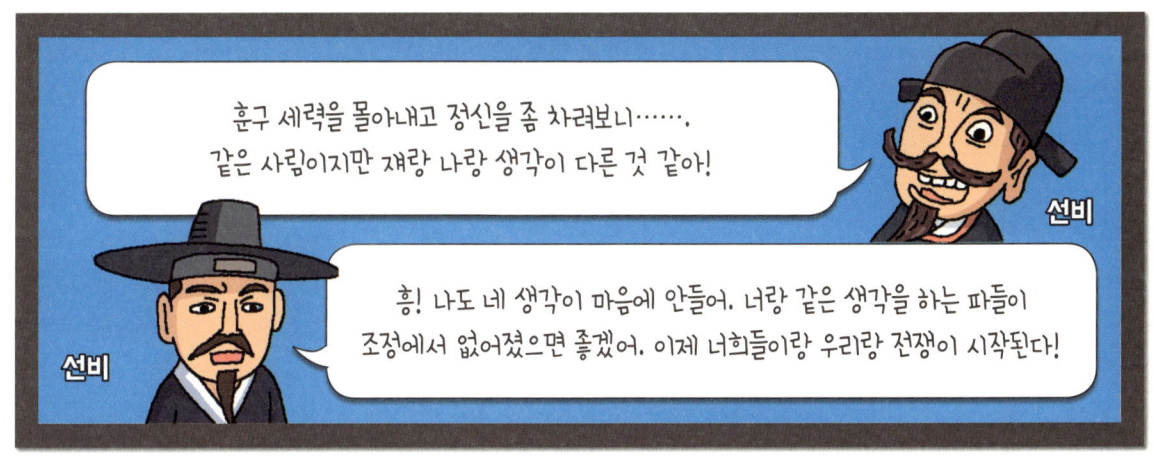

1

352 **정부 기구**

나라는 임금 혼자만의 힘으로 돌아가지는 않아. 회의도 해야 하고, 왕의 생각을 적절한 정책으로 바꾸고, 이 정책을 직접 실행하는 등 많은 부서가 필요하지. 이런 부서들을 통틀어 **정부 기구**라고 해.

353 **비변사**

비변사는 원래 여진과 왜구의 침입에 대비하기 위해 만든 임시 회의 기구였어. 임진왜란이 일어나자 긴 절차에 따르는 의정부의 결정을 기다릴 시간이 없었지. 그래서 고위 관리로 구성원이 확대되었고 호란을 거치며 강력한 최고 정치 기구가 되었지.

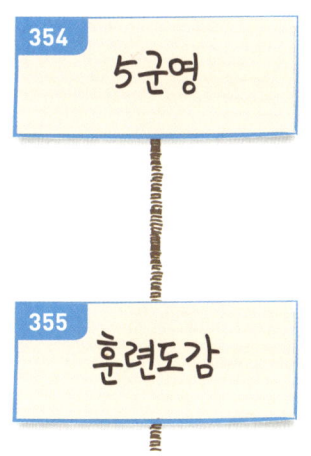

354 **5군영**

조선 후기가 되면 중앙군 체제가 바뀌게 되었어. 조선 전기의 중앙군은 5위라고 했지? 이 5위가 임진왜란을 거치면서 제대로 운영되지 않는다는 것을 알았거든. 그래서 훈련도감을 비롯한 5개의 군대로 중앙군을 만들었지. 그래서 **5군영**이라고 해.

355 **훈련도감**

조선 전기에는 양인이면 누구나 일정 기간 군인이 된다고 했지? 그런데 왜란과 호란을 겪으며 군인이 직업인 사람들이 필요하다는 것을 깨닫게 되었어. 이렇게 만들어진 군대가 **훈련도감**이야.

356 속오군

조선 후기의 지방군을 **속오군**이라고 해. 양반에서 노비까지 모든 신분으로 구성된 군대이지. 평상시에는 생업에 종사하다가 전쟁이 터지면 자신이 살고 있는 지역을 방어했어.

357 영정법

왜란과 호란을 겪으며 조선은 어려운 생활을 해야 했어. 농토는 황폐해져서 당연히 농사를 지을 수 없었지. 그래서 조선 후기에는 세금을 토지 1결당 쌀 4~6두로 고정시킨 **영정법**을 실시했어.

358 방납

지방의 낮은 직급 관리나 상인들이 공납으로 내야 하는 것들을 대신 납부하고 나중에 더 많은 대가를 거두어 가는 방법이 **방납**이야. 백성 입장에서야 대신 내 주니 편할 수도 있겠지? 하지만 값을 너무 뻥튀기를 했기 때문에 백성들에게는 방납도 큰 고통이었어.

359 공인

대동법이 실시되면서 '**공인**'이라는 새로운 계층이 생겨났어. 특산물 대신 돈으로 걷으니 궁이나 관청에서 필요한 물건을 직접 사와야겠지? 이 일을 담당했던 사람이 바로 공인이야.

360 균역법

균역법(均役法)은 '군역 즉, 군대에 관한 세금[役]을 균등[均]하게 하는 법[法]'이라는 뜻이야. 군역은 한 사람에게 이중 삼중 부과되는 경우가 많아 농민에게 큰 부담을 주었어. 그래서 군대에 직접 가는 대신에 1년에 2필을 내야 하던 군역을 1년에 1필로 줄여주기로 했어. 이러한 균역법은 영조가 실시하였어.

361 어장세, 염세, 선박세

어장세는 고기잡이를 하는 곳에 부과한 세금, **염세**는 소금을 만드는 곳에 부과한 세금, **선박세**는 배에 부과한 세금을 말해. 이런 세금들을 걷어 균역법의 실시로 부족한 돈을 메꿨어.

362 선무군관

균역법의 실시로 백성에게서 더 이상 세금을 거둘 수 없으니 이제 양반에게로 눈을 돌려야겠지? 양반의 특권이 세금을 내지 않는 것이었으니까 당연히 양반은 반발을 할 거야. 그래서 특별히 선택된 군인이란 뜻의 **선무군관**이란 칭호를 주고 대신 양반에게도 군포를 거두었어.

---

❷

363 예송 논쟁

예절을 놓고 논쟁을 벌인 것을 말해. 인조의 계비인 자의 대비가 살아 있는 상태에서 효종이 죽고 현종이 즉위했어. 이때 효종을 왕이니 첫째 아들로 보아야 할지, 죽은 소현 세자가 있으니 둘째 아들로 보아야 할지 토론이 벌어진 거야. 얼마 후 효종의 비가 죽었을 때도 같은 일이 벌어졌어.

364 환국

숙종 때 집권 붕당이 급격히 교체되는 일이 잦았어. 이를 **환국**이라 해. 환국을 통해 많은 사람들이 목숨을 잃고, 붕당 정치는 서로를 인정하지 않게 되었어.

365 일당 전제화

붕당이 교체되면 다른 붕당을 인정하지 않는 일이 벌어졌어. 한 붕당이 집권하면 다른 붕당을 인정하지 않았던 거야. 이로 인해 정부는 한 붕당이 권력을 독점하는 **일당 전제화**가 이루어졌지.

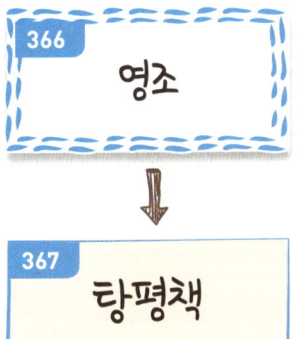

366 영조

숙종의 아들로, 형인 경종의 뒤를 이어 왕이 되었어. **영조**(1694~1776)는 노론 세력을 등에 업고 왕이 되었지만 그 과정에서 붕당의 피해를 몸으로 겪었던 거야. 즉위 후 영조는 붕당을 고루 등용하기 위해 애썼어.

367 탕평책

붕당의 폐해가 심해지자 **영조**는 각 붕당에서 사람들을 고루 등용하는 정책인 **탕평책**을 펼쳤어. 이러한 자신의 정책을 지지하는 사람들을 탕평파라 하며 이들을 중심으로 나랏일을 보기 시작했지. 이런 의지를 알리기 위해 성균관에 탕평비를 세웠어.

368 정조

영조의 손자이자 사도 세자의 아들인 **정조**(1752~1800)는 즉위 후 **영조**의 뜻을 이어 탕평책을 실시했어. 하지만 성격이 좀 달랐지. 영조가 각 붕당을 고루 등용하는 것을 중시했다면 정조는 옳고 그름을 적극적으로 가려 옳은 정책을 주장하는 붕당을 등용해 나랏일을 했어.

369 규장각

정조는 자신의 정책을 뒷받침하는 정치 기구로 **규장각**을 세웠어. 규장각은 왕실의 학문 연구 기관이자 도서관이라 할 수 있어. 정조는 젊고 유능한 관리를 뽑아 규장각에서 연구와 교육에 집중할 수 있도록 했지. 정조는 이들의 연구를 나라 운영에 반영했어.

370 장용영

세손 시절 여러 번 목숨을 잃을 뻔했던 정조는 자신을 지킬 군대가 필요했어. 이런 목적을 위해 설치한 군대가 **장용영**이야.

371 화성

정조는 아버지 사도 세자의 무덤을 수원으로 옮기고 수원에 **화성**을 건설했어. 화성을 지을 때 실학자 정약용이 만든 거중기가 사용되어 공사 기간을 크게 줄일 수 있었어. 정조는 화성을 정치·경제의 중심지로 만들려고 했어.

372 세도 정치

붕당 정치는 왕을 중심에 놓고 그 밑에서 서로 권력을 차지하기 위해 싸웠던 정치 형태야. 반면 **세도 정치**는 왕실과 혼인 관계를 맺은 몇몇 가문이 나라를 좌지우지 하는 정치 형태라 할 수 있어.

373 세도 정치의 폐해

몇몇 세도 가문이 권력을 독점하면서 이들은 주요 관직을 독차지해 버렸어. 이들은 벼슬을 사고파는 등 온갖 나쁜 일을 저질렀지. 이렇게 세도 가문이 권력을 독점해 정치를 어지럽힌 일을 **세도 정치의 폐해**라고 해.

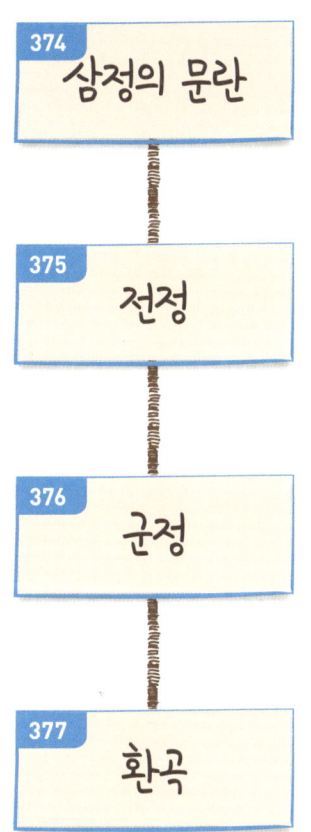

374 삼정의 문란

삼정은 **전정**, **군정**, **환곡**을 말해. 환곡은 봄에 곡식을 빌려주고 약간의 이자를 붙여 가을에 갚게 하는 것을 말해. 세도 정치 시기에는 이 삼정이 변질되어 백성들이 심한 고통을 받았어. 이를 **삼정의 문란**이라고 해.

375 전정

수령은 **전정**으로 거둔 세금을 몰래 빼돌리고는 백성들에게 더 많은 토지세를 거두었어. 또 여러 가지 이유를 들며 정해진 토지세 이상의 세금을 거두었지.

376 군정

군포와 상관없는 연령대인 어린아이와 60세 이상의 남자, 죽은 사람에게도 군포를 부과하는 경우가 많았어. 또 세금이 무거워 도망간 이웃의 군포도 대신 내게 했지. 이렇게 군대에 가는 대신 내는 세금이 바로 **군정**이야.

377 환곡

관청은 **환곡**의 이자를 이용해 자신들의 재산을 쌓았어. 그래서 환곡의 양을 늘려나갔지. 농민들은 강제로 환곡을 떠안게 되었고, 심지어 환곡을 받지 않고도 이자를 내는 경우도 있었어. 모래가 섞인 곡식을 빌려주었지만 순수한 곡식으로만 갚게 해 삼정 중 환곡의 문제가 가장 컸어.

2 조선 후기 사회·경제적 변화와 문화

조선 후기에는 모내기법과 상품 작물 재배 등 농촌 사회에 큰 변화가 나타났어요. 왜란과 호란을 거친 후 신분 질서가 크게 흔들렸어요. 성리학이 현실 사회의 문제를 해결하지 못하자 실학이 등장하였지요. 경제적으로 성장한 서민들을 중심으로 서민 문화가 발달하였어요.

❶
378 경제 발전 + **사회 변화**
- 389 · 신분제의 동요
- 390 · 신분 상승 운동
- 391 · 공명첩
- 392 · 공노비 해방

농업 발달
- 379 · 모내기법 보급 → 380 이모작
- 381 · 상품 작물 재배

상업 발달
- · 공인의 활동
- 382 · 장시
- 383 · 육의전, 384 시전 ↔ 385 난전
- 386 · 금난전권 폐지

수공업 발달
- 387 · 민영 수공업
- 388 · 선대제

❷
393 실학 + **396 국학** + **397 과학 기술 발달**

- 394 농업 중심 개혁론
- 395 상공업 중심 개혁론

우리 것에 대한 관심 증가

❸
398 서민 문화 발달 + **402 예술의 변화**

- 399 한글 소설, 400 사설시조, 401 탈춤, 판소리
- 403 한문학, 404 민화, 405 진경 산수화, 406 풍속화, 407 백자, 408 청화 백자

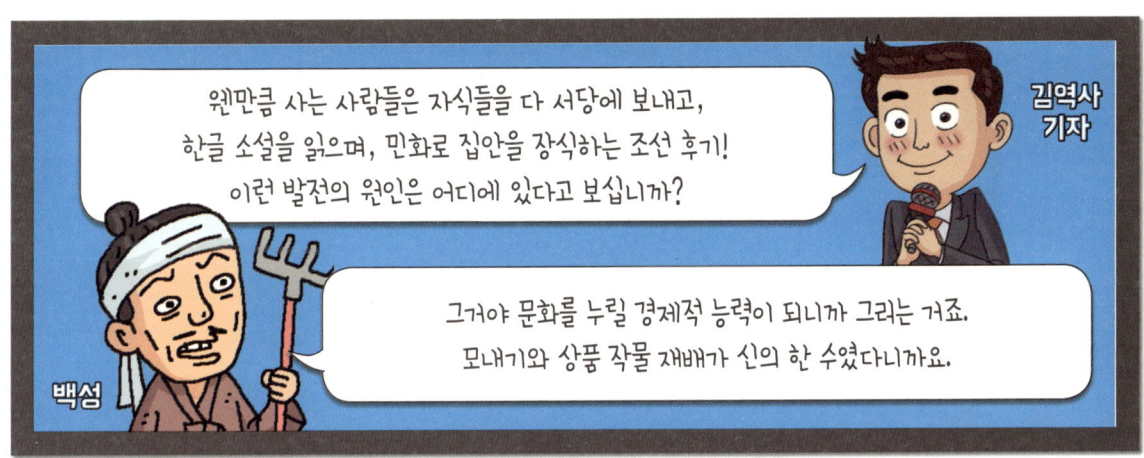

1

378 경제 발전

왜란과 호란 이후 조선의 농토는 매우 황폐해졌어. 사람들은 땅을 개간해 비옥한 땅으로 바꾸는 데 노력했어. 새로운 농사법도 속속 등장해 조선의 경제는 크게 나아졌지.

379 모내기법

모내기법은 모판에 볍씨를 뿌려 모를 미리 길러서 논에 옮겨 심는 방법이야. 모를 옮겨 심을 때 일정한 간격으로 줄을 맞춰 심기 때문에 잡초를 제거하는 일손을 덜게 되었지. 결국 한 사람이 농사지을 수 있는 면적이 늘어났어. 또한 모내기법으로 쌀 생산량이 크게 늘었어.

380 이모작

이모작(二毛作)은 '두 번[二] 식물[毛]을 심는 것'을 말해. 보리는 가을에 심어서 봄에 추수를 해. 하지만 모내기법이 실시되기 전에는 볍씨를 뿌리는 시기와 보리의 수확 시기가 겹쳐서 같은 땅에 연달아 심을 수가 없었어. 하지만 모내기법이 실시되면서 이모작이 가능해진 거야.

381 상품 작물

내가 먹고자 농사를 짓는 것이 아니라 시장에 내다 팔기 위해 재배하는 작물을 **상품 작물**이라고 해. 인삼, 담배, 채소, 목화 등이 대표적이야. 조선 후기에는 이러한 상품 작물의 재배가 활발했어.

382 장시

시골에 가면 3일 혹은 5일마다 열리는 시장이 있지? 이걸 **장시**라고 해. 지금은 인구가 많아 항상 가게를 열어도 이익이 남지만 조선 시대에는 인구가 적고 물건을 구입하는 경우도 드물어 매일 가게를 열면 손해를 보았어. 그래서 상인들은 물건을 구입해 줄 사람들을 찾아 이동하며 장시를 열었던 거야. 시간이 지나면서 장시는 매일 문을 여는 시장으로 변했어.

383 육의전

육의전은 한양의 종로에서 국가나 관청에서 필요한 물건을 독점적으로 팔았던 가게야. 명주, 종이, 어물, 모시, 비단, 무명의 여섯 종류를 중점적으로 팔아 육의전이란 이름을 얻었어. 육의전 상인은 다른 상인에 비해 특별한 권력을 누렸어.

384 시전

시전은 나라에서 설치한 시장이라고 생각하면 돼. 시전 상인은 시전에서 나라의 감독 아래 상업에 종사하는 상인을 말하지.

385 난전

난전(亂廛)은 '어지러운[亂] 시장[廛]'이란 뜻이야. 왜 어지럽다고 표현했을까? 난전은 시전이 아니라 개인이 물건을 들고 나와 불법적으로 하던 시장이기 때문에 이렇게 표현한 거야. 모내기법의 실시와 상품 작물의 재배로 경제가 커진 조선 후기에는 시전만으로 경제생활이 불가능해서 전국 곳곳에 난전이 생겼어. 하지만 시전 상인 입장에서는 나라에 세금을 내지 않고 장을 여는 난전이 미웠을 거야.

386 금난전권

금난전권(禁亂廛權)은 '난전[亂廛]을 금지[禁]하는 권리[權]'를 말해. 육의전 상인이나 시전 상인은 나라에 세금을 냈지만 난전 상인들은 그렇지 않았거든. 그래서 나라에서는 시전 상인들의 권리를 보호해 주기 위해 난전을 단속했어. 하지만 난전을 단속하면 백성의 생활이 어려워진다는 걸 알고 결국 난전을 금하는 권리인 금난전권을 정조 때 폐지하게 되었어.

387 민영 수공업

조선 전기에는 물건을 만드는 수공업자가 관청에 소속되어 있었지만 후기에 들어서면 자신의 물건을 직접 만들어 파는 **민영 수공업**이 발달했어.

388 선대제

선대제(先貸制)는 '먼저[先] 필요한 것을 제공하는[貸] 제도[制]'를 말해. 수공업자들의 공장은 규모가 작았기 때문에 상인들이 미리 자금과 원료를 제공하고 나중에 제품을 받는 선대제가 유행했어.

389 신분제의 동요

조선 후기에는 붕당 정치가 다른 당을 인정하지 않고 쫓아내게 되면서 몰락하는 양반들이 증가했어. 당연히 권력을 가진 일부 양반만이 양반다운 생활을 했고 대다수 양반은 농민과 다름 없는 상황이 되었어. 반면 부유한 상민들이 증가해 신분제가 요동치게 되었지.

390 신분 상승 운동

중인 계층인 서얼은 영·정조 때 차별이 줄면서 정부 관리가 되는 사람들이 많았어. 또 중인들도 자신들의 전문적 능력을 바탕으로 신분 상승을 위해 노력했어. 이러한 현상을 **신분 상승 운동**이라고 해.

391 공명첩

공명첩(空名帖)은 '이름 쓰는 곳[名]이 비어[空] 있는 문서[帖]'라는 뜻이야. 왜란과 호란 이후 정부가 부족한 나라 재정을 메우기 위해 발행했어. 모내기법과 상품 작물 재배로 부자가 된 일부 농민들은 공명첩을 사서 양반 신분을 얻었던 거야. 다른 사람들은 양반의 족보를 구입하거나 위조하여 양반 행세를 했어. 결국 양반의 수는 크게 늘고 상민의 수는 줄었어.

392 공노비 해방

노비들도 전쟁에서 공을 세우거나 돈으로 신분을 사서 천민에서 벗어났어. 또 먼 곳으로 도망을 가 노비가 아닌 신분으로 사는 사람들도 많았지. 시대의 흐름에 맞춰 순조는 나라의 공노비를 해방시켜 양인으로 만들어 주었어. 이들은 양인으로서 세금을 내 나라 재정에 이바지하기도 했지.

393 실학

왜란과 호란을 거치며 성리학의 권위는 땅에 떨어졌지. 백성의 삶보다는 자신들의 이익에만 집중하는 양반들이 중시하는 성리학에 백성들은 등을 돌렸어. 이 무렵 실증적인 방법으로 현실 사회의 문제점을 해결하려는 학문의 분위기가 나타나게 되었고, 이를 **실학**이라고 불러.

394 농업 중심 개혁론

실학자들 중에는 대다수 농민들이 토지를 잃고 농촌을 떠나거나 지주의 땅을 빌려 농사를 짓고 수확량 중 상당 부분을 지주에게 바치는 소작농이 증가하는 현실에 주목한 사람들이 있어. 유형원, 이익, 정약용 등이 대표적이야. 이들은 **농업 중심 개혁론**을 주장해.

395 상공업 중심 개혁론

실학자들 중에는 상업에서 나타난 새로운 변화에 관심을 가진 학자들도 있었어. 이들을 **북학파**라고 하는데, 유수원, 홍대용, 박지원, 박제가 등이 대표적이야. 이들은 청과 서양의 선진 문물을 배우고, 상공업 발달을 이루어 나라의 부를 키워야 한다는 **상공업 중심의 개혁론**을 주장했어.

396 국학

실학 연구가 활발해지면서 우리 민족의 전통과 현실에 대한 관심이 커졌어. 우리 역사, 한글, 우리 땅에 대해 연구를 하기 시작했는데, 이것을 **국학**이라고 해. 역사학 부분에서는 이익, 안정복, 유득공이 우리 민족의 역사가 독자적으로 이루어졌다는 것을 서술하였어. 지리학 부분에서는 이중환, 정상기, 김정호가 활약했으며 신경준과 유희는 한글을 연구했어.

397 과학 기술

청과의 교류가 활발해지면서 청에 간 사신들은 그곳에서 서양의 발달된 **과학 기술**을 접하게 되었어. 이를 일부 받아들이면서 조선의 과학도 크게 발전하게 되었지. 홍대용은 지구가 태양 주위를 돈다는 지전설을 주장했고, 세계 지도가 들어와 조선의 세계관을 뒤흔들어 놓았어.

3

조선 후기에 모내기법과 상품 작물 재배로 경제력을 갖추게 된 상민층은 이제 문학과 예술을 누릴 만큼 의식이 성장하게 되었어. 여기에는 서당이 널리 퍼져 서민도 기초적인 공부를 하게 된 것도 영향을 끼쳤지. 이를 바탕으로 서민들의 생각과 감정을 솔직하게 표현한 **서민 문화**가 나타나 널리 퍼졌어.

평범한 인물을 주인공으로 내세워, 양반의 태도를 비판하고 불합리한 사회를 비꼬았던 것이 **한글 소설**의 특징이야. 특히나 서얼에 대한 차별 비판, 탐관오리 혼내주기 등의 내용을 담은 『홍길동전』이나 신분 차별을 극복한 『춘향전』 등이 인기를 끌었어.

조선의 시조는 글자수를 정확히 맞추는 형식미를 중시했어. 하지만 조선 후기에 들어서면 형식에 얽매이지 않은 **사설시조**가 등장했지. 서민들의 소박한 삶과 감정을 솔직하게 표현한 것이 사설시조의 특징이야.

탈춤과 **판소리**는 춤과 노래, 이야기로 서민들의 감정을 표현한 것들이야. 지방의 장시나 사람들이 많이 모인 곳에서 공연했어. 특히나 탈춤은 양반을 비꼬는 내용이 많아 서민들에게 웃음을 주었어.

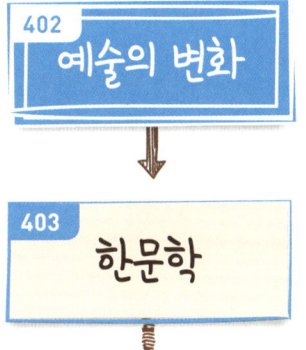

우리 문화에 대한 자부심이 커지면서 조선 후기에 들어서면 예술에서도 변화의 기운이 나타나게 돼.

양반층이 즐겼던 **한문학**에서도 양반을 조롱하는 내용이 등장했어. 박지원은 『양반전』, 『허생전』 등을 지어 양반을 비판했거든. 교육을 받은 중인들도 문학 활동을 즐기기도 했어.

404 민화

백성의 소원을 표현하고 집안을 장식하는 그림으로, 조선 후기에 크게 유행했던 그림이 있어. 바로 **민화**야. 해, 달, 나무, 꽃, 동물, 물고기 등 다양한 소재가 자유롭게 그려져 있지. 장수, 건강, 합격, 부귀 등 다양한 백성의 소원을 표현한 소박한 그림이야.

405 진경 산수화

산수화는 풍경을 그린 그림이야. 그럼 진경(眞景)은 무슨 뜻일까? 진짜[眞] 경치[景]를 진경이라고 생각하면 돼. 이전 그림은 중국의 것을 따라 하곤 했어. 하지만 정선은 중국과 다른 우리 경치를 그대로 화폭에 옮긴 **진경 산수화**를 그렸지. 정선이 그린 「금강전도」, 「인왕제색도」는 참신한 구조와 웅장한 풍경이 인상적이야.

406 풍속화

사람들의 생활 모습을 생동감 있게 그린 그림이 **풍속화**야. 대표적인 풍속화가로는 **김홍도**와 **신윤복**을 들 수 있어. 김홍도는 간결하고 소박하게 서민들이 살아가는 모습을 정감 있게 표현했어. 신윤복은 섬세하고 세련된 그림으로 양반의 풍류와 부녀자들의 생활을 그렸지.

407 백자

조선 후기에는 형태가 단순하고 꾸밈이 거의 없는 **백자**가 널리 유행했어. 소박한 아름다움을 갖춘 백자는 서민들도 많이 사용했어. 푸른 빛이 도는 화려한 청자는 고려 시대, 소박하고 담백한 백자는 조선 시대라는 것 잊지 마.

408 청화 백자

백자 중에서 흰 바탕에 푸른 색깔로 장식을 한 **청화 백자**가 많이 만들어졌어.

3 새로운 종교의 유행과 농민 봉기

조선 후기에 사회 불안 속에서 미륵 신앙, 정감록 등 예언 사상과 천주교, 동학과 같은 종교가 널리 퍼지게 되었어요. 이런 분위기 속에서 의식이 성장한 농민들은 홍경래의 난, 임술 농민 봉기를 통해 불만을 표출하였답니다.

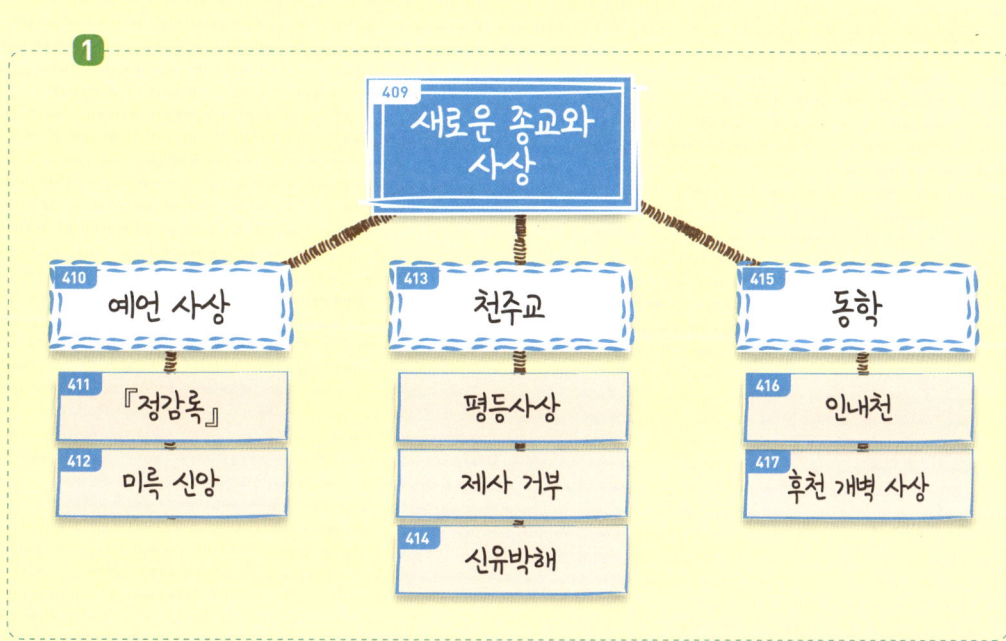

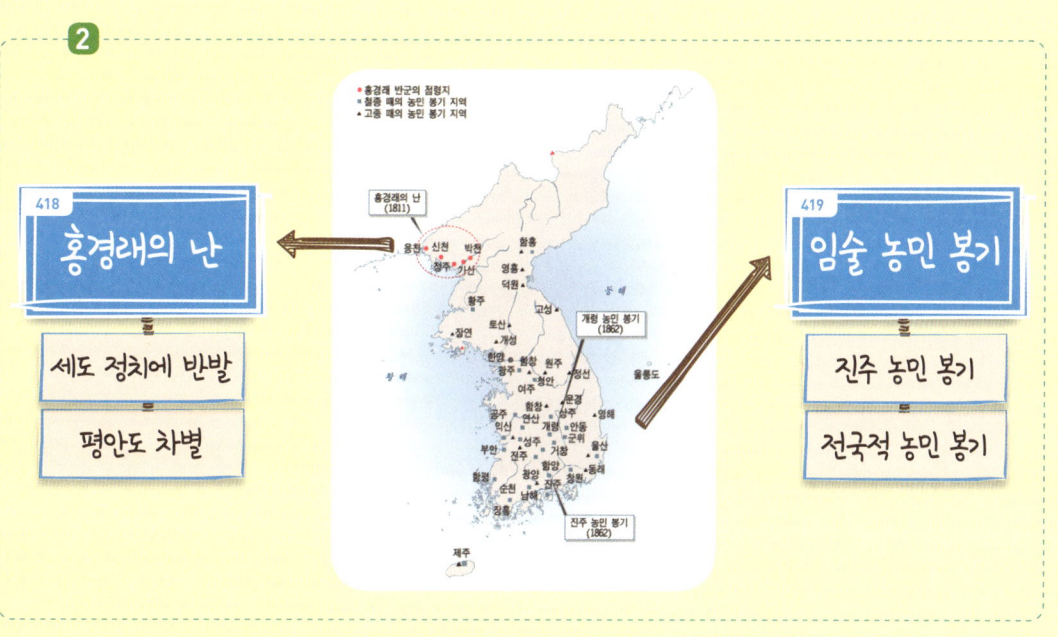

안녕하세요, 지금 급하게 어디를 가시는 겁니까? 몰래 가시는 것 같은데요.

쉿! 어제는 천주교 모임에 갔고요. 오늘은 동학 모임에 가고 있어요. 두 종교 모두 인간 평등을 주장해 아주 매력적이라니까요.

1

409 새로운 종교와 사상

세도 정치 아래 고통 받던 백성들은 새로운 곳에서 위안을 얻었어. 새로운 세상이 열리기를 바랐던 거지. 대표적인 것이 예언 사상과 종교야.

410 예언 사상

세상의 종말이 왔다고 말하고, 왕조의 멸망과 교체, 난이 발생할 것이라는 등 미래에 대한 이야기를 하는 것이 **예언 사상**이야.

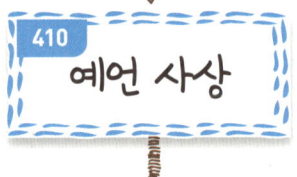
411 『정감록』

예언 사상 중 대표적인 것이 『**정감록**』이야. 『정감록』에서는 곧 이씨 왕조가 망하고 정씨가 새 세상을 열 것이라고 예언했어.

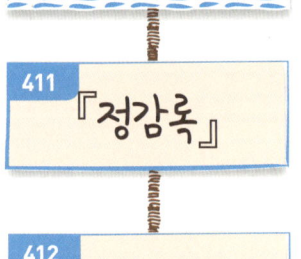
412 미륵 신앙

곧 미륵이 나타나 세상을 구해 줄 것이라 주장하는 것이 **미륵 신앙**이야. 미륵은 석가모니 다음에 나타나 새로운 세상을 열 부처라 믿었거든.

413 천주교

천주교는 중국에 다녀온 사신에 의해 전해졌고, 초기에는 서양 학문으로 연구해서 서학이라고도 불렸어. 그러다 스스로 신앙으로 받아들이게 된 종교지. 천주교는 모든 사람이 평등하다고 주장하여 중인, 상민, 부녀자들 사이에서 크게 유행했어. 조선 정부는 제사 의식을 거부하고 성리학적 신분 질서를 해친다며 천주교를 금지하였어.

414 신유박해

순조가 즉위한 이후 조선 정부는 천주교를 대대적으로 탄압했어. 많은 사람들이 천주교를 믿는다는 이유만으로 죽어야 했지. 이를 **신유박해**라 해.

415 동학

동학은 서학에 맞선다는 의미에서 경주의 몰락한 양반 가문 출신인 최제우가 유교, 불교, 도교 사상을 바탕으로 만든 종교야.

416 인내천

인내천(人乃天)은 '사람이 곧 하늘'이라는 뜻으로, **동학**의 핵심 사상이야. 모든 사람이 하늘이니 모두 평등하다는 의미를 담고 있겠지?

417 후천 개벽 사상

지금의 세상이 멸망하고 백성이 바라는 새로운 세상이 열린다는 생각을 **후천 개벽 사상**이라고 해. 당시의 삶이 너무 힘들었다는 증거이기도 해. 후천 개벽 사상도 동학의 중요한 교리 중 하나야.

2

418 홍경래의 난

세도 정치로 살기 힘들어진 백성은 점차 분노를 드러내기 시작했어. 특히나 평안도는 지역 차별이 심해 그 분노가 더 컸지. 중국과 가까운 평안도는 무역이 발달했는데 이를 이유로 더 많은 세금을 걷어 갔거든. 평안도에 사는 홍경래는 이런 민심을 하나로 모아 봉기하였어. 홍경래 세력은 열흘 만에 청천강 이북을 점령할 정도로 거셌어. **홍경래의 난**은 실패로 끝났지만 이후 일어난 농민 봉기에 큰 영향을 끼쳤어.

419 임술 농민 봉기

홍경래의 난 이후 철종 때 농민 봉기는 극에 달했어. 이 무렵 진주 지방에서는 백낙신이 백성들을 너무 심하게 괴롭혔어. 그러자 진주 사람들은 봉기를 했지. 진주 농민 봉기를 시작으로 전국에서 농민 봉기가 일어났어. 1862년 임술년에 일어났다고 해서 특히 이 시기의 봉기를 **임술 농민 봉기**라고 해.

07 근대

1. 외세의 침략적 접근과 개항
2. 근대적 개혁 운동
3. 국권 수호 운동

1 외세의 침략적 접근과 개항

19세기 들어 흥선 대원군은 통치 체제를 정비하지만 한편으로는 통상 수교 거부 정책으로 척화비를 세우게 되지요. 그러나 결국 조선은 일본과 최초의 근대적 조약인 강화도 조약을 맺고 개항을 하게 되었어요. 이후 개화 정책을 추진하는 과정에서 위정척사파와 대립하게 된답니다.

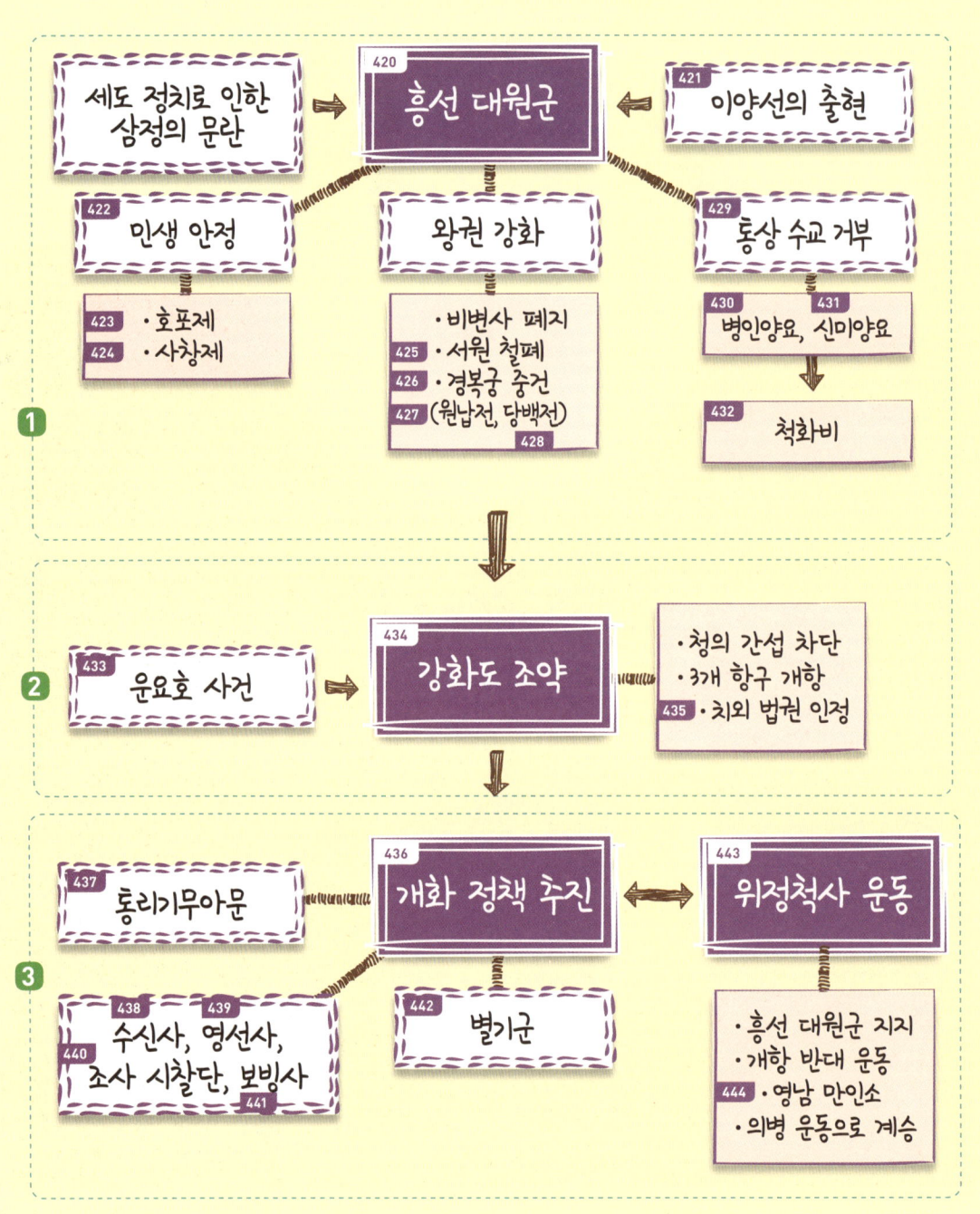

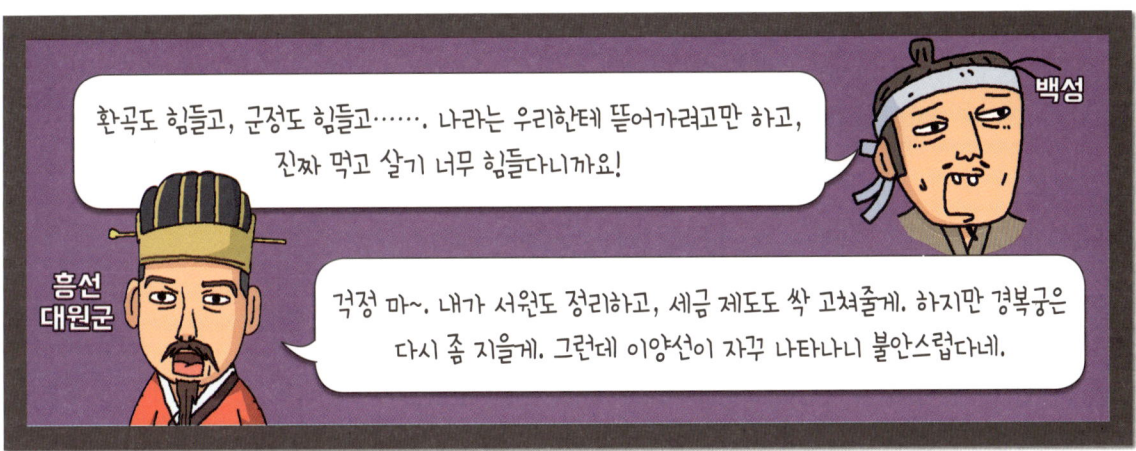

1

420 흥선 대원군

대원군은 왕의 살아 있는 아버지를 일컫는 칭호야. 보통 선대 왕이 죽은 후 다음 왕이 즉위하지. 그럼 **흥선 대원군**(1820~1898)은 뭐냐고? 철종 이후 왕실의 대가 끊길 위기에 처하자 흥선 대원군 이하응은 당시 대비로 있던 신정 왕후 조씨와 손잡고 자신의 아들이 왕위를 잇게 했거든. 이후 흥선 대원군은 어린 왕 대신 정치를 하며 부패한 조선을 다시 일으키기 위해 애썼어.

421 이양선

무슨 말인가 싶지? **이양선**(異樣船)은 우리 조선 배와 모양[樣]이 다른[異] 배[船]를 말해. 결국 서양 배를 말하는 거야. 조선 후기에 이양선이 우리나라의 해안에 자주 나타나 많은 사람들이 불안해했어.

422 민생 안정

민생(民生)은 일반 국민의 생활이나 경제를 뜻해. **민생 안정**이란 백성의 생활 안정을 의미하지.

423 호포제

영조의 균역법으로 매년 1필의 옷감을 군포로 내고 있었지. 하지만 삼정의 문란으로 균역법은 있으나마나 한 법이 되었어. **흥선 대원군**은 군역을 개혁하여 **호포제**(戶布制)를 실시했는데, 가구[戶]를 단위로 세금[布]을 걷게 했지. 그는 과감하게도 양반까지 군포를 걷어 재정을 튼튼히 했어.

424 사창제

흥선 대원군은 삼정 중 환곡의 피해가 가장 컸던 것을 알고 있었어. 그래서 환곡을 대대적으로 개혁해 **사창제**(社倉制)를 실시했어. 사창제는 각 마을[社]에서 자발적으로 창고[倉]를 만들어 어려운 백성들에게 곡물을 빌려주도록 한 제도야.

425 서원 철폐

사림들이 세웠던 서원은 각종 세금 혜택을 누리고 있었어. 임금이 직접 서원의 이름을 써 준 곳은 세금을 면제 받았고, 논이나 밭 등도 받았거든. 그리고 서원은 각 붕당의 근거지가 되어 자신의 세력을 모으는 데도 이용되어 조선 후기에는 비리의 중심이 되어버렸지. 이런 서원을 흥선 대원군이 가만히 놔두지 않았겠지? 유교 국가로서의 상징성을 띤 47개 서원만 남기고 나머지는 다 없애버렸어. 이걸 **서원 철폐**라고 해.

426 경복궁 중건

임진왜란 때 경복궁은 불에 타버리고 말았어. 이후 임금은 창덕궁이나 경운궁, 경희궁 등등을 옮겨 다니며 지냈지. 흥선 대원군은 세도 정치로 망가진 왕권을 바로잡기 위해 경복궁을 다시 짓기로 결정했어. 그런데 거의 다 지어질 무렵 불이 나는 바람에 다시 지어야 했지. 이 과정에서 백성의 분노는 극에 달했고, 공사 비용을 대느라 조선의 경제가 휘청였어.

427 원납전

원납전(願納錢)은 흥선 대원군이 경복궁을 짓는 과정에서 거둔 기부금이야. 그래서 이름도 '원해서[願] 납부하는[納] 돈[錢]'이란 뜻을 가지고 있어. 하지만 실제로는 강제로 거두었기 때문에 원망하며 내는 돈으로 불렸어.

428 당백전

당백전(當百錢)은 원래 돈의 '백[百] 배에 해당[當]하는 돈[錢]'이란 뜻이야. 경복궁을 짓는 비용을 마련하기 위해 당시 쓰이던 돈인 상평통보의 100배의 가치를 가진 당백전을 만들었지. 하지만 실제로는 100배의 가치가 아니었기 때문에 경제 혼란만 커지는 결과를 낳았어.

429 통상 수교 거부 정책

통상(通商)은 서로 물건을 사고파는 것, 수교(修交)는 나라 간에 외교 관계를 맺는 것을 말해. 결국 **통상 수교 거부 정책**이란 외국과 교역 및 외교 관계를 맺지 않겠다는 말이지. 조선 후기 이 정책은 나라의 안전을 지키기 위한 방법으로 선택한 것이었어.

430 병인양요

병인(丙寅)년인 1866년 서양[洋]의 프랑스 군대가 쳐들어와 나라를 어지럽힌[擾] 사건을 **병인양요**라고 해. 흥선 대원군이 천주교 신자를 탄압한 것을 평계로 조선과 통상 조약을 맺기 위해 쳐들어온 거지. 프랑스군은 강화도의 외규장각 도서들을 훔쳐갔어. 하지만 조선군은 기습 작전을 펼쳐 결국 프랑스 군대를 쫓아낼 수 있었어.

431 신미양요

신미(辛未)년인 1871년 서양[洋]의 미국 군대가 쳐들어와 나라를 어지럽힌[擾] 사건이야. 미국도 조선과의 통상 교역을 목표로 강화도를 쳐들어왔지. **신미양요**도 조선의 승리로 돌아갔어.

432 척화비

척화비는 화친[和]을 배척[斥]하는 글을 써 놓은 비석[碑]이야. **병인양요**와 **신미양요** 때 프랑스와 미국을 상대로 승리를 거둔 흥선 대원군은 기쁘기도 했지만 서양 무기의 위력에 놀랐지. 흥선 대원군은 조선이 힘을 더 키우기 전에는 절대 문을 열지 않는 것이 낫겠다 판단하고 이를 백성에게 알리기 위해 종로를 비롯한 중심지에 이런 주장을 담은 비석인 척화비를 세웠어.

433 운요호 사건

개화에 성공한 일본은 조선을 침략해 경제적·정치적 이익을 누리고자 했어. 일본은 **운요호**라는 배를 강화도에 보내 우리 바다를 허락도 없이 들어왔어. 그러자 강화도의 초지진 포대는 운요호에 경고 사격을 했지. 일본은 이것을 빌미로 **강화도 조약**을 강요했단다.

운요호 사건 이후 조선은 일본의 강압적인 분위기에서 조약을 맺어야 했어. 그 장소가 강화도였기 때문에 **강화도 조약**이라고 불러. 이 조약에는 일본이 조선 침략을 미리 계산하고 있었기 때문에 침략적인 의도를 담은 조항을 많이 넣었어. 하지만 조선은 외국과 처음 조약을 맺는 상황이었고, 일본에 비해 여러 모로 뒤쳐진 상태였기 때문에 어쩔 수 없이 응했지. 그럼에도 불구하고 강화도 조약은 조선이 외국과 맺은 첫 근대적 조약이자 불평등한 조약이라는 의미가 있어.

치외 법권(治外法權)은 다른 나라의 영토 안에 있으면서도 그 나라의 법률을 적용받지 않는 권리를 말해. 예를 들면, 조선에서 일본인은 사람을 죽여도 조선의 법으로 처벌할 수 없고 일본 법의 적용을 받는 것을 말해. 을미사변 때 한 나라의 왕비를 죽이고도 일본인 살인자들이 처벌받지 않을 수 있었던 것도 치외 법권 때문이야.

3

개화(開化)란 '문을 열어[開] 새로운 것을 받아들여 고쳐지는[化] 것'을 말해. 한마디로 외국의 선진 문물을 받아들여 더 나은 모습을 추구하는 거야.

말이 좀 길지? 우선 아문은 조선의 관청을 뜻해. 기무는 중요한 업무를, 통리는 다스림을 의미하지. 결국 중요한 업무를 하는 관청이야. 당시의 중요한 업무란 개화를 바르게 추진할 일들을 말하는 거였어.

수신사는 개화된 일본의 모습을 보고 배우기 위해 조선에서 **강화도 조약** 직후 보낸 외교 사절이야. 수신사로 간 관리들은 고종과 명성 황후의 측근들이었어. 일본의 발전된 모습을 본 사람들은 깜짝 놀랐고, 거기서 배운 것들을 조선에 반영하고자 했어.

일본에만 사신들을 보낸 건 아니었어. 고종은 청에도 관리를 파견해 무기 제조 기술이나 군사 훈련법을 배워오게 했거든. 청에 보낸 사절단을 **영선사**라고 해. 청에서 배운 기술을 받아들여 조선은 근대식 무기를 만드는 기기창, 근대적인 인쇄소인 박문국 등을 세웠어.

조선 정부는 일본에 수신사만 보낸 것이 아니라 **조사 시찰단**도 보냈어. 조사 시찰단은 4개월 정도 일본에 머물며 공장, 학교, 군사 시설 등을 돌아본 후 정부에 보고서를 제출했어. 조사 시찰단 중 윤치호, 유길준은 일본에 남아 최초의 유학생이 되기도 했지.

조선 정부는 미국에도 **보빙사**라는 사절단을 보냈어. 이들은 미국 대통령을 만나고 나라를 운영하는 제도에 대해서도 공부하고 돌아왔지. 이들은 조선에 미국식 우편 제도를 도입했고, 영어를 가르치는 학교를 세웠어.

별기군은 '특별히[別] 기량[技]이 우수한 군인으로 구성된 군대[軍]'라는 뜻이야. 조선의 전통적 군대가 아니라 서양식 훈련을 받는 군대였어. 별기군을 교육하는 사람은 일본인 교관이었고, 주로 양반 자제들로 구성되었고, 기존의 군대와 차별이 심했어.

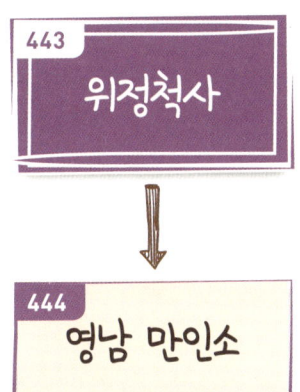

위정척사(衛正斥邪)는 '바른 것[正]을 지키고[衛] 사악한 것[邪]을 배척[斥]한다.'라는 뜻이야. 여기서 바른 것은 조선의 문화와 성리학, 사악한 것은 서양의 문물과 문화를 말해. 주로 양반 유생층을 중심으로 위정척사 운동이 일어났어.

정부가 개화 정책을 추진하자 영남 지역의 유생들은 이에 반대하는 상소를 올렸어. 무려 만여 명이나 이 상소에 이름을 적었다고 해서 만인소야.

2 근대적 개혁 운동

개화 정책에 대한 반발로 임오군란이, 개화의 방법에 불만을 가지고 갑신정변이 일어나게 됩니다. 또한 반봉건·반외세의 동학 농민 운동이 일어나게 되어 이후 갑오개혁에도 영향을 주지요. 이후 명성 황후가 시해되는 을미사변과 고종의 아관 파천이 일어나게 된답니다.

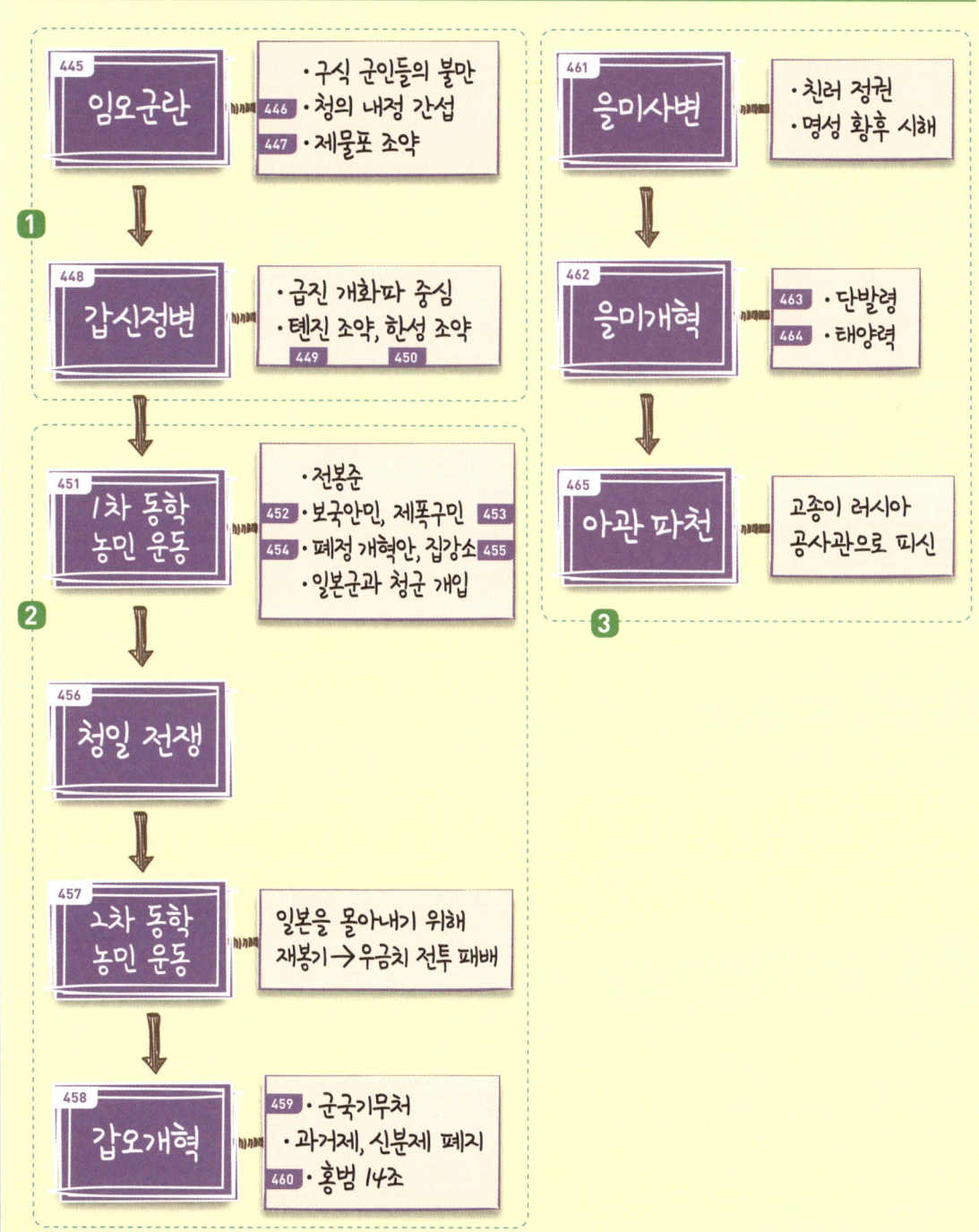

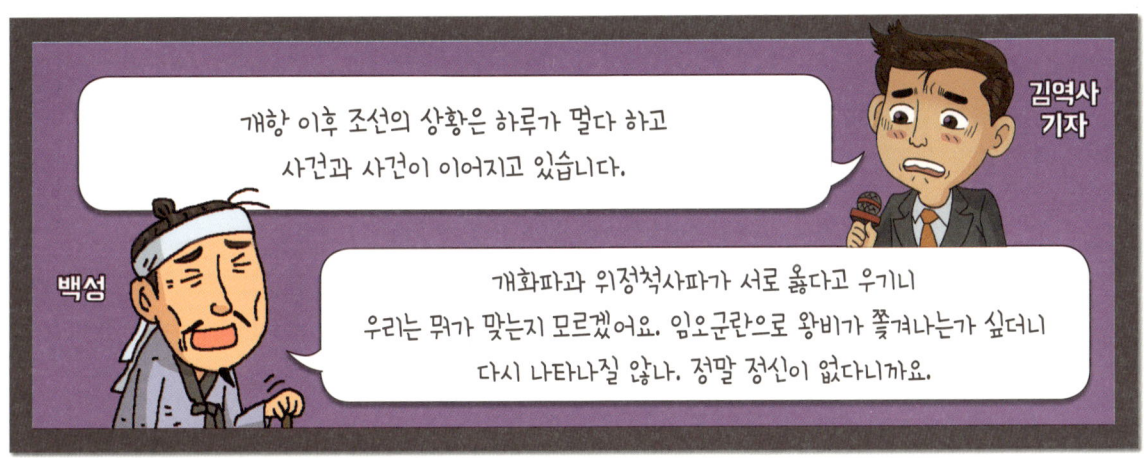

445 임오군란

임오(壬午)년인 1882년에 군인[軍]들이 일으킨 난[亂]이야. 좋은 대우를 받았던 별기군에 비해 구식 군인들은 월급조차 받지 못했어. 이런 불만은 결국 개화 정책에 대한 불만으로 이어져 난을 일으키게 된 거야.

446 청의 내정 간섭

임오군란이 일어나자 고종은 청에 도움을 요청했어. 청의 군대는 임오군란을 무력으로 눌러버렸어. 이후 청은 자신들의 공을 내세우며 조선의 내정에 간섭하면서 자신들에게 유리한 정책이 실시되도록 압력을 넣었어.

447 제물포 조약

임오군란 당시 구식 군인들은 조선의 개화 정책에 큰 힘을 미치는 일본을 혼내주고 싶었지. 그래서 일본 공사관으로 몰려가 일본인들을 죽이고 공사관도 덮쳤어. 일본은 자신들이 피해를 입었다며 보상금을 요구했고, 자신들의 방어를 위해 조선에 군대를 주둔시키겠다는 내용을 담은 **제물포 조약**을 조선 정부와 체결했어.

448 갑신정변

개화파는 청과 협력하려는 온건 개화파와 청의 내정 간섭에 반대하는 급진 개화파로 나뉘었지. 이 중 급진 개화파들은 개화 정책이 제대로 실시되지 않는다 생각하고 일본의 지원을 약속받아 **갑신정변**을 일으켰어.

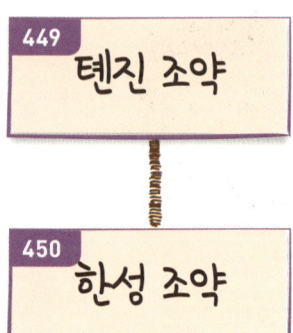

449 톈진 조약

조선은 **갑신정변** 이후 청과 **톈진 조약**을 맺고, 청군과 일본군 모두 조선에서 군대를 철수하기로 했어. 이후 조선에 군대를 보낼 경우 서로 상대방에게 미리 알리기로 약속했지.

450 한성 조약

갑신정변 후 조선과 일본이 맺은 조약이야. 갑신정변 과정에서 일본 공사관이 불에 탄 것을 핑계로 조약을 맺어 조선으로부터 배상금을 얻어냈어.

2

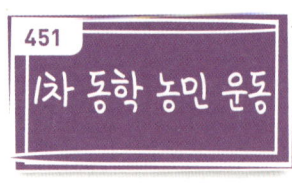

451 1차 동학 농민 운동

전라도에서는 고부 군수 조병갑의 부정부패가 극심했어. 이 지역에 살던 동학교도 **전봉준**은 농민들을 모아 고부 관아로 쳐들어가 아전을 처벌하고 창고의 곡식을 풀어 사람들에게 나누어 주었지. 이게 **동학 농민 운동**의 시작이야. 이후 농민군은 전주성을 점령했고, 당황한 조선은 청에게 도움을 요청하자 톈진 조약에 의해 일본군도 들어왔어. 외세가 들어오자 농민군은 이런 상황은 나라의 앞날을 생각했을 때 옳지 않다며 스스로 해산했어.

452 보국안민

보국안민(輔國安民)은 '나라[國]를 돕고[輔] 백성[民]의 안정[安]'을 바라는 것을 말해. 동학 농민군이 주장하는 핵심적인 생각이야.

453 제폭구민

제폭구민(除暴救民)은 '폭정[暴]을 없애고[除] 백성[民]을 구하는[求] 것'을 말해. 외세가 개입하자 동학 농민군이 스스로 해산하고, 농민을 위한 제도를 주장한 것을 보면 이런 성격을 잘 알 수 있어.

454 폐정 개혁안

동학 농민군은 농민들이 마음 놓고 살 수 있는 세상이 이루어지길 바랐어. 그래서 농민들을 옭아매는 나쁜 풍습을 고치기 위한 '**폐정 개혁안**'을 주장했어. 폐정 개혁안에는 탐관오리를 벌할 것, 노비 문서를 불태울 것, 토지는 평균으로 나누어 경작하게 할 것 등의 내용이 담겨 있어.

455 집강소

집강은 동학을 이끌던 관리직이야. 마을의 동학교도들을 이끄는 우두머리 격이지. 그러니까 **집강소**는 집강이 머무는 곳을 뜻해. 1차 동학 농민 운동 이후 동학교도들은 집강소를 중심으로 자신들이 발표한 **폐정 개혁안**을 실천했어.

456 청일 전쟁

동학 농민군이 스스로 해산하자 조선은 청과 일본에 군대를 내보내라고 요구했지만 조선을 집어삼킬 욕심이 컸던 일본은 들은 체도 하지 않았어. 먼저 경복궁을 점령해 왕이 청의 편을 들지 못하도록 하고, 예전부터 걸림돌이었던 청에게 총부리를 겨누었지. 이렇게 시작된 **청일 전쟁**은 일본의 승리로 끝이 났어.

457 2차 동학 농민 운동

보국안민을 내세우던 동학 농민군은 일본이 조선을 망치는 모습을 보고만 있지 않았어. 농민군은 일본군을 물리치기 위해 다시 일어선 거야. 농민군은 공주 **우금치**에서 일본군과 큰 전투를 벌였지만 결국 패하고 말았어. 이후 전봉준을 포함한 여러 지도자들이 체포되면서 동학 농민 운동도 끝이 났어. 동학 농민 운동은 신분 차별과 농민들을 괴롭히는 나쁜 관습 없애기 등을 주장한 **반봉건 운동**이자 청과 일본에 대항한 **반외세 운동**이었어.

458 갑오개혁

청일 전쟁 이후 세력을 잡은 일본은 민씨 정권을 내쫓은 후 김홍집을 비롯한 새로운 사람들로 정부를 꾸렸어. 그리고 군국기무처를 세우고 여러 가지 개혁을 실시했지. 이 개혁이 갑오년인 1894년에 일어났기 때문에 **갑오개혁**이라고 불러. 갑오개혁은 갑신정변과 동학 농민 운동의 정신을 받아들인 근대적 개혁이었지만 일본의 간섭으로 제대로 된 개혁이 되지는 못했어.

459 군국기무처

군국기무처(軍國機務處)는 '군사[軍]와 나라[國]에 관한 중요한[機] 업무[務]를 보던 관청[處]'을 말해. 갑오개혁을 지휘했던 관청이지.

460 홍범 14조

청일 전쟁에서 승리한 일본은 김홍집 중심의 개혁 정부를 없애고 박영효를 중심으로 한 새로운 정부를 앞세웠어. 이때 고종은 왕실 업무와 나랏일의 구분, 사법권 독립 등의 내용을 담은 **홍범 14조**를 발표했어.

③

461 을미사변

을미사변은 을미년인 1895년에 있었던 재앙과도 같은 사건을 말해. 명성 황후는 일본을 견제하기 위해 러시아 세력과 친하게 지냈어. 그러자 일본은 한 나라의 왕비인 명성 황후를 시해하는 을미사변을 일으켰어.

462 을미개혁

을미사변 후 일본은 서둘러 개혁을 실시하며 을미사변을 덮으려 했어. 이때 추진된 것이 **을미개혁**이야. 을미개혁의 내용 중 가장 큰 논란이 되었던 것은 단발령이었어.

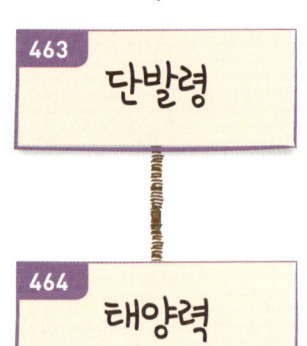

463 단발령

단발령(斷髮令)은 '머리카락[髮]을 자르라는[斷] 정부의 명령[令]'을 말해. 우리 조상들은 부모로부터 받은 머리카락을 함부로 자르는 것은 불효라고 생각하고 있던 터라 반발이 무척 심했어.

464 태양력

아주 옛날 인류는 계절의 변화를 알게 되면서 시간을 헤아리는 단위를 만들기 시작했어. 그게 달력이야. 현재 달력은 달을 기준으로 만드는 태음력과 태양을 기준으로 만드는 태양력이 있지. 조선은 이전까지 태음력을 사용했는데 을미개혁으로 태양력을 사용하게 되었어.

465 아관 파천

아내인 명성 황후가 죽는 것을 목격한 고종은 두려움을 느끼고 러시아 공사관으로 급히 몸을 피했어. 이것을 **아관 파천**이라고 해. '아관'은 러시아 공사관을, 파천은 임금이 다른 곳으로 옮기는 것을 말해. 이 시기, 조선은 서양 및 일본에게 금광 개발권, 철도 부설권 등 각종 이권을 넘겨주고 말았어.

3 국권 수호 운동

일본은 대한 제국의 외교권을 빼앗는 을사늑약을 강제로 체결하였어요. 이후 우리 국민들은 국권을 수호하기 위해 항일 의병과 애국 계몽 운동을 전개하였지요. 개항 이후 우리는 교육·언론·의생활·시설 등 근대적인 모습을 갖추게 된답니다.

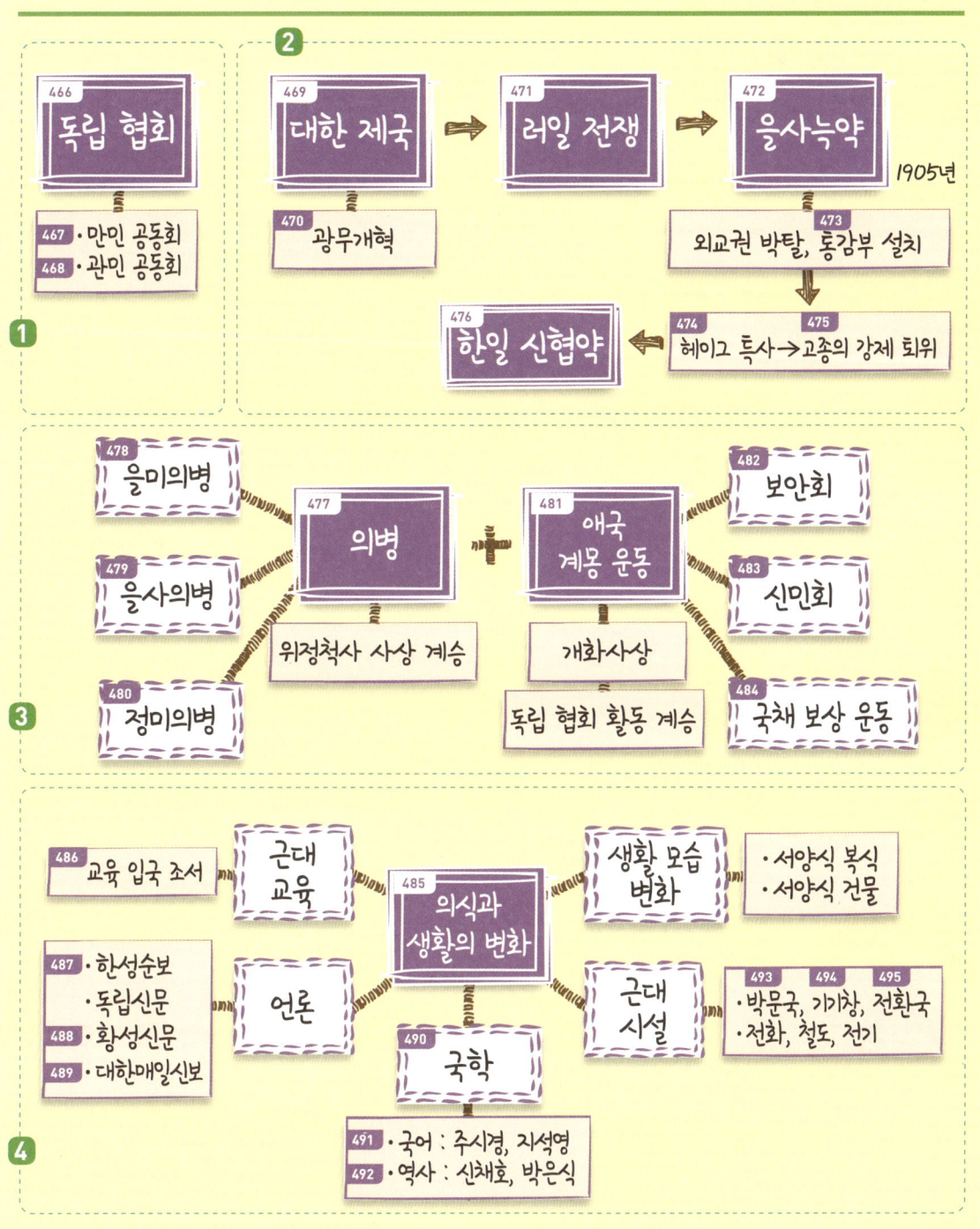

1
- 466 독립 협회
  - 467 · 만민 공동회
  - 468 · 관민 공동회

2
- 469 대한 제국 → 471 러일 전쟁 → 472 을사늑약 (1905년)
  - 470 광무개혁
  - 473 외교권 박탈, 통감부 설치
  - 476 한일 신협약 ← 474 헤이그 특사 → 475 고종의 강제 퇴위

3
- 477 의병 (위정척사 사상 계승)
  - 478 을미의병
  - 479 을사의병
  - 480 정미의병
- 481 애국 계몽 운동 (개화사상, 독립 협회 활동 계승)
  - 482 보안회
  - 483 신민회
  - 484 국채 보상 운동

4
- 485 의식과 생활의 변화
  - 근대 교육
    - 486 교육 입국 조서
  - 언론
    - 487 · 한성순보 · 독립신문
    - 488 · 황성신문
    - 489 · 대한매일신보
  - 490 국학
    - 491 · 국어 : 주시경, 지석영
    - 492 · 역사 : 신채호, 박은식
  - 생활 모습 변화
    - · 서양식 복식
    - · 서양식 건물
  - 근대 시설
    - 493 494 495 · 박문국, 기기창, 전환국
    - · 전화, 철도, 전기

> 세상 돌아가는 걸 모르는 것, 즉 무지가 우리나라를 이렇게 만들었다. 국민 계몽을 위해 이 한 몸 바치겠다! —지식인

> 일제에 무력으로 대항하겠다! 물론 무기며 병사며 모두 부족하지만 우리가 계속 저항한다면 일제도 결국 물러나고 말 테니까. 후세들이여, 우리를 꼭 기억해 주게나! —의병

1

466 독립 협회

아관 파천으로 러시아를 비롯한 서양 여러 나라들이 조선에서 온갖 이권을 챙길 무렵 개화파로 미국에까지 유학을 갔던 서재필이 조선으로 돌아왔어. 서재필은 정부의 도움을 받아 독립신문을 만들었지. 이후 서재필은 개화파 지식인들을 더 모아 **독립 협회**를 만들었어. 독립 협회는 국민을 계몽하는 것을 목표로 토론회와 연설회를 자주 열었어.

467 만민 공동회

만민이란 모든 사람을 뜻해. 모든 사람이 공동으로 토론회를 연 것이 **만민 공동회**야. 이 토론회는 신분에 관계없이 참여해 자신의 의견을 밝혔어.

468 관민 공동회

관리, 즉 정부 관계자가 백성과 함께 한 모임이야. 정부와 백성의 대표가 함께 참여해 의사결정을 내렸다는 점에서 발전된 모습을 느낄 수 있어.

2

469 대한 제국

아관 파천 이후 고종은 1년 만에 경운궁(덕수궁)으로 돌아와 개혁 의지를 다졌어. 그리고 곧 나라 이름을 **대한 제국**으로 바꾸었지. 고종 황제는 대한 제국이 **자주독립 국가**임을 국내외에 알렸어.

470 광무개혁

대한 제국은 옛 제도 위에 새로운 것을 받아들이는 정신을 바탕으로 **광무개혁**을 실시했어. 광무개혁에 의하면 황제는 군사권, 외교권, 사법권 등 막강한 권한을 갖게 되었고, 군사 제도도 고쳤어. 또 산업 발전과 교육에도 신경 쓸 것을 다짐했어. 하지만 광무개혁은 지배층의 낡은 생각과 여러 나라의 간섭으로 큰 성과를 거두지는 못했지.

471 러일 전쟁

한반도를 놓고 러시아와 신경전을 벌이던 일본은 드디어 오랫동안 갈아 온 칼을 뽑아들었어. 러시아와 일본 사이에 벌어진 **러일 전쟁**에서 일본이 승리를 거두었지. 러시아는 국내에서 혁명이 벌어져 전쟁에 신경을 쓸 수가 없었어. 이 전쟁의 승리로 일본은 한반도에서 큰 권력을 누리게 돼.

472 을사늑약

러일 전쟁에서 이긴 일본은 러시아와 담판을 벌여 한반도에서 우월한 권리를 갖게 되었어. 이제 일본은 다른 나라의 간섭 없이 한반도를 본격적으로 침략할 일만 남은 거지. 일본은 대한 제국의 외교권을 빼앗기 위해 **을사늑약**을 체결했어. 국제 사회에서 이제 대한 제국 대신 일본이 목소리를 내게 되었지.

473 통감부

통감부(統監府)는 '크게[統] 보살피며 다스리는[監] 관청[府]'을 뜻해. 을사늑약 이후 대한 제국의 외교에 관한 일을 하겠다며 일본이 한성에 세운 기관이야. 하지만 대한 제국의 모든 업무를 장악했던 곳이었어. 을사늑약 이후부터 우리나라가 식민지로 전락한 1910년까지 계속 이어졌지.

474 헤이그 특사

을사늑약이 체결되자 고종은 가만히 있지만은 않았어. 비록 외교권을 잃었지만 이 사실을 세계에 알려야 한다고 생각했지. 을사늑약의 부당함을 알리기 위해 법관 출신의 이준, 외국어를 잘하는 이위종, 충신 이상설을 특사로 임명해 네덜란드 헤이그에서 열리는 만국 평화 회의에 보냈어.

475 고종의 퇴위

고종이 헤이그에 특사를 보낸 것을 알게 된 일본은 고종에게 모든 책임을 물어 강제로 황제 자리에서 내려오게 했어. **헤이그 특사**는 대한 제국으로 돌아오지 않고 외국에서 계속 독립운동을 해나갔어.

476 한일 신협약

일본은 고종을 강제 퇴위시킨 후 조약을 체결했어. 1907년 정미년이라 정미 7조약이라고도 하고, **한일 신협약**이라고도 해. 이로 인해 일본은 주요 관직에 일본인을 임명하고, 조선의 군대를 해산시킬 수 있었어.

3

477 의병

임진왜란 때도 **의병**이 있었던 것 생각나지? 대한 제국이 국권을 잃을 무렵에도 의병이 일어났어. 의병은 주로 위정척사 사상을 계승한 양반 유생들이 중심이 되었고, 신분을 가리지 않고 많은 사람들이 힘을 보탰어.

478 을미의병

을미년은 어떤 해였는지 생각나니? 명성 황후가 시해를 당한 해였어. **을미사변**과 **단발령**이 시행되자 전국에서 의병이 일어났지. 그러나 고종이 아관 파천 직후 단발령을 없었던 걸로 하고 해산을 권하자 활동을 중단했어.

479 을사의병

을사늑약으로 대한 제국은 일본에 외교권을 넘기게 되자 이곳저곳에서 의병이 일어났어. 관리였던 민종식, 유학자 최익현 등은 의병을 꾸려 일본군과 싸웠어. **을미의병** 당시에는 양반들이 중심이 되어 의병이 조직되었다면 **을사의병** 때에는 신돌석과 같은 평민 의병장이 등장해 큰 활약을 펼쳤어.

480 정미의병

고종이 일제에 의해 강제로 황제 자리에서 내려오자 사람들은 분개했어. 이때 곳곳에서 일어난 의병이 **정미의병**이야. 마침 군대까지 해산되자 군인들까지 의병에 참여해 의병의 전투력은 굉장히 향상되었어.

481 애국 계몽 운동

을사늑약이 맺어질 무렵 개화 사상과 독립 협회의 활동을 이어받은 사람들에 의해 **애국 계몽 운동**이 일어났어. 애국 계몽 운동은 지식인과 전직 관리들이 민족의 실력을 길러 잃어버린 외교권 등 국권을 회복하자고 했어.

482 보안회

애국 계몽 운동을 부르짖는 단체들 중 **보안회**는 일본의 황무지 개간권 요구를 막아냈어. 일제는 전국의 황무지를 마음대로 개간해 자신들이 관리하는 땅으로 삼으려 한 거야. 우리 땅을 마음대로 하겠다는 것은 우리의 주권을 심각하게 빼앗는 것이거든.

483 신민회

을사늑약 이후 대한 제국의 정치에 관여하게 된 일제의 통감부는 우리나라 사람들이 정치 활동을 하는 것을 철저히 막았어. 하지만 안창호, 양기탁 등은 비밀 단체인 **신민회**를 만들었어. 신민회는 오산 학교, 대성 학교 등을 세워 민족 교육을 실시했고, 여러 회사를 세워 경제력을 키우기 위해 애썼어. 그러나 일제는 데라우치 총독 암살 미수 사건을 조작하여 신민회를 해산시켜 버렸어. 이 사건이 105인 사건이야.

484 국채 보상 운동

나라의 빚을 백성이 대신 갚아 국권을 지키자는 운동이 **국채 보상 운동**이야. 대구에서 시작되었는데, 이후 전국으로 퍼져 농민, 학생, 상인 등 다양한 계층이 참여했어. 사람들은 금주, 금연으로 돈을 모았고, 여자들은 금반지 등을 내놓기도 했어. 하지만 일제의 방해로 실패하고 말았지.

4

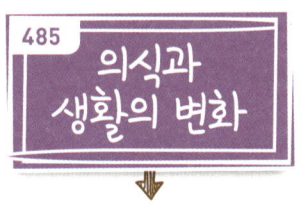

485 의식과 생활의 변화

개항 이후 서양의 사상과 문화가 들어오면서 사람들의 생각도 많이 바뀌게 되었어. 동학 농민 운동에서 신분제 폐지를 주장한 것만 봐도 알 수 있을 거야. 또한 철도나 전기 등 각종 문물이 들어와 생활도 변화했어.

486 교육 입국 조서

근대 교육을 받아들이는 과정에서 근대 교육에 대한 체계적인 생각을 담은 정부의 방침을 밝힌 문서가 만들어졌는데 이것이 **교육 입국 조서**야. 이후 대한 제국은 각종 근대 학교를 세우기 시작했어.

487 한성순보

'순(旬)'은 '열흘', '보(報)'는 '알린다'는 뜻을 갖고 있지, 결국 순보란 열흘마다 소식을 전하는 신문이야. **한성순보**는 나라에서 만든 신문으로 정부의 개화 정책을 알리고 국내외의 상황을 소개하기 위해 만들기 시작했어. 우리나라 최초의 신문이야.

488 황성신문

대한 제국 시기에 만들어진 신문으로, 을사늑약 체결 당시 이 조약이 얼마나 강압적으로 이루어졌는지를 자세히 보도해 사람들의 애국심을 높였어. 또한 조약 체결 후에는 장지연이 이 신문에 '오늘 목 놓아 운다.'는 뜻의 '**시일야방성대곡**'이라는 사설을 실은 것으로 유명해.

489 대한매일신보

일제는 애국심을 조금이라도 고취하는 내용이 나오는 신문은 모두 발행을 못하도록 했어. 하지만 **대한매일신보**만은 달랐지. 신문을 만드는 발행인이 영국인 베델이었거든. 대한 제국을 너무나 사랑했던 **베델**은 대한 제국에 취재를 위해 들어왔다가 결국 대한 제국의 독립운동을 돕기에 이르렀어. 발행인이 영국인이어서 일제도 함부로 할 수 없었던 것을 이용해 대한매일신보는 일제에 비판적인 기사를 많이 썼고, **국채 보상 운동**도 많이 홍보했어. 베델이 죽은 후 대한매일신보도 결국 폐간되었어.

490 국학

국학(國學)이란 우리나라[國]에 관한 학문[學]이야. 을사늑약 이후 민족의식을 높이고 우리의 민족 문화를 지키기 위해 일부 뜻있는 사람들은 국학을 연구했어. 대표적인 분야는 국어와 역사 분야를 들 수 있지. 우리말과 우리 역사를 널리 알려 사람들에게 자긍심을 심어주고자 했어.

491 국어

국어에서는 차츰 한글이 신문에 등장했어. 국어와 한문이 같이 쓰인 국한문 혼용체 신문이 등장한 데 이어 독립신문은 한글로만 기사를 쓰기도 했어. 우리말 쓰기가 늘어나자 정부는 국문 연구소를 만들었는데, 이곳에서는 주시경, 지석영 등이 국어의 발음과 맞춤법 등을 연구했어.

492 역사

일제의 침략이 본격화되던 시기에 **역사** 분야에서는 신채호, 박은식 등이 활약했어. 신채호는 민족주의 역사학의 토대를 마련하였으며, 박은식은 신문과 잡지에 민족의 자긍심을 일깨워 주는 논설을 발표해 역사의식을 높이는 데 앞장섰어.

493 박문국

1883년에 세워진 우리나라 최초의 근대식 인쇄소로 신문 및 잡지 등을 편찬·인쇄하던 출판 기관이야.

494 기기창

개항 이후 고종은 중국에 **영선사**를 보냈다고 했지? 당시 중국은 서양의 기술 중에서도 무기에 집중하고 있던 시절이야. 영선사 일행은 중국의 무기 공장을 돌아보고 조선에 돌아와 서양의 신식 무기를 만드는 **기기창**을 세웠어.

495 전환국

개항 이후 조선은 상평통보 외에 금전·은전과 지폐를 동시에 만들어 사용함으로써 근대적 화폐 제도를 마련하고자 했어. 이를 위해 **전환국**을 설립해 화폐 관련 업무를 보게 했어.

08 근대·현대

1. 일제의 지배 및 3·1 운동과 대한민국 임시 정부
2. 다양한 민족 운동의 전개
3. 대한민국의 발전

1 일제의 지배 및 3.1 운동과 대한민국 임시 정부

한일 병합으로 우리나라는 일제에 국권을 빼앗겼어요. 일제는 우리나라에 1910년대 무단 통치와 토지 조사 사업, 1920년대 민족 분열 통치, 1930년대 민족 말살 통치를 실시하였습니다. 1919년에 일어난 3.1 운동의 결과 체계적인 독립운동을 위해 대한민국 임시 정부가 수립되었어요.

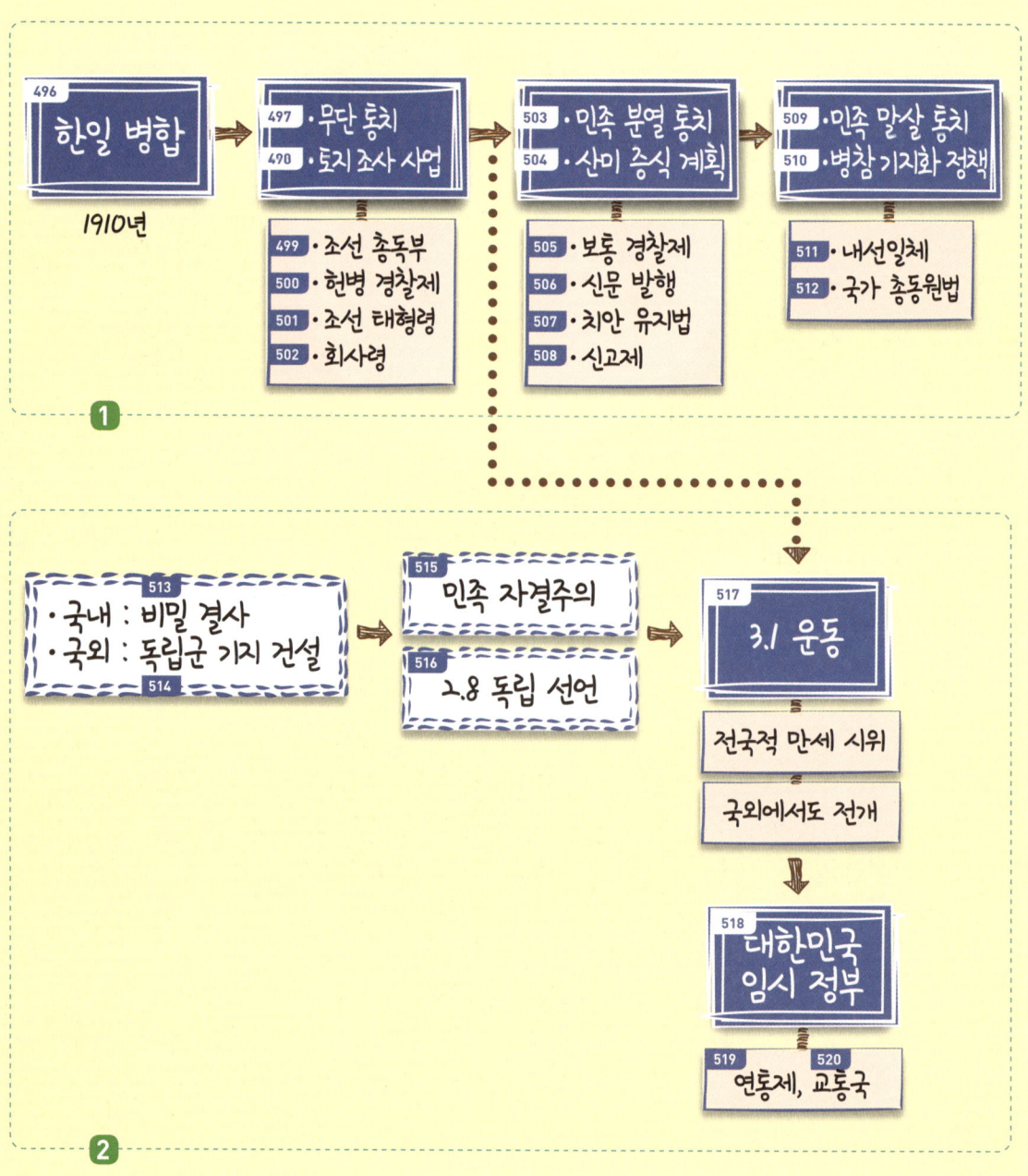

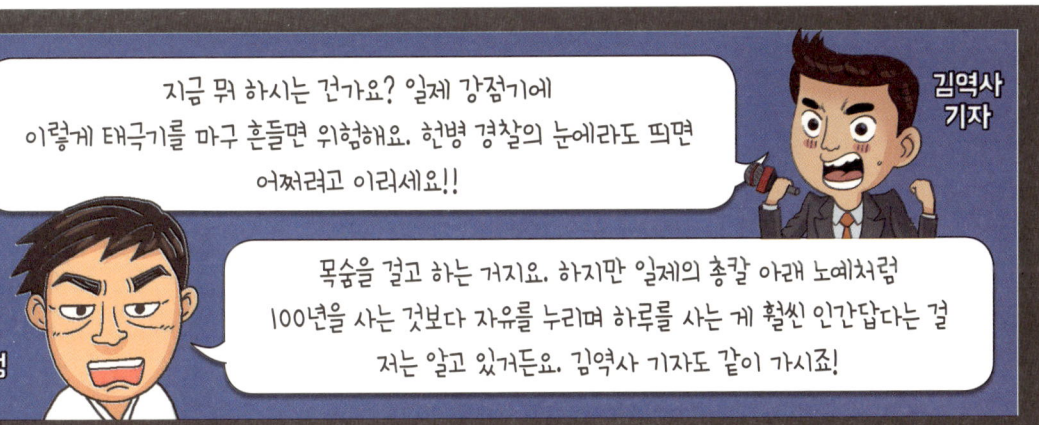

1

496 한일 병합

병합(併合)이란 '아우르고[併] 합치는[合] 것'을 말해. 둘 이상의 기구나 단체, 나라 등이 하나로 합쳐지는 거지. 일제는 1907년 군대를 해산한 이후 1910년 사법권과 경찰권까지 빼앗았지. 이로써 대한 제국은 일본의 식민지가 되었어.

497 무단 통치

무단 통치(武斷統治)는 '무[武]을 써서 강압적으로 단행[斷]하여 나라를 다스리는[統治] 방법'을 말해. 시기적으로 1910년 한일 병합 때부터 3.1 운동 전까지야. 일제는 통감부를 해체하고 조선 총독부를 세운 후 총독이 모든 권한을 갖고 우리나라를 다스리게 하였어. 무력에 의한 강압적인 통치가 행해진 이 시기에 많은 애국 운동 단체가 일제에 의해 해산되었으며 수많은 독립운동가들이 체포되거나 죽었어.

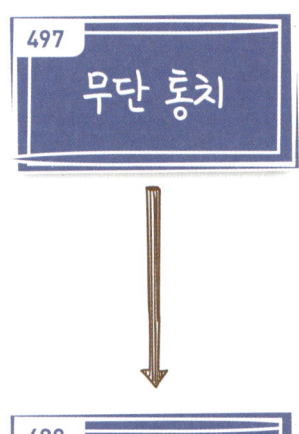

498 토지 조사 사업

대한 제국의 국권을 빼앗자마자 일제는 **토지 조사 사업**을 실시했어. 농토를 알아야 세금을 걷어 마음대로 사용할 수 있으니까. 이 사업으로 조선 총독부의 토지세 수입은 크게 늘었어. 일제는 동양 척식 주식회사를 세워 신고하지 않은 토지나 나라 소유의 토지를 싸게 일본인에게 넘겨버렸어. 이제 우리 농민은 일본인 대지주의 소작농이 되어버렸지.

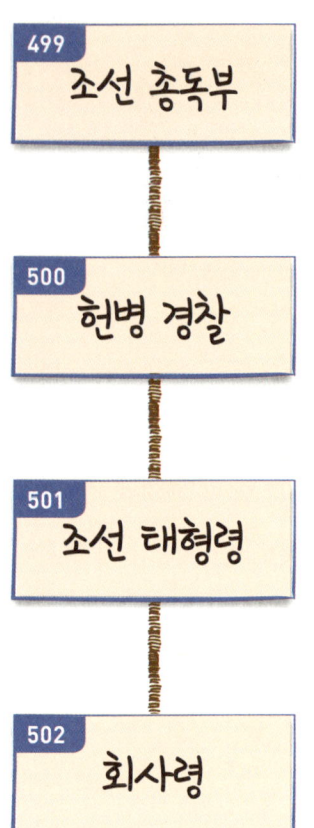

499 조선 총독부

일제는 식민 통치 기구인 **조선 총독부**를 민족의 상징인 경복궁 앞에 지었어. 이곳에서 식민 통치를 위한 정책이 만들어지고 시행되었지. 조선 총독은 육해군 대장 출신이어서 무력을 앞세운 **무단 통치**를 실시했어.

500 헌병 경찰

헌병은 군대 안에서 경찰과 같은 일을 하는 군인이야. 그래서 일반 군인보다 훨씬 규율이 강해. 일제는 이런 헌병을 데려와 우리나라에서 경찰로 활약하게 했어. 이를 **헌병 경찰** 제도라고 해.

501 조선 태형령

헌병 경찰은 법을 어긴 현장을 발견하면 재판을 거치지 않고, 벌금이나 엉덩이에 매질을 가하는 태형 등의 처벌을 명할 수 있었어. 이런 내용을 담은 것이 **조선 태형령**이야. 태형은 한국인에게만 내려진 형벌이었어.

502 회사령

일제는 우리나라의 산업이 성장하는 것을 막고자 했어. 그래서 한국인이 기업을 세우는 것을 억제하기 위해 '**회사령**'을 발표했어. 회사를 세우려면 조선 총독의 허가를 받아야 했는데 절차가 까다로워 불가능에 가까웠어.

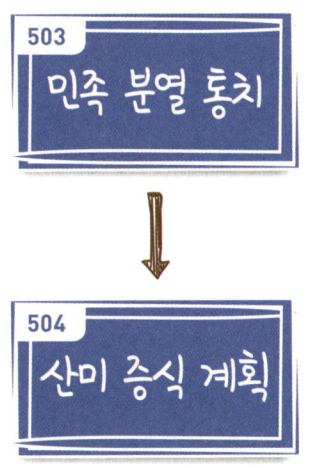

503 민족 분열 통치

3·1 운동은 전 세계를 깜짝 놀라게 했어. 이제 우리 민족의 저력을 알게 된 거야. 강압적인 방법은 더 이상 통하지 않는다고 판단한 일제는 우리 민족의 문화와 관습을 존중한다며 **민족 분열 통치**라는 것을 시작했어. 이 시기 일제는 친일파를 만드는 데 주력했지.

504 산미 증식 계획

1920년대 일본은 산업이 발전하면서 공장 노동자들이 늘어나 이들에게 싼값에 쌀을 공급할 필요가 있었지. 우리나라는 쌀을 빼앗아 올 좋은 대상이었어. 일제는 우리나라에서 쌀 증산 계획인 **산미 증식 계획**을 세워 꾸준히 생산량을 늘려갔고, 늘어난 생산량보다 많은 양의 쌀을 빼앗아갔어.

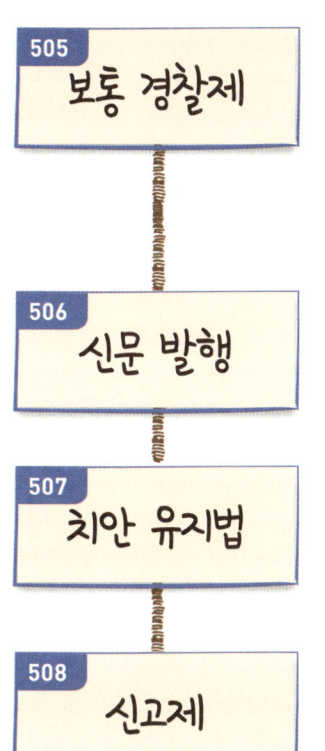

3·1 운동 이후 일제는 헌병 경찰제를 **보통 경찰제**로 바꾸었어. 헌병 경찰이 행하던 무력적인 통치 방법 대신 보통 경찰제를 실시하였어. 하지만 옷만 바뀌었을 뿐 바뀐 건 없었어. 오히려 경찰의 수가 증가하였지. 한편 군 출신만 되던 총독은 문관도 될 수 있게 했지.

민족 분열 통치 기간에는 신문도 발행할 수 있었지. 하지만 검열이 너무 철저해 우리 민족의 생각과 가치가 실린 기사는 모두 삭제되었어.

3·1 운동 이후 일제는 사회 안전을 위해 필요하다며 **치안 유지법**을 만들었어. 하지만 이 법은 독립운동을 탄압하기 위해 이용되었지.

민족 분열 통치 시기 일제는 일본인들이 우리나라에 자유롭게 투자할 수 있도록 회사를 세울 때 신고만 하면 되는 **신고제**로 바꾸었어. 그리고 관세를 없애버려 일본 물건이 싸게 우리나라에서 팔릴 수 있도록 했어. 이 덕에 일본 경제인들은 한국의 값싼 노동력을 이용해 큰 돈을 벌었지.

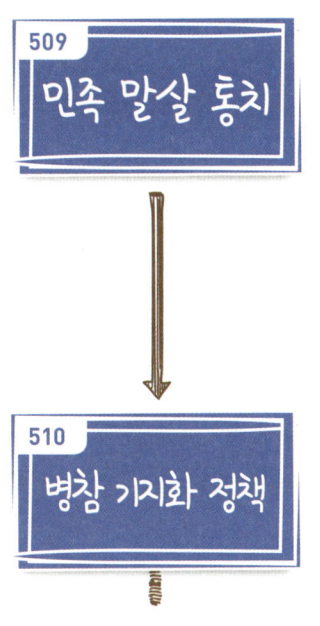

빠르게 발전하던 자본주의 경제는 미국의 갑작스런 경제 악화가 전 세계로 확대되면서 대공황이 일어났어. 그러자 일본도 위기가 닥쳤지. 일본은 이를 극복하기 위한 방법으로 전쟁을 선택했어. 전쟁을 하려면 군인을 비롯한 사람들이 필요하겠지? 일제는 우리 민족을 전쟁에 쉽게 끌어들이기 위해 우리 민족 문화를 없애고 일본인화 하려는 **민족 말살 통치**를 실시했어.

대공황에서 벗어나고자 일제는 만주를 침략하고 중국과 전쟁을 벌였으며 미국의 하와이를 기습 공격했어. 이를 위해 전쟁에 필요한 물자를 우리나라에서 공급하기로 했지. 군사 용어로 이런 걸 **병참 기지**라고 해.

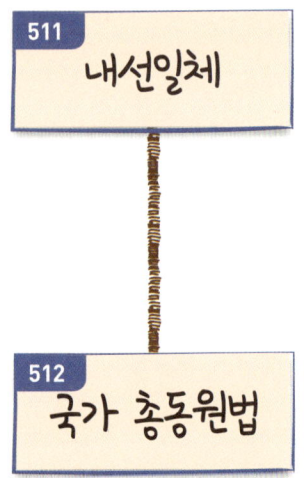

내선일체(內鮮一體)란 일본, 즉 '내지[內]'인 일본과 조선[鮮]이 하나가 되는 것[一體]'을 말해. 일본을 위해 희생하는 것을 당연시 여기도록 하기 위한 꼼수야. 내선일체를 위해 일제는 일본 왕에 충성을 다짐하게 하거나 일본 궁성이 있는 곳을 향해 절을 하도록 했고, 일본식 종교 시설인 신사를 세우고 그곳에 참배하도록 했어. 당연히 우리말 사용과 역사 교육은 금지되었지.

제2차 세계 대전에 참여한 일제는 전쟁 준비를 위해 한반도로 눈을 돌려 사람과 물자를 동원하였어. 군인으로 끌려가면 징병, 노동자로 끌려가면 징용이라 했어. 일부 여성들은 '위안부'로 끌려가 고통 받았지. 군량미 확보를 위해 쌀도 배급을 주었고, 무기를 만들기 위해 농기구, 그릇 등을 모두 가져갔어. 이렇게 할 수 있는 근거가 된 법이 **국가 총동원법**이야.

2

비밀 결사(秘密結社)는 비밀스럽게 목적을 달성하기 위해 만든 모임이야. 한일 병합 후 일제는 애국 계몽 단체와 의병의 뿌리를 뽑아버렸어. 그러니 많은 애국지사와 의병들은 만주나 연해주 등 국외로 떠날 수밖에 없었지. 국내에 남은 민족 지도자들은 이제 비밀스럽게 조직을 만들어 활동해야 했어.

만주와 연해주로 간 사람들은 동포 사회를 만들었어. 그리고 이곳을 중심으로 독립운동을 할 기지, 군대 활동의 기점이 되는 근거지를 만들었어.

제1차 세계 대전 후 열린 파리 강화 회의에서 미국의 윌슨 대통령은 **민족 자결주의**를 외쳤어. 각 민족은 다른 민족의 간섭을 받지 않으며, 정치적 운명을 결정할 권리가 있다고 말한 거야. 이를 **민족 자결주의**라고 해. 다른 나라의 침략을 받던 힘없는 약소 민족에게 희망을 주었어.

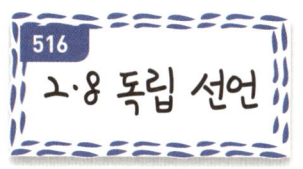

민족 자결주의를 접한 우리 민족은 각지에서 독립을 선언했어. 만주에서는 독립운동가들이 모여 독립 선언서를 발표했고, 일본의 도쿄에서는 1919년 2월 8일, 우리 유학생들이 모여 독립 선언서를 발표했지. 이 사건이 **2·8 독립 선언**이야.

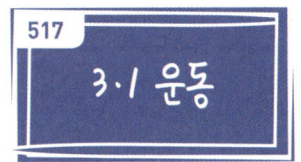

국내에서도 비밀스럽게 독립 만세 운동이 계획되고 있었어. 민족 대표 33인은 독립 선언서를 준비해 전국에 나누어 준 후 1919년 3월 1일 서울 종로의 태화관에서 독립 선언식을 열었어. 이때는 고종 황제의 장례 때문에 많은 사람들이 서울에 올라와 있었기 때문에 만세 운동은 급격히 퍼질 수 있었어. 평화로운 만세 시위를 일제는 잔인하게 탄압했어. **3·1 운동**으로 일제는 통치 방식을 민족 분열 통치로 바꾸었지. 중국 상하이에서는 민족의 독립 의지를 모으기 위해 임시 정부가 탄생했어.

3·1 운동으로 민족의 힘을 본 애국지사들은 독립운동을 하나로 뭉쳐 체계적으로 전개할 필요를 느꼈어. 연해주의 블라디보스토크에서는 대한 국민 의회, 중국 상하이에서는 상하이 임시 정부, 국내에서는 한성 정부가 수립되었지. 이에 통합 논의가 일어나 상하이에 **대한민국 임시 정부**가 출범하였어.

국외에 있던 임시 정부는 국내와 연락할 필요가 있었어. 우선 자금이 필요했고, 국내의 정보를 얻어야 했거든. 이를 위해 만든 것이 **연통제**야. 임시 정부의 문서와 명령 전달, 군자금 대어주기, 정보 보고 등을 담당한 비밀 조직이야.

교통국은 국내의 정보를 수집하고 분석한 후 이를 전해 주는 업무를 담당하는 통신 기관이었어.

2 다양한 민족 운동의 전개

1920년대에는 의열단, 한인 애국단 등 의열 투쟁이 일어나게 됩니다. 또한 봉오동 전투, 청산리 대첩으로 무장 독립 투쟁이 전개되지요. 한편으로는 민족 실력 양성, 사회주의 사상이 주도한 쟁의, 학생들이 중심이 된 6.10 만세 운동, 광주 학생 항일 운동 등 다양한 민족 운동이 전개됩니다.

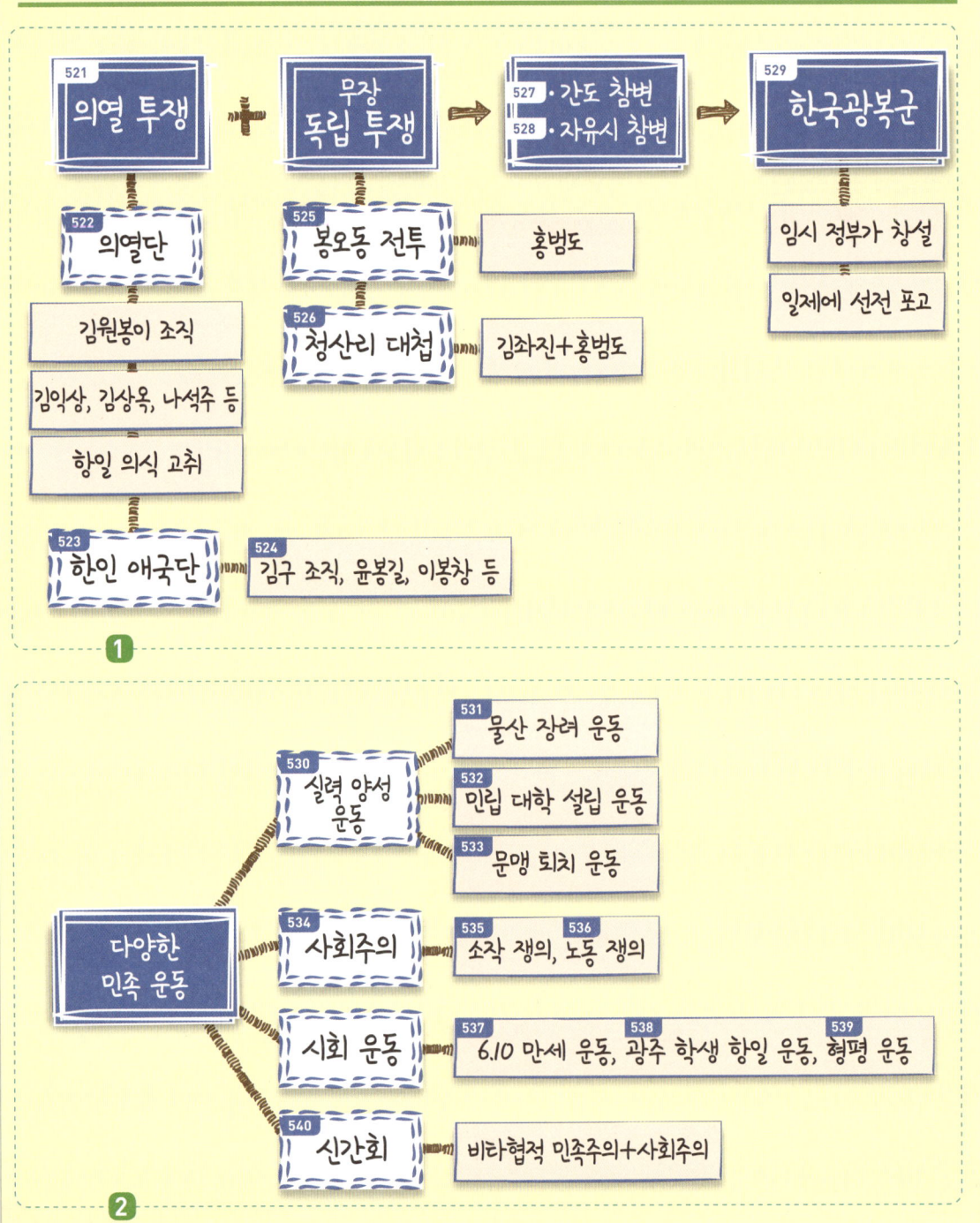

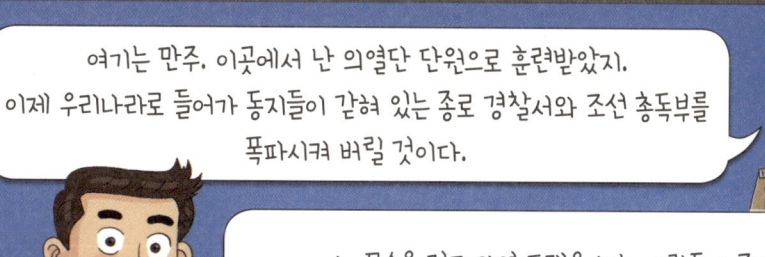

| 521 의열 투쟁 |

3·1 운동 후 몇몇 독립운동가는 비밀 조직을 만들어 일제의 관청을 파괴하거나 일제의 중요 인물을 암살하는 활동을 했어. 이게 **의열 투쟁**이야.

| 522 의열단 |

밀양 출신의 독립운동가인 **김원봉**은 해외에서 의열 활동을 하기로 결정하고 '**의열단**'을 조직했어. 김원봉은 변장의 달인으로 단 한 번도 일제에 잡히지 않고 활동을 했지. 김원봉의 지휘 아래 김익상, 김상옥, 나석주 등은 몰래 국내에 진입해 조선 총독부나 종로 경찰서, 동양 척식 주식회사에 폭탄을 던져 국내에 희망을 안겨주었어.

| 523 한인 애국단 |

임시 정부의 활동이 순탄했던 것만은 아냐. 1920년대에는 내부 분열, 일제의 탄압으로 힘을 잃은 적이 있었어. **김구**는 이 상황을 극복하기 위해 의열 투쟁을 선언하며 **한인 애국단**을 조직했지. 한인 애국단 소속의 이봉창은 일본 국왕 암살 시도, 윤봉길은 일본군 장성에게 폭탄을 던졌어.

| 524 김구 |

김구(1876~1949)는 평범한 보통 사람처럼 살다 가겠다는 의미로 자신의 호를 백범으로 삼을 정도로 백성을 사랑했어. 임시 정부를 끝까지 지키며 독립운동에 앞장선 인물이야.

525 봉오동 전투

국외의 독립군 기지에서 훈련을 받은 사람들은 밤을 틈 타 국경을 넘어 일본군 부대를 공격하고 돌아가곤 했어. 독립군의 공격으로 타격을 입은 일본군은 대규모 부대를 보내 독립군의 씨를 말리고자 했지. 하지만 홍범도 장군이 이끄는 대한 독립군 부대는 지형을 이용해 기습 공격하여 큰 승리를 거두었단다. 이 전투가 바로 **봉오동 전투**야.

526 청산리 대첩

봉오동 전투에서 패하고 화가 난 일본은 대규모 군대를 이끌고 독립군이 모여 있다는 청산리로 향했어. 이때 김좌진 장군은 홍범도 장군과 연합해 청산리에서 일본군을 크게 무찔렀지. 이 전투가 **청산리 대첩**이야.

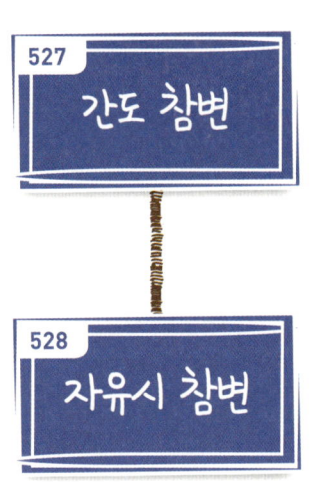

527 간도 참변

국외에서 독립군들이 활동할 때는 모든 조선인이 독립군이나 마찬가지였어. 먹고 살기 힘든 상황에서도 독립군이라면 음식을 대접하거나 숨겨 주었거든. 청산리 대첩 이후 일제는 분노한 나머지 독립군 외에도 간도에 사는 민간인까지 무차별적으로 죽였어. 이를 **간도 참변**이라고 불러.

528 자유시 참변

자유시는 아름다운 시(時)의 한 종류가 아니라 소련의 도시 이름이야. 일본군의 공격으로 독립군은 러시아로 이동해야 했지. 하지만 이곳에서 독립군은 내부의 분열과 러시아 군대에게 배신을 당했어. 일본군과 손 잡은 러시아군은 독립군의 무기를 빼앗고 수백 명을 죽였어.

529 한국 광복군

임시 정부는 독립운동 세력을 하나로 모아 **한국 광복군**이라는 군대를 만들었어. 일제가 미국을 기습 공격하자 임시 정부는 즉각 일제에 선전 포고를 하고 미국, 영국 등의 연합군에 소속되어 싸웠어. 우리 힘으로 일본의 항복을 받아내려 했지만 미국이 일본에 원자폭탄을 떨어뜨리자 일본이 갑작스럽게 항복하면서 성공하지는 못했어.

2

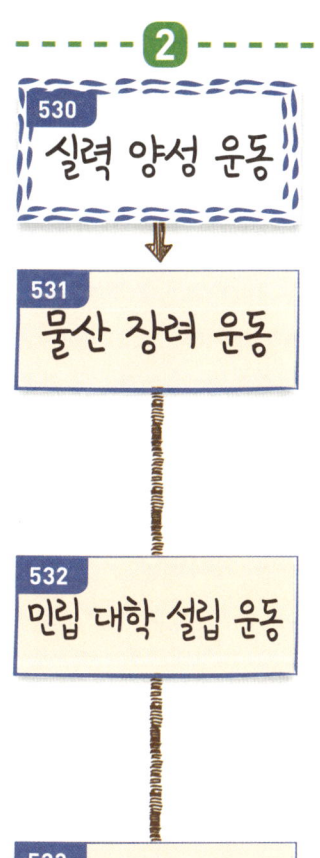

530 실력 양성 운동

1920년대 일부 지식인들은 실력을 키워 독립을 준비하자고 외쳤는데, 이런 움직임이 **실력 양성 운동**이야.

531 물산 장려 운동

물산 장려 운동(物産 獎勵 運動)은 '우리나라에서 생산[産]되는 물건[物]을 쓰도록 권하는[獎勵] 운동'이야. 국산품 애용, 소비 절약 등을 주장했으며 '내 살림 내 것으로', '조선 사람 조선 것'이라는 구호를 외쳤지만 일제의 방해로 성공하지는 못했어.

532 민립 대학 설립 운동

일제는 우리 민족에게 고등 교육을 시키지 않았어. 자신들이 부려먹기에 편할 정도의 읽고 쓰는 능력, 기초적인 셈법 등만 가르쳤거든. 민족주의자 중 교육에 관심이 많은 사람들은 우리 힘으로 고등 교육을 할 대학을 지을 필요가 있음을 느껴 전국적인 모금 활동을 했어.

533 문맹 퇴치 운동

먹고 살기 바빠 교육을 받을 기회가 없었던 백성들은 글을 모르는 사람들이 많았어. 이런 사람들을 위해 학생과 언론 기관을 중심으로 배움터를 세워 교육을 시켰는데, 이를 **문맹 퇴치 운동**이라고 해.

534 사회주의

사회주의는 사회 전체의 이익을 중시하는 사상이야. 이를 위해 지나치게 경제적 욕심을 부리는 사람들을 비롯해 개인의 행동을 제한할 수 있다고 주장하지. 이런 생각은 1920년대에 널리 퍼졌어.

535 소작 쟁의

쟁의란 지주나 소작인 또는 사용자와 근로자 사이에서 일어나는 분쟁을 말해. **소작 쟁의**란 소작농이 모여 쟁의를 일으킨 거야. 지주의 땅을 빌어 농사를 짓는 것이 소작인데, 소작의 대가로 너무 많은 돈을 내야 했기 때문에 쟁의를 일으킨 거야. 쟁의에는 사회주의 사상이 큰 영향을 끼쳤어.

536 노동 쟁의

일제 강점기에 항구에서 막노동꾼으로 지게를 지고 일하던 노동자들은 민족 차별과 낮은 임금에 항의해 **노동 쟁의**를 일으켰어.

537 6.10 만세 운동

고종의 아들이었던 순종이 죽자 사람들은 대규모 만세 시위를 계획했어. 하지만 사전에 일이 발각되어 성사되지는 못했지. 그래도 전국 각 지방에서는 만세 운동이 일어났어. 이 사건이 **6.10 만세 운동**이야.

538 광주 학생 항일 운동

광주에서는 한국 학생과 일본 학생 사이에 싸움이 벌어졌어. 이 사건에서 경찰과 교육 당국이 일본 학생에게만 유리하게 사건을 처리하자, 이에 분노한 한국 학생들에 의해 거대한 운동으로 퍼졌어. 학생들은 민족 차별 중지, 식민지 교육 제도 금지 등을 외쳤지. **광주 학생 항일 운동**은 지금의 학생의 날(11월 3일)의 기원이 되었어.

539 형평 운동

형평(衡平)의 '형(衡)'은 저울대를, '평(平)'은 평평함을 뜻해. 모든 사람이 차별받지 않는 상황을 의미하지. 지금껏 차별을 받아왔던 백정들이 평등한 대우를 요구하면서 벌인 사회 운동이야.

540 신간회

항일 운동의 '새로운[新] 줄기[幹]가 되는 모임[會]'이라는 의미를 지닌 **신간회**는 사회주의 독립운동가와 민족주의 독립운동가들이 손잡고 만든 단체야. 신간회는 전국을 돌며 민족의식과 항일 의식을 북돋우는 강연회를 열었고, **광주 학생 항일 운동**이 일어났을 때에는 이를 적극 홍보해 전국으로 퍼뜨리려고 노력했어. 하지만 신간회 또한 일제의 탄압과 내부 분열로 해체되고 말았어.

3 대한민국의 발전

광복 이후 우리나라는 38도선으로 남북이 나뉘면서 다른 정부가 세워지게 됩니다. 이후 북한의 남침으로 6.25 전쟁이 일어나게 되지요. 이후 우리 국민은 독재 정권에 저항하기도 하고, 경제 개발을 위해 노력하면서 민주화와 경제 성장을 이루게 되었습니다.

①

- 541 광복 → 544 38도선 → 545 모스크바 3국 외상 회의 → 547 미소 공동 위원회 → 549 남북 협상
  - 542 조선 건국 준비 위원회 / 일본군의 무장 해제 / 546 신탁 통치 결정 / 남북한 총선거
  - 543 카이로 선언, 포츠담 선언 / 미·소의 대립 / 548 남한 단독 선거

②

- 550 대한민국 수립 → 551 친일파 청산, 농지 개혁 → 553 애치슨 선언 → 554 6.25 전쟁
  - • 5.10 총선거
  - • 정부 수립
  - 552 반민족 행위 처벌법
  - • 북한의 남침
  - • 인천 상륙 작전

③

- 555 이승만 정부 → 557 4.19 혁명 → 558 장면 내각 → 559 5.16 군사 정변
  - 556 3.15 부정 선거
  - 560 박정희 정권
  - 561 • 한일 국교 정상화
  - 562 • 경제 개발 5개년 계획
  - 563 • 베트남 파병
  - 564 • 유신 체제
  - 565 • ㄴ6 사태

→ 566 12.12 사태 → 567 5.18 민주화 운동 → 568 전두환 정부 → 570 6월 민주 항쟁
  - 569 • 삼청 교육대
  - • 독재 정치
  - 571 6.29 민주화 선언

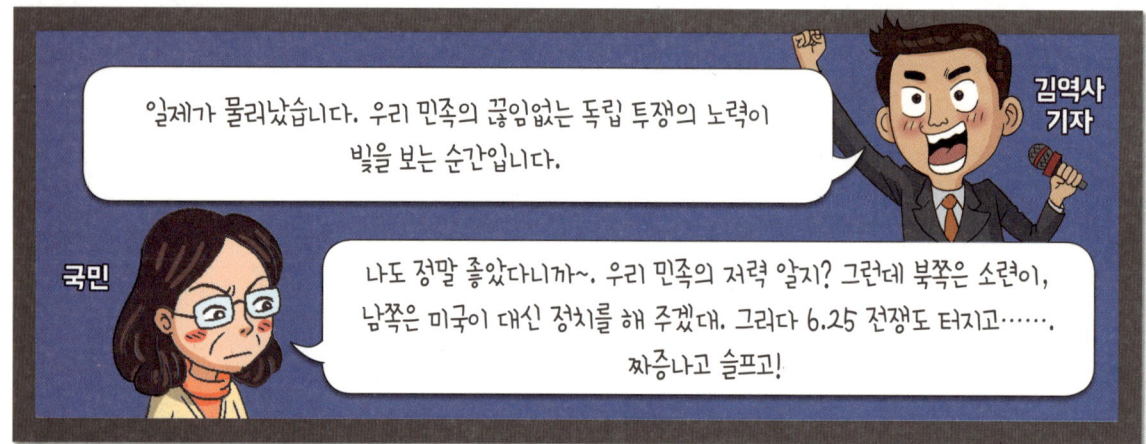

1

541 광복

광복(光復)을 글자 그대로 해석하면 '빛이 다시 돌아왔다'라는 의미지만 잃었던 나라의 주권을 되찾았을 때 광복이란 표현을 써. 미국이 일본에 원자폭탄을 떨어뜨리자 일본은 무조건 항복을 선언했어. 하지만 우리 민족의 끊임없는 독립운동 노력이 밑바탕이 되었음을 잊지 말아야 해.

542 조선 건국 준비 위원회

많은 애국지사들이 해외에서 활약할 때 목숨을 걸고 국내에서 활동했던 독립운동가들도 있어. 여운형이 대표적이야. 여운형은 일본의 패망을 예상하고 조선 건국 동맹을 만들었어. 이 조직은 광복 후 **조선 건국 준비 위원회**로 발전해 일본군 철수 후 사회가 혼란에 빠지지 않도록 했어.

543 카이로 선언, 포츠담 선언

제2차 세계 대전에서 일본의 패색이 짙어지자 미국과 영국 등 연합국 대표들이 만나 전쟁 후 처리 문제들에 대해 논의했어. **카이로 선언**에서 우리의 독립을 처음 약속했고, **포츠담 선언**에서 다시 확인해 주었지.

544 38도선

광복이 되었다고 우리가 바로 정부를 수립할 수는 없었어. 미국과 소련이 일본군의 무장을 해제시킨다는 핑계를 대고 **38도선**을 경계로 남과 북에 주둔했어. 두 나라는 자신들에게 유리한 정권을 세우려 했지.

1945년 12월에 미국과 소련, 영국은 모스크바에 모여 우리 민족의 문제에 대해 논의했어. 이 회의에서는 민주적인 임시 정부를 수립하고, **미·소 공동 위원회**를 설치하기로 했어. 또한 임시 정부와 미소 공동 위원회의 협의를 통한 **신탁 통치**를 결정하였지.

신탁(信託)은 믿고[信] 맡기는[託] 거야. **신탁 통치**란 다른 나라를 믿고 우리의 통치를 맡기는 것을 말하지. 국제 연합이 맡아달라고 부탁한 나라가 일정한 지역을 통치하는 것이야. 정치 혼란이 걱정되는 지역에서 실시해.

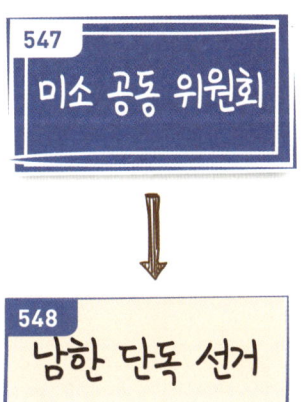

모스크바 3국 외상 회의의 결정에 따라 미국과 소련은 **미소 공동 위원회**를 열어 임시 정부 구성 방안을 논의했어. 하지만 두 나라의 의견이 갈려 결론을 내리지 못했어. 소련은 신탁 통치에 찬성하는 단체만 논의에 참여시키자고 했고, 미국은 이 의견에 반대했거든.

미소 공동 위원회가 흐지부지 끝나자 한반도는 좌익과 우익으로 나뉘어 격렬히 싸웠어. 이 둘을 화해시키려는 노력도 소용없을 지경이었어. 유엔에서는 남북한 총선거를 통해 정부를 수립하라고 말했지만 북한이 이를 거부했어. 결국 선거가 가능한 지역에서만이라도 총선거를 치르라고 했고, 결국 남한에서만 선거를 치르게 되었어.

남한만의 총선거는 결국 분단을 의미하는 거였어. 민족 지도자인 김구는 남북 분단을 가만히 보고만 있을 수는 없었어. 그래서 하나의 정부를 수립하기 위한 논의를 하자며 **남북 협상**을 제의했지. 1948년 평양에서 남북 지도자들이 모여 회의를 열었지만 이미 북한은 소련의 뜻에 따라 분단쪽으로 마음을 굳혔고, 미국과 소련의 대립이 심해 별다른 성과를 얻지 못하고 끝나고 말았어.

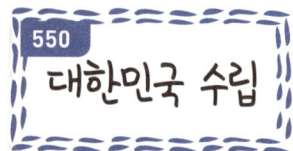

550 대한민국 수립

1948년 5월 10일, 국제 연합의 감독 아래 남한에서만 총선거가 치러졌어. 이 선거에서 당선된 국회의원들은 헌법을 만들었지. 그래서 특별히 이 국회를 **제헌 국회**라고 불러. 또 국회에서는 초대 대통령으로 이승만(1875~1965)을 뽑았어. 이승만 대통령은 광복 3주년인 1948년 8월 15일 **대한민국 수립**을 선포했지. 이때 대한민국 정부가 임시 정부를 계승한다는 것을 밝혔지. 이후 국제 연합은 남한만을 한반도의 합법 정부로 인정했어.

551 농지 개혁

대한민국 정부는 농민들에게 땅을 돌려줄 필요가 있었어. 너무나 많은 농민들이 소작농으로 힘겹게 살고 있었거든. 이를 위해 대한민국 정부는 농지 개혁법을 만든 후 **농지 개혁**을 했어. 땅은 나라에서 사서 돈을 받고 나누어 주는 방법을 선택했지. 이로써 많은 농민들이 자기 땅을 가질 수 있게 되었어.

552 반민족 행위 처벌법

대한민국이 세워진 후 우리 민족은 하나로 단결하기 위해 한 가지 해결할 것이 있었어. 일제의 앞잡이로 같은 민족을 괴롭히며 권세와 부귀를 누렸던 친일파를 어떻게 할 것이냐였지. 제헌 국회는 **반민족 행위 처벌법**을 만들어 친일파를 혼내주는 친일파 청산 작업에 나섰지만 이미 이승만 정부에 관리로 진출한 친일파들이 많아 이승만은 소극적일 수밖에 없었어. 결국 친일파 청산은 흐지부지 끝나고 말았지.

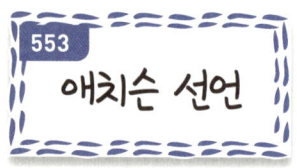

553 애치슨 선언

미국 국무장관 애치슨이 1950년 1월에 미국의 1차 태평양 방어선이 일본을 포함하지만 우리나라는 뺀 채 필리핀으로 이어진다고 발표했어. 이 발표를 **애치슨 선언**이라고 해. 남과 북은 조금이라도 땅을 넓히려 이미 38도선을 중심으로 소규모 무력 충돌이 계속 되었는데, 애치슨 선언은 북에 큰 자극을 주었어.

38도선에서 남한과 무력 충돌을 계속하던 북한은 소련의 도움을 받아 대규모의 전쟁을 벌이려 계획을 세웠어. 1950년 6월 25일, 북한은 갑작스런 남침을 시작했지. 이 전쟁이 **6·25 전쟁**이야. 한국 전쟁 이라고도 해. 북한은 서울을 거쳐 한 달만에 낙동강 부근까지 밀고 내려왔어. 하지만 유엔군의 도움을 받은 국군은 인천 상륙 작전 이후 압록강 유역까지 밀고 올라갔어. 그런데 중국군이 북한을 도와주기 위해 참전하게 되면서 국군과 유엔군은 다시 밀리게 되었지. 그리하여 국군은 38도선 부근까지 후퇴하였고, 결국 휴전을 맺어 지금에 이르고 있어.

3

이승만은 정권을 연장하고 싶었어. 두 번째로 대통령에 도전할 때는 6·25 전쟁 중으로, 국회에 자신을 지지하는 세력이 적었어. 그래서 **이승만 정부**는 헌법을 바꿔 국민들의 투표로 대통령을 뽑게끔 했지. 원래는 국회의원이 뽑았는 데 말이야. 이승만은 여기서 그치지 않고 대통령이 3번 연속 되는 것을 금지하는 헌법 조항을 무리하게 없애고 또 대통령이 되었어.

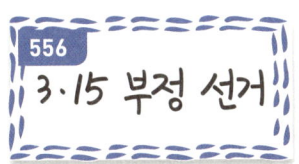

이승만 정권의 독재와 부정부패는 극에 달했어. 1960년 또 한 번 선거에서 이기기 위해 이승만 정권은 부정 선거를 계획했어. 미리 투표하기, 이승만에게 공개로 투표하기, 이승만을 찍지 않은 사람 괴롭히기, 야당 참관인 내쫓기 등을 하며 **3·15 부정 선거**를 저질렀지.

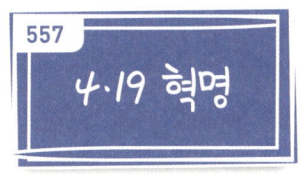

사람들은 3·15 부정 선거와 독재에 항의했어. 시위 중 실종된 고등학생 김주열의 시신이 마산 앞바다에 떠오르자 시위는 한층 강해졌어. 고려대 학생들이 시위 후에 괴한에게 공격당하자 다음날인 4월 19일 대규모 시위가 일어났지. 대학 교수들까지 참여한 시위는 혁명이 되었어. 이를 **4·19 혁명**이라고 해. 결국 이승만은 대통령직에서 물러났어.

558 장면 내각

4.19 혁명 이후 들어선 정부가 **장면 내각**이야. 국회에서 대통령으로 선출된 윤보선은 국회의 동의를 얻어 장면을 국무총리에 임명하였어. 새로운 나라를 위한 각종 계획이 세워지고 있었지만 박정희의 군 세력이 정변을 일으켜 무너지고 말았어.

559 5·16 군사 정변

정변이란 비합법적인 수단으로 생긴 정치상의 큰 변동을 말해. 결국 **5·16 군사 정변**이란 박정희를 비롯한 일부 군인들이 무력을 앞세워 정권을 차지한 것을 의미해.

560 박정희 정권

장면 내각이 들어서자 여기저기에서 민주주의를 요구하는 목소리들이 솟구쳤어. 하지만 장면 내각은 이를 적절히 수용할 능력은 없었지. 갑자기 독재에서 풀려난 사회는 혼란스러워졌어. 1961년 **박정희**(1917~1979)는 일부 군인들과 함께 사회 혼란을 잠재우겠다며 정변을 일으켰어. 군사 정변이 성공한 후 박정희는 대통령이 되었어. 대통령이 된 후 우리나라의 경제 발전을 위해 애썼어.

561 한일 국교 정상화

군사 정변으로 정권을 잡은 군 세력은 반공과 경제 개발을 목표로 내걸었어. 그런데 경제 개발을 하려 해도 가진 자본이 너무 없어서 문제가 생겼어. 박정희 정부는 자금을 마련하기 위해 **한일 국교 정상화**를 추진했지. 오랜 세월 우리 민족을 괴롭힌 대가치고는 적은 금액이고 충분한 사과를 받지 못했다며 국민들은 비판했지만 결국 국교를 맺었어.

562 경제 개발 5개년 계획

박정희 정권은 근대화와 자립 경제를 목표로 내걸고, 경제 발전에 박차를 가했어. 이를 위해 외화를 벌어올 수 있는 수출 위주의 산업을 중점적으로 키웠지. 1962년부터 1986년까지 **경제 개발 5개년 계획**을 추진해 풍부한 노동력을 바탕으로 한 공업을 성장시켜 우리 경제에 큰 도움이 되었어.

563 베트남 파병

파병이란 군사를 보내는 것을 말해. 그럼 박정희 정부는 왜 베트남에 군사를 보냈을까? 반공을 내세운 박정희 정권은 공산주의 확산을 막기 위해 파병이 필요하다고 말했어. 또한 파병의 대가로 받는 경제적 이익이 커서 경제 발전에 도움이 될 거라고 생각했지.

564 유신 체제

박정희는 1971년 세 번째로 대통령이 되는 것에 성공했지. 하지만 독재가 이어졌고, 경제 개발도 한계를 보였어. 권력을 계속 이어가고 싶었던 박정희는 10월 **유신을 선포**하고 법을 바꾸어 버렸지. 바뀐 헌법을 **유신 헌법**이라 하는데 대통령을 계속 할 수 있다는 내용을 담고 있어. 또한 국회 해산권, 국회의원 임명권 등도 대통령이 갖게 되었단다.

565 10·26 사태

박정희의 독재에 맞서는 1979년에 대규모 유신 반대 시위가 전국에서 일어나는 등 혼란이 지속되었어. 이러한 가운데 박정희 정부는 권력 내부에서 갈등이 일어났고 이 과정에서 박정희가 총에 맞아 죽었어. 이를 **10·26 사태**라고 해.

566 12·12 사태

박정희가 암살당하자 사람들은 민주주의가 올 것이라고 믿었어. 하지만 전두환을 중심으로 한 신군부 세력이 12월 12일에 또 군사 반란을 일으켜 정권을 잡았지.

567 5·18 민주화 운동

1980년 전국에서는 전두환 군부에 맞서 시위를 벌였지만 전두환은 거세게 시민들을 억압했어. 그중 전라도 광주에서의 시위가 가장 강했지. 전두환 군부는 이를 막기 위해 광주에 군대를 파견했어. 군대는 시민들에게 총을 쐈고, 많은 사람이 죽었어. 정부군에 맞선 시민군은 스스로 질서를 유지하면서 정부와 협상을 하려 했지만 정부군에게 무력으로 진압되었지. 이 사건을 **5·18 민주화 운동**이라고 해.

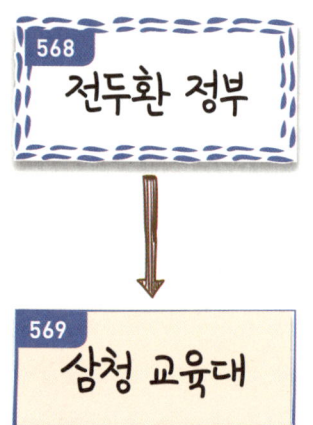

568 전두환 정부

5·18 민주화 운동을 무력으로 진압한 전두환은 국민들의 투표가 아니라 몇몇 사람들을 모아놓고 간접 선거를 통해 대통령이 되었어. 전두환 또한 법을 바꿔 두 번 대통령에 당선되었지. **전두환 정부**는 올림픽과 아시안 게임을 유치했지만 독재로 민주주의의 발전을 막았어.

569 삼청 교육대

전두환 정부는 사회의 안정을 위해 깡패들을 잡아들여 교육을 시킨다며 **삼청 교육대**를 만들었어. 하지만 자신들의 정권에 반대하는 사람들을 마구잡이로 집어넣어 문제가 많았어.

570 6월 민주 항쟁

전두환 정부 시절에는 정권에 반대하는 학생들의 시위가 끊이지 않았어. 그러던 중 서울대 학생 박종철이 경찰에게 고문을 받다 죽는 일이 발생했어. 이제 학생들뿐 아니라 평범한 시민들마저 전두환 정권에 반대하게 되었지. 시민들은 대통령을 시민들의 손으로 직접 뽑는 **직선제**를 요구하며 연일 시위를 이어갔어. 하지만 전두환은 이를 거부했어. 이에 화가 난 시민들은 6월부터 전국에서 들고 일어나 민주주의를 외쳤어. 우리는 이 사건을 **6월 민주 항쟁**이라고 불러.

571 6·29 민주화 선언

6월부터 이어진 전국적인 시위에 전두환도 손을 들고 말았어. 결국 전두환은 여당 총재인 노태우의 입을 빌어 대통령 직선제를 포함한 사회 안정을 위한 정책들을 발표했지. 이를 **6·29 민주화 선언**이라고 해. 이 선언으로 대통령을 국민의 손으로 직접 뽑게 되었어.

찾아보기

ㄱ

간도 참변 청산리 대첩 이후 분노한 일제가 독립군 외에도 간도에 사는 민간인까지 무차별적으로 죽인 사건 166

간석기 돌을 갈아서 만든 도구 12

갑신정변 급진 개화파들이 일으킨 사건 145

갑오개혁 조선의 근대화를 위해 실시한 다양한 개혁 147

갑자사화 연산군이 자신의 친어머니인 폐비 윤씨 사건을 안 후 조정의 대신들을 상대로 벌인 사화 107

강동 6주 서희의 외교 담판으로 고려가 얻은 땅 79

강화도 조약 운요호 사건 이후 일본과 맺은 조약 142

경제 개발 5개년 계획 박정희 정권은 근대화와 자립 경제를 목표로 내걸고, 경제 발전에 박차를 가했던 일 174

고이왕 3세기에 등장해 백제의 기틀을 마련한 왕 34

고인돌 청동기 시대의 무덤 16

고조선 단군왕검이 세운 우리 민족 최초의 국가 16

골품제 두 개의 골과 6개의 품으로 나뉜 신라의 신분제 42

공납 지방의 특산물을 나라에 바치던 세금 111

공명첩 왜란과 호란 이후 정부가 부족한 나라 재정을 메우기 위해 발행한 신분 상승을 위한 문서 129

공음전 고려 정부가 고위 관료들에게 준 토지로 자손들에게 물려줄 수 있었음. 76

공인 대동법 실시 이후 궁이나 관청에서 필요한 물건을 사서 대주던 사람들 122

과거제(조선) 조선의 관리 선발 제도로, 문관과 무관, 기술관을 뽑았음. 104

과전법 전시과 체제를 개혁해 경기 일대의 토지를 관료들에게 나누어주고 수조권만 지급하는 제도 99

관찰사 임금의 명으로 8도에 내려가 지방을 다스리던 관리 102

광개토 대왕 5세기에 등장해 고구려의 영토를 가장 크게 확대하였던 임금 31

광주 학생 항일 운동 광주에서 학생들을 중심으로 민족 차별 중지, 식민지 교육 제도 금지 등을 외친 사건 168

교린 정책 당근과 채찍을 적절히 사용하는 외교 정책으로, 일본 및 여진과의 외교 관계 104

교육 입국 조서 근대 교육을 받아들이는 과정에서 근대 교육에 대한 체계적인 생각을 담은 정부의 방침을 밝힌 문서 154

구석기 선사 시대 중 뗀석기를 사용하던 시대 11

국가 총동원법 전쟁에서 승리하기 위해 일제가 우리 민족이 갖고 있는 모든 것을 빼앗아 가기 위해 실시한 체제 162

국채 보상 운동 나라의 빚을 백성이 대신 갚자고 대구에서 시작된 애국 계몽 운동 153

국학(조선 후기) 우리 역사, 한글, 우리 땅에 대해 연구 130

군국기무처 군사와 나라에 관한 중요한 업무를 보던 관청 147

굴식 돌방무덤 무덤 가운데 돌로 된 방을 만들고 무덤 입구까지는 굴을 만든 무덤 형태 46

권문세족 무신 정변 이후 고려의 지배층으로, 원의 세력을 등에 업고 부와 권력을 누리던 집단 89

귀주 대첩 거란의 3차 침입 때 강감찬 장군의 지휘하에 대승을 거둔 전투 80

규장각 왕실의 학문 연구 기관이지 도서관 124

균역법 기존에 1년에 2필을 내야 하던 군역을 1년에 1필로 줄여 준 세금 122

근초고왕 4세기 백제의 전성기를 열었던 왕 34

금관가야 6개의 가야 왕국 중 초반에 강했던 나라로, 법흥왕에게 멸망하였음. 39

금난전권 난전을 금지하는 권리 128

급진파 신진 사대부 신진 사대부들 중 고려 왕조를 버리고 새로운 왕조를 세우려던 사람들 99

기기창 서양의 신식 무기를 만드는 곳 155

기묘사화 조광조를 비롯한 사림파들을 내쫓는 계기가 된 사화 108

기벌포 싸움 신라가 고구려와 백제의 유민들과 손잡고 당을 몰아내기 위해 벌인 해전 52

김구 임시 정부를 끝까지 지키며 독립운동에 앞장선 인물 165

ㄴ

나당 동맹 신라가 고구려와 백제를 물리치기 위해 당과 맺은 동맹 51
나선 정벌 청의 요청으로 러시아 군대를 정벌하는 데 같이 나가 싸웠던 전쟁 117
난전 시전이 아니라 개인들이 물건을 들고 나와 불법적으로 하던 시장 128
내물왕 박, 석, 김의 세 성씨가 번갈아 왕이 되던 것에서 벗어나 김씨의 왕위 세습을 이룩한 신라의 왕 37
내선일체 일본, 즉 내지와 조선이 하나가 되는 것 162
노비안검법 억울하게 노비가 된 양인들을 풀어 주게 한 광종의 정책 72
녹봉 관리들에게 일 년에 한두 번, 시기를 정해 놓고 일한 대가로 나라에서 지급하던 쌀이나 베 109
녹읍 신라 시대 때 국가가 관료나 귀족들에게 주었던 토지 56
농지 개혁 대한민국 정부가 전국의 소작농을 위해 토지 제도를 개혁한 사건 172

ㄷ

단군왕검 고조선을 다스린 군장이나 제사장 16
당백전 당백전은 원래 돈의 백 배에 해당하는 돈 140
대동법 공납 대신 쌀로 걷는 법 116
대한민국 임시 정부 3.1 운동 이후 각지에서 일어나는 독립운동을 체계적으로 전개할 필요를 느껴 만든 임시 정부 163
도방 무신 집권자들이 자신의 신변을 보호하기 위해 개인적으로 거느린 병사 86
도병마사 고려 시대에 군사와 관련된 일을 하던 왕 직속 기관 74
독립 협회 서재필이 개화파 지식인들을 모아 만든 단체 150
독서삼품과 국학의 학생들을 대상으로 유교 경전을 얼마나 잘 이해하고 있는지 알아보기 위해 치렀던 시험 57
돌무지덧널무덤 나무로 된 커다란 덧널 위에 돌을 엄청나게 쌓아 올린 무덤 형태 47
돌무지무덤 돌을 쌓아 올려 만든 무덤으로 고구려와 초기 백제에서 나타나는 무덤 형태 46
동북 9성 윤관이 여진을 상대로 별무반과 함께 싸워 이긴 곳에 세운 9개의 성 81
동예 동해안에 자리 잡은 초기 국가로 왕이 없어 고구려에 정복당함 23
동학 경주의 몰락한 양반 가문 출신인 최제우가 유교, 불교, 도교 사상을 바탕으로 만든 종교 135
뗀석기 돌을 깨뜨려서 만든 도구 11

ㄹ

러일 전쟁 한반도를 놓고 러시아와 일본 사이에 벌어진 전쟁 151

ㅁ

마립간 신라 내물왕 무렵 왕을 부르던 명칭 37
만민 공동회 신분을 가리지 않고 조선 사람이라면 모두 참여해 자신의 의견을 밝혔던 사건 150
만적 최충헌의 노비로 무신 집권기에 신분 상승 운동을 벌인 인물 86
모스크바 3국 외상 회의 미국과 소련, 영국은 모스크바에 모여 우리 민족의 문제에 대해 논의한 사건 171
묘청 서경 천도 운동을 벌인 고려 시대의 승려 85
무단 통치 무력을 써서 강압적으로 다스리는 방법 159
무령왕 백제의 안정과 발전을 위해 애썼던 왕 35
무오사화 연산군 대인 무오년에 일어난 사화 107
문벌 귀족 고려 초기의 지배 계층으로 귀족 가운데서도 대대로 고위 관직자를 배출한 가문 76
미륵 신앙 곧 미륵이 나타나 세상을 구해 줄 것이라 주장하는 것 134
미소 공동 위원회 모스크바 3국 외상 회의의 결정에 따라 미국과 소련이 임시 정부 구성 방안을 논의하던 모임 171
민립 대학 설립 운동 교육에 관심이 많은 애국지사들이 대학을 지을 필요가 있음을 느껴 전국적인 모금 활동을 벌인 운동 167
민며느리제 여자가 신랑 집에 머물다 성인이 되면 결혼하는

옥저의 결혼 풍습 22
민족 말살 통치 일제가 우리 민족을 전쟁에 끌어들이기 위해 우리 민족을 일본인화 하려고 실시한 통치 방식 161
민족 분열 통치 일제는 우리 민족의 문화와 관습을 존중한다며 언론·출판 등을 허용한 통치 방식 160
민족 자결주의 미국의 윌슨 대통령이 각 민족은 정치적 운명을 스스로 결정할 권리가 있다고 주장한 것 162

ㅂ

반민족 행위 처벌법 일제의 앞잡이로 같은 민족을 괴롭히며 권세와 부귀를 누렸던 친일파를 처단하기 위해 만든 법 172
방납 직급 관리나 상인들이 공납으로 내야 하는 것들을 대신 납부하고 나중에 더 많은 대가를 거두어 가는 방법 122
법흥왕 6세기 중반에 등장해 율령을 반포하고 관리의 등급 제도를 마련한 신라의 왕 38
벽란도 고려를 대표하는 무역항 82
별기군 개화기에 서양식 훈련을 받는 군대 143
별무반 윤관이 여진을 정벌하기 위해 만든 특수 부대 80
병인양요 1866년 프랑스 군대가 쳐들어온 사건 141
병자호란 후금을 계승한 청이 조선을 침략한 전쟁 117
보안회 일본의 황무지 개간권 요구를 막아낸 애국 계몽 단체 153
보통 경찰제 3.1 운동 이후 일제가 실시한 헌병 경찰제를 대신해 보통 경찰을 투입한 제도 161
봉수제 낮에는 연기, 밤에는 불로 위급 상황을 알리던 조선의 통신 체제 103
봉오동 전투 홍범도 장군이 이끄는 대한 독립군 부대가 지형을 이용한 기습 공격으로 일제에 큰 승리를 거둔 전투 166
부여 고조선 멸망 후 한반도 북쪽에 자리 잡은 나라 20
북벌 운동 청을 정벌하고 자존심을 세우자는 운동 117
붕당 한 스승에게 배워 같은 학문을 갖고 있고, 성향도 비슷한 사람들끼리 무리지어 있는 것 108
비변사 전쟁을 겪으며 빠른 의사 결정이 필요해 설치한 정부 기구 121
빗살무늬 토기 비스듬하게 그은 선으로 장식한 신석기 시대 토기 12

ㅅ

사림 성종이 훈구 세력을 경계하려고 경상도 일대의 선비들을 정부로 끌어들였는데, 이들을 사림이라고 불렀음. 106
사화 새로 조정에 들어온 집단인 사림이 훈구 세력에게 화를 당한 사건 106
산미 증식 계획 조선의 쌀을 빼앗기 위해 일제가 식량 생산량을 늘리고자 추진했던 정책 160
살수 대첩 을지문덕 장군이 수의 침입을 물리칠 수 있었던 결정적인 전투 32
삼별초 몽골의 침입 때 끝까지 대항했던 군대 82
상감 청자 그릇 표면에 그림을 새긴 후 그 자리에 다른 색 흙을 정교하게 메워 색과 모양을 내는 기법 91
상대등 모든 관리들을 통합하는 신라 최고의 관리 42
서옥제 신부 집에 신랑이 들어가서 일정 기간 살다 아이를 낳으면 돌아가는 고구려의 결혼 풍습 22
서원 선비들이 모여 글을 익히고 공부를 하는 곳 108
선조 임진왜란과 정유재란을 겪은 조선 제14대 임금 114
선종 참선을 중시하는 불교의 한 흐름 65
성골 신라에서 가장 높은 신분으로 왕족 중에서도 일부만 해당할 정도로 귀한 신분 42
성균관 한양에 있는 조선 최고의 교육 기관 104
성리학 송의 주희가 체계를 이루어 완성한 학문 91
성왕 도읍을 사비로 옮기며 백제의 발전을 위해 애썼던 왕 35
세도 정치 왕에 맞먹거나 왕을 능가하는 권력을 가진 세력이 나타나 나라를 좌지우지 하는 정치 형태 124
세종 조선 제4대 임금으로, 문화와 과학 기술 등 다방면에서 업적을 남긴 왕 101
소도 삼한에서 제사를 지내기 위해 따로 마련해둔 지역 25
소수림왕 고구려의 기틀을 닦은 왕 30
속오군 조선 후기의 지방군 122
수신사 개화된 일본의 모습을 보고 배우기 위해 조선에서 보낸 외교 사절 142
순수비 진흥왕이 넓어진 영토를 돌아본 것을 기념하기 위해 세운 비석 39
시무 28조 최승로가 성종에게 바친 것으로, 고려가 유교를 바

탕으로 하는 이상적인 나라가 되기 위해 필요한 28개 항목 73

식목도감 고려의 독자적인 기관으로, 새로운 제도와 시행 규칙을 만드는 기관 74

신간회 사회주의자와 비타협적 민족주의자가 함께 만든 단체 168

신미양요 1871년 미국 군대가 쳐들어온 사건 141

신민회 안창호, 양기탁 등이 중심이 되어 만들어진 비밀 단체 153

신석기 선사 시대 중 간석기를 사용하던 시대 12

신진 사대부 성리학을 연구했고, 공민왕에게 힘을 실어주며 고려를 개혁하는데 앞장섰던 세력 94

신흥 무인 세력 고려 말, 홍건적와 왜구의 침입에 맞서며 성장한 새로운 무인 세력 95

실력 양성 운동 1920년대 일부 지식인들이 실력을 키워 독립을 준비하자고 주장한 운동 167

실학 조선 후기에 나타난 실증적인 방법으로 현실 사회의 문제점을 해결하려는 학문의 분위기 130

쌍성총관부 지금의 함경도의 한 부분으로, 한때 원의 영토였다가 공민왕이 되찾은 지역 88

ㅇ

아관 파천 아내가 죽는 것을 목격한 고종이 두려움을 느끼고 러시아 공사관으로 급히 몸을 피한 사건 148

애국 계몽 운동 지식인과 전직 관리들이 민족의 실력을 길러 잃어버린 외교권 등 국권을 회복하고자 했던 운동 153

양천제 조선 초기에 신분을 크게 양인과 천민으로 나누었던 제도 109

연개소문 7세기 무렵 친당 정책을 펼친 영류왕을 죽이고 고구려의 최고 권력을 손에 넣은 인물 51

연맹 왕국 강한 부족을 중심으로 여러 부족이 모여 왕을 선출하는 형태의 국가 20

연산군 조선 최대의 폭군으로 두 차례에 걸쳐 사화를 일으킨 임금 106

연통제 임시 정부가 국내와 소식을 주고받기 위해 만든 조직 163

영고 부여에서 행하던 제천 행사 21

영정법 조선 후기에 세금을 토지 1결당 쌀 4~6두로 고정시킨 법 122

영조 탕평책을 실시하며 조선 후기 개혁을 이루고자 노력했던 조선 제21대 임금 123

예송 논쟁 현종 때 자의 대비가 상복을 입는 예절을 놓고 벌인 논쟁 123

옥저 동해안에 자리 잡은 초기 국가로 왕이 없어 고구려에 정복당함 22

운요호 사건 일본이 조선의 개화를 유도하기 위해 교묘히 일본 배를 조선 해역에 침투시킨 사건 141

원효 신라를 대표하는 위대한 승려이자 불교 사상가 58

위정척사 바른 것인 조선의 문화를 지키고 서양의 것을 배척하는 움직임 143

유신 체제 영구히 권력을 얻고자 박정희가 반대 세력을 억누르려 만든 체제 175

을미개혁 을미사변 후 일본이 단발령 등을 서둘러 실시한 개혁 148

을미사변 일본이 명성 황후를 시해한 사건 148

을미의병 을미사변과 단발령이 시행되자 전국에서 일어난 의병 152

을사의병 을사늑약으로 대한 제국의 외교권을 일본에 넘기게 되자 이곳저곳에서 일어난 의병 152

을사늑약 일본이 대한 제국의 외교권을 빼앗기 위해 조선과 체결한 조약 151

을지문덕 수 양제의 침입을 물리친 고구려의 장군 32

의병(임진왜란) 왜군을 물리치기 위해 일어선 관군이 아닌 사람들을 일컫는 말 115

의열단 김원봉이 해외에서 의열 활동을 하기 위해 만든 조직 165

의정부 조선 시대 최고의 의사 결정 기관 101

의창 흉년이나 곡식이 나지 않는 기간에 가난한 상민들에게 곡식을 빌려주던 기관 112

이승만 정부 대한민국 초대 정부로, 이후 독재를 일삼았던 정부 173

이양선 우리 조선 배와 모양이 다른 배. 즉 서양 배 139

임술 농민 봉기 진주 농민 봉기를 시작으로 임술년(1862년)에

전국에서 일어난 농민 봉기 135
임오군란 구식 군인들이 신식 군인인 별기군과의 차별에 대항해 일으킨 난 145

ㅈ

자유시 참변 소련의 자유시에서 독립군이 러시아 군대에게 배신을 당한 사건 166
장수왕 5세기에 등장해 남진 정책을 펼치며 한강 유역을 확보하고 고구려의 힘을 동아시아에 떨쳤던 임금 31
장용영 정조가 자신을 지킬 목적을 위해 세운 군대 124
전시과 고려에서 관리들에게 일한 대가를 주기 위해 등급에 따라 나누어 준 토지 제도 76
『정감록』 이씨 왕조가 망하고 정씨가 새 세상을 열 것이라고 예언을 담은 책 134
정동행성 몽골이 고려의 내정을 간섭하기 위해 세운 기관 88
정묘호란 조선이 친명배금 정책으로 후금을 자극하자 후금이 쳐들어온 전쟁 117
정사암 회의 백제의 정사암에서 벌였던 귀족 회의 41
정조 영조의 손자이자 사도 세자의 아들로 즉위 후 조선 후기 문화 융성을 이루어낸 조선 제22대 임금 124
제가 회의 고구려에서 높은 관리들인 '가'들이 모여 벌인 회의 41
조광조 이상적인 유교 사회를 건설하기 위해 과감한 개혁을 추진했던 유학자 107
조선 건국 준비 위원회 여운형이 일본의 패망을 예상하고 만든 조선 건국 동맹이 광복 후 발전한 단체 170
조선 총독부 우리나라의 식민 통치를 위해 일본이 조선에 세운 최고 행정 기관 160
조운 제도 뱃길을 이용해 세금을 나르던 조선의 교통 체제 103
주현 고려 시대에 관리가 파견된 현 75
중방 무신 집권기에 무신들이 모여 회의를 하던 기구 85
지증왕 6세기 초반에 등장해 '신라'라는 나라 이름을 정하고, 우경을 실시한 왕 38
직전법 현직 관료들에게만 과전을 주는 법 101
진대법 고구려의 재상 을파소가 곡식이 떨어질 시기에 백성에게 곡식을 꾸어주도록 한 사회 복지 제도 43
진흥왕 6세기에 등장해 신라의 전성기를 열었던 왕 39
집현전 세종이 세운 학문 연구 기관 101

ㅊ

책화 각 씨족마다의 경계를 분명하게 한 동예의 사회 풍습 24
척화비 서양과의 화친을 배척하는 글을 써 놓은 비석 141
천군 삼한에서 제사를 지내던 사람을 부르던 명칭 25
청산리 대첩 김좌진 장군이 홍범도 장군과 연합해 청산리에서 일본군을 크게 무찌른 전투 166
청일 전쟁 동학 농민 운동 중 벌어진 청과 일본과의 전쟁 147
청해진 장보고가 지금의 완도에 설치한 해군 기지 64
최승로 성종에게 시무 28조를 바치며 유교의 정착을 위해 애쓴 관리 73
최충헌 무신 집권기에 마지막으로 권력을 잡은 인물 86
최치원 당에서까지 명성을 떨쳤던 통일 신라의 유학자 57
친명배금 명과 친교를 맺고, 후금과는 외교를 맺지 않는 정책 116

ㅋ

카이로 선언 처음으로 조선의 독립을 약속한 국제적 선언 170

ㅌ

탕평책 붕당의 대립을 완화하고자 영조와 정조가 실시한 정책 123
태조 이성계 급진파 신진 사대부인 정도전과 손잡고 조선을 열고 1대 임금 100
태학 고구려 소수림왕에 세운 학교로 주로 귀족의 자제들이 다녔음 31
텐진 조약 갑신정변 후 청과 조선이 맺은 조약 146
토지 조사 사업 조선의 국토를 장악하기 위해 일제가 벌인 사

업 159
통감부 을사늑약 이후 조선의 외교에 관한 일을 하겠다며 일본이 한성에 세운 기관 151
통상 수교 거부 정책 외국과 교역 및 외교 관계를 맺지 않겠다는 정책 141

ㅍ

팔만대장경 몽골의 침입을 부처의 힘을 빌려 막기 위해 만든 불경 92
폐정 개혁안 농민들을 옭아매는 나쁜 풍습을 고치기 위한 개혁안 146

ㅎ

한국광복군 임시 정부가 독립운동 세력을 하나로 모아 만든 군대 166
한성 조약 갑신정변 후 조선과 일본이 맺은 조약 146
한인 애국단 김구가 의열 활동을 하기 위해 만든 조직 165
한일 병합 일제가 우리나라를 식민지화 한 사건 159
한일 신협약 일본이 주요 관직에 일본인을 임명하고 군대를 해산시키기 위해 조선과 체결한 조약 152
향·부곡·소 신분이 낮은 사람들이 모여 사는 특별한 행정 구역 75
헤이그 특사 을사늑약이 위법임을 알리기 위해 고종이 헤이그에 파견한 특사들 151
현량과 지방의 관리들에게 현명한 사람들을 추천하게 한 후 그 사람들만 모아 시험을 봐 관리로 삼는 선출 방법 108
호패법 신분을 증명하게 위해 16세 이상의 남자만 지니게 했던 나무 조각을 항상 지니고 다니게 만든 법 100
홍경래의 난 평안도에서 홍경래가 세도 정치에 불만을 품고 일으킨 난 135
화랑도 신라의 청소년 단체로 삼국 통일에 큰 기여를 하였음. 39
화성 정조가 수원에 서양의 과학 기술까지 동원해 세운 신도시 124
환곡 곡식이 모자란 시기에 백성에게 곡식을 빌려주었다가 가을에 갚도록 하는 제도 125
회사령 회사를 세우려면 조선 총독의 까다로운 허가를 받아야 한다는 내용을 담고 있는 법령 160
훈구 세조가 왕위에 오를 때 공을 세운 세력 106
흥선 대원군 고종의 아버지로, 삼정의 문란 개혁, 서원의 철폐 등의 개혁을 이룬 인물 139

기타

1차 동학 농민 운동 고부 군수 조병갑에 항의하기 위해 일어난 동학 농민 운동 146
2차 동학 농민 운동 일본이 조선을 망치는 모습을 보고 동학 농민군이 다시 일어선 사건 147
3.1 운동 일제에 저항해 우리 전 민족이 1919년 3월 1일 평화 시위를 벌여 독립을 외친 역사적 사건 163
38도선 미국과 소련이 일본군의 무장을 해제시킨다는 핑계를 대고 대치하는 기준이 되는 선 170
4.19 혁명 3.15 부정 선거와 독재에 거세게 항의해 일어난 전국 단위의 대규모 시위 173
5.16 군사 정변 박정희가 정권을 잡기 위해 일부 군인들과 정권을 잡은 사건 174
5.18 민주화 운동 전두환 독재에 저항한 광주 시민들을 정부가 무차별적으로 살해하자 이에 맞섰던 민주화 운동 175
6.10 만세 운동 순종이 죽자 전국 각지에서 일어난 만세 운동 168
6.25 전쟁 1950년 6월 25일, 북한의 갑작스런 남침으로 민족 간에 벌어진 전쟁 173
6.29 민주화 선언 6월 민주 항쟁 이후 전두환 정권이 노태우를 통해 발표한 민주화 수용 요구안 176
6월 민주 항쟁 박종철 고문 치사 사건을 계기로 민주화를 요구하는 사람들이 전국적으로 벌였던 시위 176

생방송 한국사 시리즈는
이런 내용으로 구성되어 있어요.

01 선사 시대, 고조선

우리 역사의 시작! 한반도에는 사람들이 언제부터 살기 시작 했을까?

02 삼국 시대, 가야

고구려, 백제, 신라의 물러날 수 없는 대결! 그리고 홀로 고고히 풍요를 누리던 가야의 이야기

03 남북국 시대

천년 왕국 신라의 시작과 끝! 신라의 저력과, 광활한 영토를 차지했던 발해의 모습

04 고려

드높은 고려의 자긍심! 수많은 외적의 침략을 물리치고 나라를 지켜낸 고려의 이야기

05 조선 전기

유교의 나라, 백성의 나라. 드디어 조선이 시작됐다!

06 조선 후기

조선의 위기! 임진왜란 이후 조선의 운명이 달라지기 시작했다.

07 근대

일본과 서양 열강이 조선을 노린다! 어떻게든 조선을 지키고자 했던 우리의 슬픈 역사

08 근대, 현대

지금의 대한민국이 있기까지! 우리의 민주주의의 모습

09 핵심 용어 편
역사적 흐름 속에서 이해할 수 있도록 구성된 571개의 용어 정리

10 기출 문제 편
개념 정리부터 한국사능력검정시험 문제까지 총정리